灾难如何报道

李梓新◎编著

南方日报出版社
NANFANG DAILY PRESS

图书在版编目（CIP）数据

灾难如何报道 / 李梓新编著.—广州：南方日报出版社，2008.12
ISBN 978-7-80652-825-9

Ⅰ.灾…　Ⅱ.李…　Ⅲ.新闻报道—手册　Ⅳ.G212-62

中国版本图书馆 CIP 数据核字（2008）第 209642 号

灾难如何报道

编　　著：李梓新
出版发行：南方日报出版社
地　　址：广州市广州大道中 289 号
电　　话：（020）87373998-8502
经　　销：全国新华书店
印　　刷：广州市怡升印刷有限公司
开　　本：787mm×1092mm　1/16
印　　张：15
字　　数：250 千字
版　　次：2009 年 1 月第 1 版
印　　次：2009 年 1 月第 1 次印刷
定　　价：30.00 元

投稿热线：（020）87373998-8503　读者热线：（020）87373998-8502

网址：http://www.nanfangdaily.com.cn/press　http://www.southcn.com/ebook

序
灾难报道推动中国媒体进步

2008年5月的汶川大地震，令全世界震动。率先行动起来的，是中国的新闻工作者。

中国是一个多灾多难的国家，但长期以来，由于体制、观念等方面的原因，灾难报道本身没有得到太多的重视，很多题材没有被挖掘。作为个体的新闻从业者所积累的灾难报道经验也没有被规范地整理、总结、传播乃至共同讨论，更无法在广泛意义上做普及。

随着近年来公共卫生事件的不断出现，媒介作为公众力量在其中的角色凸显，发挥越来越大的作用。从SARS到禽流感，从2008年初的雪灾到年中的大地震，可以说，灾难报道的概念已经在中国开始成型，其进步直接推动了中国媒体的进步。

汶川大地震，不仅使中国社会的公民意识进一步觉醒，也使媒体人的社会责任感达到空前的高度。然而，光有热情是不够的，奔走在前线的记者必须具备充分的科学知识以及实战经验，才能最大化地体现报道价值，传递灾区呼声，同时也确保新闻从业者自身的安全。

所以，我们总结了2004年底南亚海啸后国内外记者的报道经验，以及这次地震报道中主流媒体的报道经验，再加上美国德特灾难新闻研究中心（Dart Center）数年来所总结的美国新闻业灾难报道的先进经验。作为中国第一本可供借鉴的灾难报道参考书提供给中国的新闻从业人员、学生以及其他一切关心此领域的社会人士。也作抛砖引玉之用，期待有更多的关于灾难报道的专业探讨不断出现。

汕头大学长江新闻与传播学院一直致力于和中国新闻界一起，共同探讨中国灾难报道的发展。2005年3月，南亚大海啸刚过3个月，一个由各国媒体参与海啸报道的编辑记者所组成的学术研讨会便在汕头举行。那是中国大陆媒体学术界第一次举办的关于灾难报道的大型研讨会。而今年10月，就在汶川大地震过后5个月，长江新闻与传播学院又在汕头举办了灾难性报道高级研讨班。来自中国国内参加此次地震报道的数十家主流媒体的编辑记者，齐聚汕头，共同探讨在这场人类历史上的大灾难面前，新闻人的使命和担当，并总结经验教训以供后来者参考。

面对大自然的神秘力量，人类所知晓的秘密还是显得太少。而新闻工作者在大自然的灾难面前，如何寻找自己的角色定位，最大限度地发挥自己的力量，将永远值得探讨。而在中国的新闻环境下，灾难报道的突破是需要勇气的，这种带着勇气的突破也必将推动中国媒体在21世纪的发展和前进。

汕头大学长江新闻与传播学院院长 陈婉莹

2008年12月

目 录

序　灾难报道推动中国媒体进步 / 1

前言　灾难报道是新闻人共同面对的命题 / 1

第一篇　汶川地震中的媒体操作实录 / 1

导言 / 2
杨磊：我坐过失事飞行员邱光华的飞机 / 4
李虎军：《财经》的选择 / 16
李海鹏、陈江："史上最牛官腔"的由来 / 29
王恺：我经历了极度愤怒的状态 / 39
方玄昌：人性冲击下没有职业之分 / 47
包军昊：我觉得央视可以打 98 分 / 56
魏海波：如果记者去救人，那是我的骄傲 / 68
吕宁思：凤凰卫视的优势在于差异性 / 77
邱立本：震出中国新闻报道新格局 / 85
Lucy Hornby：我始终觉得有非常大的责任感 / 91
Edward Cody：中国政府出乎意料地开放 / 99
David Gray：我喜欢成为一个安静的观察者 / 105
钱钢：从唐山到汶川今昔谈 / 110

第二篇　美国的灾难报道经验 / 123

导言 / 124
第一章　记者采访报道指南 / 125
第二章　记者的自我保护 / 142

第三篇　南亚海啸中的媒体操作实录 / 155

导言 / 156
李虎军：二赴班达亚齐灾区 / 158
朱雨晨：市场化媒体灾难报道的突破与不足 / 162
陈实：《南方都市报》的海啸报道策划 / 166
罗绮萍：国际记者证的重要性 / 171
李鸿谷：谁是海啸的新闻主角 / 174
史哲：选择柔和的东方视角 / 179
唐建光：灾难发生在哪里，新闻就在哪里 / 184
聂晓阳：做有思想的灾难新闻 / 187
闾丘露薇：凤凰卫视的海啸报道运作 / 192
阿布多尔卡里姆：*Time Magazine* 海啸报道的策划与运作 / 199
小黑纯：日本媒体对地震及海啸的报道 / 202
纳尼·阿弗雷德：受害者厌烦记者了吗？/ 204
丹迪·拉克松诺：来自印尼震央的报道 / 207

附录：中国灾难报道史略 / 211

钱钢：中国灾难报道——从昨天到今天的理念 / 212
卢跃刚：20 世纪 80 年代后的中国灾难报道 / 218

后记 / 224

前言
灾难报道是新闻人共同面对的命题

一场8级大地震，让“灾难报道”这个词语，在国人面前变得越来越清晰。而对中国的媒体从业人员来说，这是一个命题。这个命题，日益迫切要求他们交出自己的答卷。

“灾难报道”作为一个新闻术语，在中国一直以来属于非主流的模糊地带。什么是真正的灾难报道？很多媒体从业者未必能说得清。它掺杂了政治、社会、科学等方面的因素，这反而使它过于沉重而难以轻快地浮现概念。

社会的发展进步，使国人日益重视生命的可贵，越发意识到灾难面前人命关天。因人道救援和人性关怀而引起的对灾难报道的重视，逐渐成为近年来中国社会的主流。媒体在挑战死亡面前的专业功能及社会作用开始被引起关注，成为越来越重要的力量。

2008年5月12日，四川发生大地震之后，中央电视台首度24小时滚动直播，各家中外媒体各显神通，第一时间传递灾情和救援情况，使灾难报道终于拨云见日，得到全社会的全面认识。

然而，由于长期的忽视或者掩盖，灾难报道在中国媒体实践操作中，仍然处于陌生的摸索阶段，没有形成成熟的应急体系和指导方针，也没有太多的经验积累。社会气候虽然形成，但媒体从业人员自身在进行灾难报道时却经常觉得心有余而力不足，或感觉茫然失措，一头雾水；或违反灾难报道中的一些科学规律、伦理道德。这就使对灾难新闻报道进行全面总结和探讨显得十分必要。

灾难报道，从最直接的含义来说，就是报道发生的灾难。灾难一发生，新闻人的敏感和热情就会立即被调动起来，从而使他们最快地奔向第一现场。到了现场之后，如何迅速而安全地展开报道，是缠绕在灾难报道记者心头的一个问题。

首先，新闻从业者需认识到，灾难报道是一项专业新闻技术，是新闻实务操作里面一个特殊的分支。

灾难报道是一项技术工作，并不是只要有新闻热情就可以完成。它的复杂性在各种报道之中，几乎首屈一指，它要求记者既要有专业的科学知识、灾难常识和救援知识，还要有对人性、人心的洞察和了解，其难度不亚于记者公认的最高追求——战地报道。

灾难报道至少包含以下的要素：政治环境、社会环境、事实、相关人士（受害者、救援者）、科学因素、心理因素。这种种因素带来的对一个记者的综合要求极高。一个优秀的灾难报道记者，必须熟悉政策环境、社会总体环境和当地社会环境，能迅速了解事实真相，具备科学理论基础，拥有健全的身心健康，同时还能有恰当的交流沟通方式。

所以，灾难报道是新闻专业主义的一个重要领域，灾难报道必须是具有科学精神的报道。这方面必须由有识之士和专业人士进行长期的研究和探讨。

西方媒体经过多年的报道积累，已经有一些经验总结。近年来，各种灾难报道的媒体研究所也逐渐兴起，为我们提供了借鉴的模板。美国的德特研究中心（Dart Center）就是其中的佼佼者。他们近5年来的研究已经开始形成系统，分门别类，包括自然灾难、人为事故、暴力、心理、儿童等方面，均有长足发展，并在不断完善中。本书便引进翻译了他们的一些研究文章。

其次，在解决了技术范畴的问题之后，新闻从业者对灾难报道仍然有重大的认识问题需要厘清。

很多记者，甚至是进行一线报道的记者，有时仍然对在大灾难降临之后的新闻报道的作用心存疑虑。他们在一线现场经受着作为自然人还是作为新闻人的巨大伦理冲击。从自然人的角度出发，他们认为自己应该去救人，救出一个是一个，而不是试图以旁观者的姿态，用笔和镜头保持记录。很多记者在这种巨大的冲击面前丧失了内心的平静，感到沮丧、无力或者动摇，还有的记者为此产生了严重的心理问题。

我们认为，面对巨大的灾难，记者这个社会角色被赋予的功能就是第一时间传递信息，通报灾情，引起全社会的高度关注，并唤起社会的凝聚力，乃至把声音传达到全球，让全球社会共同为人类所面临的自然灾难而行动起来。这是媒体的社会责任感的重要体现。

然而，记者本身作为人的个体，同样也有七情六欲，同样有生理机体的自然反应。我们不能忽视记者个体在某个阶段的精神状态。然而这个问题长期以来并没有太多地被提及或者加以专门研究。本书也试图提供一些可为新闻从业人员参考的心理指导文章。另外，通过阅读同样身在前线经历灾难伤痛的记者们的心理体验，也可以让我们从中得到启示以及相互的心理支持。

中国媒体的灾难报道还处在发展的起步阶段，路也正长。它在中国经历了一个特殊的发展过程。20 世纪 50 至 80 年代间，大量的灾难报道被处理成政治报道，更多的被处理为社会新闻报道。而纪实文学《唐山大地震》、关于大兴安岭火灾的“红黑绿咏叹调”系列报道、1998 年的抗洪报道、2003 年的非典报道、2008 年初的雪灾报道以及年中的汶川地震报道，是从 20 世纪 80 年代中期以来，中国灾难报道发展的一个个里程碑。它们都是在极端困难的条件下操作的，并都引起了巨大的社会反响，在帮助国家战胜灾难的同时，也极大地促进了中国灾难报道的发展。一代代新闻人的努力值得谨记。中国灾难报道也正在沿着它独特、曲折，然而不断追求专业化的道路前进。

中国灾难报道的明天是光明的。

李梓新

2008 年 9 月 6 日于美国芝加哥

第一篇

汶川地震中的媒体操作实录

灾难如何报道

>>导言

在这个部分里，我们将看到来自12家中外媒体的主编、主任和记者们对2008年5月汶川大地震的回忆和感想。我们将看到他们如何在第一时间作出反应，投入到抗震救灾的新闻报道中。新闻不分国界、种族和肤色。在灾难面前，所有新闻人的心都是共通的。这是一场空前的新闻战役，所有媒体都投入了巨大的人力、物力。而新闻又有不同的操作方式，不同的媒体有不同的操作特点，值得我们总结和分析。

在这个章节里，我们可以看到：

《21世纪经济报道》北京特稿部主任杨磊是如何出生入死，在第一时间赶到北川中学和北川县城的地震现场，并在四周死寂，黑漆漆只有一点亮光的北川县城住了一夜。他还坐过失事飞行员邱光华的飞机，他说他人生中第一次在采访中哭了，这是因为和茂县的孤儿一起在直升机上，看到他们第一次离开家乡便是永别。

《财经》杂志高级记者李虎军是如何协调前方与后方之间的联系，协调快新闻与深度报道之间的关系，协调网络和平面媒体之间的协作。

《南方周末》记者李海鹏、陈江是如何深入到北川，写下《灾后北川残酷一面》这篇在5月份流传甚广的报道，并讲述被网友称为“史上最牛官腔”一事的由来。

《三联生活周刊》记者王恺是如何克服自己的愤怒和不平静，克服自己心理的极端状态，回到记者的本职上，发出现场报道。

《中国新闻周刊》科技部主任方玄昌是如何从经历北川县城现场所带来的巨大震动中走出，反思在灾难面前人性和职业的冲突，并作出自己的选择。同时，他也反思了中国媒体的科学报道。

《南方都市报》广州新闻中心主任魏海波是如何回到自己的家乡四川，坐镇成都，指挥南都前方数十人的报道队伍。他们甚至成立了航拍组。而在哀悼日的时候，他想到的是自己一岁的儿子。

凤凰卫视新闻采编总监吕宁思是如何在新的媒体报道形势下应对

挑战，在人力物力财力均不及CCTV的情况下，如果作出自己具有差异性的特色报道。

《亚洲周刊》主编邱立本是如何从全球华人的角度来看待地震，如何从历史角度来看待地震中催生的中国公民社会，如何面对中国新闻报道新格局的挑战。

路透社女记者Lucy Hornby是如何以一个女性以及外国人的视角，深入灾区，记叙她眼中的地震惨状。经历过云南丽江地震的她对灾民的遭遇感同身受，在采访时经常止不住流泪。

《华盛顿邮报》北京中心首席记者Edward Cody作为一个经历过几十年世界风云，报道过南亚海啸等重大灾难的记者，是如何看待汶川地震的不同特点，并如何从地震中看到中国社会的转变。

路透社摄影记者David Grey是如何以一个摄影记者的眼光，看待镜头下的灾难。一个摄影师的挣扎和自我调节尽在其中。

还有一位特殊的受访者，是地震报道的前辈、报告文学《唐山大地震》一书作者、香港大学新闻及传媒研究中心中国媒体计划主任钱钢。他比较32年前唐山大地震和汶川大地震之间的异同，体会中国社会的进步，同时讲述媒体灾难报道在32年来的进步和不足。

以上这些访谈记录，基本上都是原汁原味的，在较大程度上保留了访谈的原来面目。只有这样，才能使现场的感受和记忆被最真实地保存，同时为灾难报道的新闻研究提供一些原始的素材，以作抛砖引玉之用。这场中国新闻历史上少有的报道战役，留给人们回味和研究的空间还很大。

杨磊：
我坐过失事飞行员邱光华的飞机

杨磊：《21世纪经济报道》特稿部主任。2001年进入新闻行业，曾在云南地方媒体工作，负责政法新闻报道。2002年底进入南方报业传媒集团，负责突发及灾难事件报道。

杨＝杨磊
李＝李梓新

李：你大概什么时候去前线？

杨：我是5月14日早上到，本来打算12日去的。地震后我们马上就有记者去国家地震局了。当时找了地震局一个要去灾区的专家，我们说要跟他一起走，但他说要收拾行李。我们约在首都机场见面。3点半的时候，我们还在等他收拾行李，结果他已经从南苑机场坐军用飞机出发了。于是我们就被耽误了一天，改到13日的飞机。但是上午的航班都是救灾的，只有等下午的航班。坐下午的航班飞到重庆，再从重庆包车去成都。

李：当时和专家一块儿走是报社行为还是部门行为？

杨：报社当时是想派人去的，但是有关部门下了禁令，就在下午5点多的时候，不允许去，报社就犹豫了。但作为特稿部，本身就是应对突发事件的，我觉得不能不去。成都站的记者也找不着，于是我就带着几个人去了。我们后来打听了《南方都市报》，谁都没有管禁令就去了。那天恰好是周一，我们每周一开编前会，领导们都在。

李：编前会的时候就知道地震的消息吗？

杨：下午两点半的时候，编前会正要开始。这时有一个女编辑说她血压低，头晕，后来大家才发现不是她的问题，是整幢楼都在晃动。10分钟后有人收到短信，说四川省发生了大地震，于是消息就这样传开了。大概在4点钟，我们就有记者去机场，跟地震局的专家。我们又派了很有经验的记者徐凯从重庆去成都。他包了一辆车，到了成都已经是夜里10点多。他拉了一个人，那个人是家里受灾的，他就跟那个人到他家写了一篇稿子，当天夜里12点多发回来。

李：你们当时的人员计划是怎么安排的？

杨：当时我认为我们需要有经验的人，我以为我，加上徐凯、左志坚，3个人就够了，后来总部从广东又派了两个人。因为当时能从广东飞成都。

李：5月14日的时候你们一共有多少人？

杨：有15个人。加上当地记者站记者。

李：后来怎么又增加到30个人呢？

杨：我们到了现场，发现大家都乱了，也有人是没有报告总部就自己来了。我们有一个同事开始说因为母亲一个人在成都，所以要回家陪她，但是到了当地以后他没有回家，反而去绵阳采访去了。这样的情况并不少见。真正有规划地增加人是在第二个星期，5月19日左右。那时候现场救援做得差不多了，剩下的就是灾后重建。我们派去了一些常常在北京、上海跑政府如卫生、民政等线的记者，他们资源会更广。

当时去前方的主任有3个，我和其他两个人。我们分属不同的中心、不同的领导，后来派来了两位编委，指挥调度会比较好。成都也是一个天然的编辑部所在地。

李：后来为什么考虑让编辑直接上前线？

杨：我们刚开始比较乱，记者写了稿子不知道该发给谁，也不知道怎样安排，放到哪个板块，怎么处理。于是总部从后方调来了3个编辑，他们直接在前方组成一个编辑部，稿件统一归他们，由他们来协调。

李：你去的时候，怎么分条线的？

杨：我到了成都时，整个成都站的人都归拢了，我给大家开了一个短会。希望女孩子去的地方都是当天能回到成都的，男孩子去一些受灾严重的地区，比如北川。因为徐凯比较有经验，我就把成都到都江堰的路线给了他，把绵阳留给自己。我是 14 日下午到绵阳的。

李：到绵阳的路还通吗？

杨：从成都到绵阳的路还可以，一直可以通。但再往里走就困难了。

李：那你们是怎么再深入进去的呢？

杨：我们从绵阳包车到安县。到安县又包了一辆车。但是走到半路，在亚洲风洞，就遇到交通管制了。因为要进去的车太多，堵路了。虽然当时我拿着绵阳市委的采访证，也没有用。后来我就走路上去了。

李：然后你只能步行？步行的时候带了什么东西？

杨：对，走路进去。我为了减轻负荷，相机都没拿。就背了电脑，发稿用的，拿了一瓶水、一个手电筒、一个收音机。

李：收音机能够收到信号吗？

杨：时断时续。

李：走了多久？

杨：走了 5 个多小时。

李：大约多少公里？

杨：地图上标的是 13 公里，老乡说实际有 15 公里。路非常不好走，随时有石头掉下来，阻挡道路。运灾民的车也不照顾走路的人，所以人走在路边比较危险。

李：你看到过逃出来的灾民吗？

杨：灾民都在一大块空地上等候。因为有警察告诉他们不要走，会有车来运送他们出去。

李：有没有寻亲的人和你一起进去？

杨：有 8 个成都的人来寻亲。成都有一个老年大学组织师生去北川西乡羌寨参观，那天地震的时候正在北川参观，所以他们的孩子要进去寻亲。但是警察没有让他们进去，我是因为有证才被允许进去。我把电话留给他们了。

李：后来在网上写下《北川寻母记》的那个人是不是也在里面？

杨：那个人我见过。我给了他一包烟。他装备很专业，我还以为他是同行。

李：你到的第一个比较惨烈的现场是北川中学吗？

杨：是擂鼓镇。我当时看到特别害怕。我不知道羌族人死了以后还要裹得那么严实，放在一个门板上。门板是悬空放着的，用砖头或者板凳架住。空隙里面点着一根红蜡烛。我原来看到亮光以为是活人，还想上去问路，后来才发现是死人。当时已经是晚上9点多了。比较恐怖的是镇上既有死人又有活人，但是看到活人更害怕。幸存的人都待在那里。天上又飘起小雨。

李：天那么黑了，是一种怎么样的感觉使你决定向前走呢？

杨：做新闻的人，基本的感觉是既然来了，还是要到现场去的。当时我看到那些惨状，就想到现场肯定更惨。我从来不能想象一大群人坐在一边，跟傻子一样，行尸走肉似的。手电筒一晃，他们都带着惊恐"唰"地站起来，但又不说话。镇上一点声音都没有。我就安慰镇上的人，说我上来的时候有很多空车，肯定是来救援他们的。但是他们也不理我。

李：于是你就继续向前走吗？是不是有些部队可以给你壮胆？

杨：我看不见，但是能看到军车往里面走。

李：你有同行的伙伴吗？

杨：有，是《生活》杂志的记者。

李：后来就到了北川中学吗？

杨：是的。

李：到北川中学是几点？

杨：夜里10点半。我觉得特别震惊的是走到收费站的时候遇到几个绵阳的小孩，他们当志愿者。我有手电筒他们没有，我们就一起走了。他们以前在北川中学读过书，但是当我让他们带路的时候，他们在路上转了4圈，都找不到那学校。我觉得如果本地人都找不到原来的地方，那地震肯定特别严重。后来我们看到一些亮光，才觉得是北川中学。走进北川中学的门，看到到处都是帐篷，迎面过来是一辆冷藏车，是来运尸体的。当时还是比较乱的，很多帐篷都没有搭好，很多车进不去，我进去时吊车已经在开始吊了。

我进去时车上的死人摆得特别规矩，每一个尸体放上去，都有人给尸体量身高、拍照。刚开始尸体放上去时还有声响，后来慢慢慢慢就没了，因为死人太多了。

李：现场有父母吗？

杨：有很多父母，都在现场哭。一方面他们想去看看是不是自己的孩子，看是不是活着，另一方面又有点忐忑。后来他们都有经验了，知道救援战士一旦发现一个活人，都会喊医生。但是绝大多数情况救援队伍发现的都是死尸，就会直接扔上车。

李：那天晚上你是在北川中学过夜吗？

杨：对。当时没有地方住，我就从医院里拿了一个凳子，找了一个稍微暖和的地方和医生聊了聊。4 点多钟时睡了一个小时。

李：还下雨吗？

杨：下雨。山里头有风，冷得不行。帐篷后面又是尸体。

李：当时你就开始写稿了吗？

杨：我当天晚上就开始写稿了。

李：写的时候有没有强烈的心理冲击？怎么样组织文字？

杨：当时没有太多心思去构思文字，就是想把看到的东西写出来。第一要大家知道这边很惨；第二要解释为什么这么惨；第三是我们还需要什么。我写稿的时候心里非常难过，后来和一个美国摄影记者聊天，他说出了我最想说的话。他说这些人什么都没有做错，只是因为脚下的地球在移动，他们就丧生了。这种挫败感非常强烈，因为我们什么忙也帮不了。

李：你写完稿之后怎么发回来呢？

杨：当时我拿了一个无线网卡，以为我的手机能收到短信就能发稿。但是我试了很多个地方都没有发出去，导致当天稿件没有发出去。

李：夜里你们在路上怎么躲避那些滚下的石头？能听到声音吗？

杨：有些时候是有声音的，有时候是下意识地。因为对面不断有救护车，他们是抢时间的，不管路边的行人。我们就不能走在路上，只能贴山脚走。我们有时候走了一阵子感觉不对了，就等一等。我一共带了 6 包烟，光在路上就抽了 3 包，因为有时候等待时感觉没事情做，就抽烟。也可以压压惊。

李：第二天早上你还在北川吗？

杨：待到凌晨 5 点多，我们就决定离开北川中学。山里天亮得早，但天是阴的。而且尸臭开始冒出来了。那时我们连口罩都没有，我就去找医生要了两个口罩。我们觉得还是应该去县城。当时很多人都劝我们不要去，说县城不断地掉石头，而且房子一小时前是一个样子，一小时后就完全是另一个样子了。余震不停。北川中学门口的电线杆就像坐标一样，看到灯一摇，所有人就跑。

李：第二天你们走的是什么路？

杨：我们走山路，从堵住县城的两块大石头上翻过去，原本只需要十几分钟的路走了两个小时，终于赶到县城。那里挖了很多人工的台阶，军队说他们的突击队从里面 8 个人抬 1 个伤员出来，上一个台阶要花 15 分钟。

李：进到现场以后你感觉怎么样？

杨：进去就被震慑住了。因为我们要下去，下去时碰到一个垫脚石一样的东西，一看是个死人，可能是被别人裹起来的。踩下去时踩到一只脚才知道。然后就沿着河走，一直走到那个挂有奥运会88天倒计时牌的地方。基本上一步一个死人，而且能够明显地感觉到他们是被滚下来的石头砸死的，有的只有半个身子，有的只露出一个胳膊，非常惨。我们还看到一辆警车挂在7楼的楼顶，还有的在树上，都是被石头砸上去的。

我们那时候根本分不清楚哪里是新城，哪里是旧城。我们看见一个武警在作业车上面救援，后来我们知道那是茅坝，也就是北川中学新区，但我们没有过去。我们决定先去老县城，因为觉得老县城的伤亡可能更加严重。石头已经砸得裂口了，半座山滑下来，把建筑推出了600米远，一直推到河边，大量的人都死在河沟里。

然后我们又看到一个市场，两层楼的，底层是商铺，上边是住人的，楼都已经要倒了。我们本来想看看就走，但是听到人在那边小声哼，我们觉得还是应该去挖人。因为看到人其实被埋得很浅，大概有3个人。我们试图把人拉出来，但是刚抬开一个东西，那废墟就开始摇，好像是有余震。于是我们就退回来，想等到不摇的时候再去救人。因为我们之前也有几次灾难报道的经验，胆子都挺大的，还想继续救人。但是后来突然感到摇晃得比较厉害，在两座危楼中间站着的我们都愣住了，然后我下意识说了一声“跑”，我们就跑到了周围的空地上。余震又开始了，一会儿我们就看着那个两层高的楼倒下去。这时候我们看到一个救援队，好像是江苏省的救援队，我们告诉他们那里面有3个人还活着。后来听说那边救出了3个人。

李：你说过你给过一个人矿泉水喝？

杨：那是在县公安局，县公安局对面有一个小广场，那里有一个火锅店，叫绿色火锅城。我们在那发现了一个还活着的人，他就在地面上，但是4层楼塌了，把他压在下面。他有一只手还能活动，但是看不清他的面容，也判断不出他的年龄。他说不出话，只会哼哼。他旁边还有一个小孩，小孩的面貌看得特别清楚，是被压死的。于是我们给他矿泉水喝。我们跟他说旁边就有救援队，一会儿就来救他。但是第二天我们再来的时候他已经死了。而前一天他还能拿着矿泉水，我们担心他拧不开，还帮他拧开了瓶盖。还给他掰了巧克力放在那里。

李：你带的东西够不够自己用？

杨：不够。我带的水第一天就已经没了。在擂鼓镇的时候捡了半瓶水。我穿的鞋是防水的，但是鞋底非常软，石头硌脚，不好走，非常费力。我很快又把水喝完了。后来在路上的时候看到一辆桑塔纳，被山上掉下来的一块石头砸开了后盖，司机已经不知死活，我就从车的后备箱里面找出了 3 瓶水，我对自己说我们是来行善的。这 3 瓶水支撑了以后的两天。

李：当时有没有吃的东西？

杨：就几块巧克力，但是到后来我都不敢吃了。一来当时也不觉得饿，二来吃了巧克力更觉得渴，而我们没有那么多的水。我们看到当兵的也非常惨，他们也什么东西都没有。

李：你为什么决定在北川县城住一个晚上？

杨：有两个理由：一是我觉得那才是真正的现场；二是我实在没有力气再回去。

李：那天晚上有什么特别的感受？

杨：那天晚上天特别特别蓝，又有月亮，到处都是死尸，但又有生命的气息。现场没有太多人，一点声音都没有。周围有很多野狗。特别冷，我没有睡袋，冲锋衣又不耐寒。我拿着手电，披着冲锋衣说去走一走，正好赶上一个海南的消防队刚过来救人。他们是后半夜过来的，就直接救人了。他们有一个很小的柴油发电机，竖了一个灯泡在那里，那是当时北川县城唯一的一点亮光。当时感到特别安静，一个原本充满生机的城市突然之间变得那么安静，让人非常害怕。而且虽然很多人死了，但是给我的感觉是仍然有灵魂，仍然有人活着，加上当时还不停地有余震，一有余震周围的石头都在动、在响，所以整个现场是非常吓人的。北川之前的那个县城可能比较富，周围无家可归的狗都是好狗。

李：那天晚上你睡得着吗？

杨：当时还是比较困，休息了几个小时。路上把能扔的东西都扔了，包括脏衣服。因为嫌它们太重。后来回去的时候发现只剩下一部电脑了。

李：后来是什么时候回去的呢？

杨：5 月 16 日回去的。15 日晚上住在县城，当时要发稿。16 日时太阳很大，县城已经飘满尸体的腐臭气味。人家劝我回去，说疫情肯定要来了，又说要有洪水。我说我要发稿，就到设在北川中学的指挥部去排队发稿。

李：通过什么方式发稿？

杨：指挥部架起了一个海事卫星系统。可以支持 10 台左右的电脑无线上网。然后大家就排队。每人只准发一条稿子，要发图片还要向他们求情。当时电话不通但是短信通。

李：发完稿子就回来？

杨：然后同事给我打电话，那时候已经扛不住了，头发发硬，手一捋就变成不同形状。因为最惨烈的现场已经看到了，我就回到绵阳去了。我们在旁边拦车，最后搭的是绵阳志愿者的车，他们拉了8个记者下去，一路还接了很多灾民。

李：你在前方时还和家人保持联系吗？

杨：我没有怎么跟家人联系，因为我女朋友也是记者，她虽然没有去第一现场，但也在跑部委，所以比较理解。一般我就和她说我现在在哪儿我挺好的。当时我们听说应急通信只能同时保证500部手机通话，就不太好意思占用通信资源。觉得记者不要添乱就好。只是和后方发短信说要交稿子。我家里人都不知道我去现场。我都跟他们说我在外面出差。后来他们在电视上看到我了。

李：回来之后你什么时候第二次进北川？

杨：5月20日，当时说北川的堰塞湖要垮，我就又进去了。

李：这次地震报道前后一共在前方待了多少天？

杨：17天。

李：后期你做了什么事情？

杨：我们现场的记者后期转向报道次生灾害。因为我从来没有这种经验，也不知道应该怎么下手。后来看了钱钢的《唐山大地震》，觉得次生灾害才是最大的灾害，因为它是针对活着的人。后来我们的记者去了安县，说安县很多人拉肚子，疫情开始出现，于是我们转向做次生灾害报道。再后来做北川的重建报道。

李：经过这次事件，你的自然观、人生观会不会有些改变？

杨：说改变也谈不上，但是地震给人最大的感觉是一种人的无力和无助。我进县城的第一天就感到，你在那种地方没有办法跑掉。我会觉得人都很可怜，因为很多事情是无力改变的。如果要说对我的改变，这次事件会让人更有恻隐之心。

李：你看到的种种惨状产生的挫败感、无力感会不会让你感到沮丧？

杨：沮丧一开始有，慢慢就没有了。记者有一种职业立场，这个可能会冲淡沮丧。当时我们在那边采访很困难，我不忍心问别人，我们就像旁观者一样倾听别人讲述。灾民跟记者说的时候我也基本上都在听，并不提问。他们其实很有倾诉欲望。虽然我有一个录音笔在录，但是感觉其实并不必要，因为当时的记忆力出奇地好，对他们讲的每一个字都能够记住。他们给我讲他们有一个超市，石头掉下来砸了一个人，大家要去救那个人，但是石头非常大，搬不动。然后那个被砸的人就要他们拿锯锯他的腿，但是可能由于锯太小的缘故没有锯掉。然后那个人就让大家拿斧子去砍，后来砍断了他的腿才把他救出来。这种人对于生存的渴望很让人震惊。

对心理的影响主要是挫败感，让人的脾气变得很大。跟后方联系的时候，觉得后方都是坐在办公室说为什么这个事情不这么弄呢，这样就很容易吵架。

李：回来之后心理上有什么问题吗？

杨：我回来之后不太愿意跟他们讲那边的事情，只愿意和一同去的同事聊一聊。有很多人感觉回来之后活得非常真实，有选择性地忘掉一些事情。

李：你回来以后需要做什么心理调适吗？

杨：我回来以后开始怕安静。本来报社安排我在家休息，但是我休息了两天又回来上班。觉得办公室里有很多人，热热闹闹的心里才安定。我们家住在16楼，特别安静时就会想那天晚上的情景。我现在受不了安静，写稿的时候都要开着电视。

李：那你觉得以后会慢慢恢复吗？

杨：我觉得会，因为我已经有很多突发事件的报道经验了。从2003年的非典到太平山矿难、邢台矿难等好多次矿难，还有松花江水污染、开县井喷、包头空难等等，我都去过。所以我认为自己的调节能力还是很强的。

李：这次采访中有什么第一次的体验或经历吗？

杨：我以前采访的时候从来没哭过，但是这次采访的时候哭了。不是在北川哭的，在直升机进茂县的时候。到了那边发现我要去联系的人不在，我说要不然我就在茂县待着。后来同事建议去红十字会采访，回来的路上搭上了一架直升机，载的是一群孤儿。在飞机起飞的一刹那，孤儿从窗上看家乡，都哭了，很大声，一群人全哭了。我当时突然想到，生在大山里的孤儿本来没有什么机会离开家乡，但现在，真正离开家乡的时候，却是他们这一生看家乡的最后一眼，于是就跟着他们哭了。我当时把所有吃的喝的都留给了他们，并且把我身上所有的钱都给每个人分一点，上面留了我的名字、电话，怕别人抢他们的钱。当时我哭得很厉害。驾驶那架飞机的飞行员就是后来失事的邱光华。

李：所以你对他还有印象。

杨：我刚开始看到一架飞机失事的时候没有感到惊奇，因为那路很难飞，气流非常不稳定。当时我们坐飞机的时候特别害怕，觉得不掉下去是不正常的，即使那天是晴天。后来回到北京，回到办公室，我就看到网上说掉了一架飞机，新浪网上挂了一个视频，是失事飞行员的影像，我一看就是他。他们机组有个机械师叫陈林，我当时还跟他搭讪，说机长你好年轻啊，他就笑了，说他不是机长，是机械师。我们换了一根烟。他是失事机组成员中最年轻的一位。

李：那你当时的感受是不是后怕？

杨：后怕。我当时像傻了一样，人呆坐在那里。他们走的线路也是我走过线路的一段。从理县到映秀，经都江堰到成都。

李：坐直升机是不是也是你的第一次体验？

杨：对。是我第一次坐直升机。这也算是命大。

李：你手上戴的佛珠是不是也给你提供了心理支持？有什么来历？

杨：那是青藏铁路开通的那一年。我去采访时去了哲蚌寺，是一个活佛给的。

李：你是否觉得自己的职业感战胜了内心的害怕？

杨：我觉得勇气确实是出自我的职业感。我们这一代人是看着《南方周末》长大的。我在北京广播学院读书，在车上拿着《南方周末》看时，一定要把报头放在外面，让别人看到你在看这报纸。我们当时都被记者的职业精神所感动。像我们这些2001年、2002年入行的人职业责任感都特别强，地震来的时候从来没有觉得害怕，觉得这是记者的职业，是记者最应该做的。

李：你的从业经历是怎么样的？

杨：我2001年毕业，去了《云南日报》下面一个子报《云南民族报》，跑政法条线。在那儿待了一年之后，2002年下半年，《21世纪经济报道》筹建重庆站，我就去了。很多大事我都赶上了。

李：你这次在现场得到什么外部资源的帮助吗？

杨：这次我遇到了前所未有的开放，只要你说你是记者，政府各方能够配合的都会配合，因为除了记者和救援人员，也不会有人去那里。

李：政府很配合，军队也非常配合吧？

杨：对。军队也非常好，大家都仿佛同命相连，都互相鼓励。到后来还会慢慢希望记者作宣传，比如救援的时候把红旗插上去，而且有记者的时候就干得特别来劲儿。

李：这十几天你有没有遇到什么最难熬的阶段？

杨：应该是十八九日时，我回到成都，那天晚上大家说成都有余震。如果是北川有余震的话那太正常了，但是回到成都看到灯红酒绿的，原来以为可以好好吃顿饭、休息一下了。结果因为余震预报，所有餐厅都不营业，大家都跑出来躲余震了，而且要在外面睡觉。那个时候是最难熬的。原来以为安全的、繁华的都市结果也这么不安全，在灾区反而觉得更安全些。反差太大了。我一下子有一种错乱感，觉得很不真实。

李：那你回到北京之后有没有感到不真实呢？

杨：回到北京应该还好，但是回来的头两天不想跟任何人说话。

李：会不会还在灾区的氛围中？

杨：对。短时间还是恢复不回来。

李：你对自己的报道还满意吗？

杨：总体还满意。最遗憾的就是我在北川写的特稿没有发出来。那篇是我认为写得最好的。

李：你觉得这次事件对于《21世纪经济报道》有怎样的促进？毕竟经过这么一场大战役。

杨：现在还看不太出来。有两种可能，一种是变好，一种是经过一段时间又返回原状。但是这次表现很好的第一点是记者非常配合；第二是后勤做得很好，让前线的记者感动。回到绵阳的时候，发现有整整一箱头盔放在那里，手套一捆捆的。

李：你觉得这次事件对中国新闻史有突破吗？你怎么看待？

杨：我觉得会有突破的。在一线采访的记者会成为一批好记者，他们知道怎样追求真相。我们看到了一些没有经过报社同意就过来报道的记者；也看到了一些执意要发稿，不顾后方编辑部意见的记者。他们的职业感、正义感都被唤醒了。我觉得这个是会有一些帮助的。

李：我知道这次你们和中央人民广播电台有合作，合作怎样？

杨：非常好。中央台新上任的副台长王晓辉特别懂新闻，我们合作得非常愉快。大家的理念比较接近，他们的资源能力也比较强。

李：是你们找他们？他们给了你们哪些支持？

杨：对。他们给我们协调部队方面的事情，比如直升机等。而且帮我们找大人物采访。我们的记者也帮他们做现场连线的电台报道。

李：这就是不同体制的媒体的合作。

杨：对。这也是一条可以探讨的道路。我们这次也尝试和自己的网站联动。

李：你们有直接发稿给网站吗？

杨：我们会用短信发消息过去，几十个字的新闻就这样做。我们网站派了一个编辑在前方，在几分钟内可以立即上网。包括在北川，也会发消息，及时更新。

李：对于这次的自然灾害报道，你有什么总结吗？

杨：我觉得这种灾难报道要做得更有策略一些，比如在稿件的处理上。我觉得南方报业传媒集团之所以做得好，还是因为比较有经验。

李虎军：
《财经》的选择

李虎军：《财经》杂志高级记者，主要从事科学、环境与健康报道。曾供职于《科学时报》和《南方周末》。2003～2004 年度麻省理工学院 Knight 科学新闻访问学者。

虎＝李虎军
李＝李梓新

李：你是什么时候动身去前线的？

虎：我是地震发生后第二天去的。因为第二天只能订到下午的票，所以是下午才出发的。

李：是直接到成都吗？

虎：对。实际上，我第一天就判断出事态的严峻，但有事走不掉，要不然我第一天就申请出发了。

李：出发前就带任务了吗？

虎：最重要的任务就是尽快到达现场。

地震发生后，《财经》马上派出了一位叫欧阳洪亮的记者前往现场。由于当时只能飞重庆，他在第二天凌晨才到成都。

派出欧阳鸿亮的同时，编辑部组织力量，在财经网上滚动报道地震的最新消息。

我自己就写了两条消息。其中一条是辟谣。当时有谣传说北京当天晚上会有2～6级地震，而我们的第一反应是怀疑，电话采访了中国地震台网中心副主任李强华后，发出了辟谣的稿件。做这件事情，财经网比新华社还早几分钟。

当天下午，我还写了一条消息，解释为什么全国都有震感。当时采访了两个专家，一位是中国地震台网中心的专家，另一位是中国地震局地质所的李志强博士。李志强博士当时就估计，从震级、震源深度和震区人口密度来看，人员伤亡将仅次于唐山大地震。

这条消息刊登以后，《中国新闻周刊》的一位同行还在MSN上问我，“人员伤亡将仅次于唐山大地震”的说法是否站得住脚。我想，她大概是希望判断该怎么调配兵力。

当天晚上，报告的死亡人数已经是几千了。我再也坐不住了，连夜发邮件给副主编张进、执行主编王烁和主编胡舒立：请战。

而编辑部也越来越意识到这次地震的严重性。第二天，编辑部决定增派记者。其中，从北京出发的有两位文字记者——赵剑飞和我，还有两位摄影记者——陈满群和美术总监法满。驻广西的记者罗文胜则从南宁出发。

在成都，还有两位记者陆续加入。其中一位是李微敖，他正想加入《财经》，还没有到北京面试，副主编张进让他“火线入伙”。还有一位是退休女记者龙盛平，主动请缨要给《财经》写稿。

在第一时间，我们想得最多的就是怎样到达现场。编辑部让罗文胜去北川方向，大部队去都江堰和汶川方向。

考虑到财经网发稿的需要，不仅需要有“点”上的情况，还需要有“面”上的情况，保证每天都有一定的发稿量。编辑部决定先让赵剑飞留在成都，我留在都江堰。

李：为什么他们没有让你当尖刀往前线冲呢？

虎：编辑部这样的安排还是有道理的。他们认为，需要有人在前方担当协调的任务。当然，地震后的最初几天，由于通信不畅，前方协调实际上很难。

李：出发之前你做了什么准备？

虎：欧阳洪亮第一天走的时候，非常仓促。他去机场的路上，我给他打了个电话，告诉他注意两件事情：第一是余震，第二是防疫。这是我在报道印尼海啸时得到的经验。

我们第二天去，准备相对充分一点。杂志社为我们采购了药品、睡袋、帐篷等，还联系到了海事卫星。正是这部海事卫星，在震后第三天（5月14日）欧阳洪亮、法满和陈满群徒步进入映秀镇后，帮助他们从现场发回了稿件。

回过头来看，我觉得最遗憾的是，出发之前有关这次地震的科学信息搜集得不够。实际上，汶川地震发生后两个多小时，美国地质调查局就借助地质构造和余震分布信息，公布了标有断裂方向和长度的烈度分布图。这张图虽然比较粗略，但已经可以看出，烈度达到10度的极震区，分布在汶川县映秀镇至北川县城的广阔地带。这意味着，北川方向也很有可能遭受严重破坏，此次地震的受灾程度超出了人们最初的想象。

如果我们及时掌握这一信息，北川方向应该需要增加人手，而我们的主要力量扑在都江堰和汶川方向，北川方向一度只有一位记者。

李：你觉得你之前的地震知识储备在这次事件中足够吗？你一直做科技方面的报道，但是地震方面的知识如何呢？

虎：有关地震的报道，我以前做过一些。我觉得地震知识储备多一点是有一些帮助的，所以我们能在第一时间怀疑“北京将有2～6级地震”的谣言，能在第一时间大致判断这次地震很严重。在前方采访时，地震知识储备也会有帮助。比如，我们也担心余震风险，但也不至于草木皆兵。

李：你一直都待在都江堰吗？

虎：主要待在都江堰。后来去过绵阳、北川和绵竹。

李：对你来说，碰到的第一个比较重大的现场景象是什么？

虎：我没有在第一时间去都江堰的聚源中学，因为后方认为聚源中学被媒体报道得太多，可能没有什么点可以挖掘。当然，后来我们还是关注了聚源中学垮塌的教学楼的质量问题。

第一个让我震撼的场景是绝望的拯救。在都江堰，大家的关注焦点是聚源中学、新建小学和中医院等，这些地方温家宝总理去过，伤亡也特别惨重。但还有更多的地方被忽视，毕竟，一时间没有那么多的救援力量和那么好的救援组织。

到都江堰以后，我找到了一个被忽视的救人现场：龙潭湾社区藏羌新村的一幢倒塌居民楼。我跟踪这个现场一直到5月15日下午，也就是救人的黄金72小时之前。这里原本是有生命迹象的，但最后挖出来的都是尸体。这期间，我目睹了家属们的希望是如何不断破灭的。

李：你的报道还是以科学知识为主吗？

虎：前几天不是。后来是。

震后的前几天，救援是最主要的事情。看到什么，听到什么，都是新闻。像我前面提到的那个绝望的拯救，就不是科学报道。

几天以后，我开始侧重于科学。毕竟，科学报道是地震报道的一个重要组成部分。

这个时候，《财经》在前方多个点都有记者。其中，经常报道突发事件的同事罗昌平前来增援，他最初去了北川和青川方向。在成都，火线入伙的李微敖也开始工作，赵剑飞接替欧阳洪亮他们去了映秀。

因此，我希望自己和其他同事关注的侧重点有所不同，在地震现场做一些科学报道。首先我想到的是建筑物的安全问题，这里说的不是专指校舍，而是所有建筑物。一些房屋鉴定专家开始在都江堰工作，鉴定哪些房屋还可以使用。我就从另外一个角度来写——《在震区寻找安全的房子》：为什么在地震当中有些房屋倒了，有的房屋没倒？

另外，我报道了紫坪铺水库的抢险过程。5 月 17 日下午两点多，地震发生整整 6 天后，水利部前方指挥部撤离都江堰上游的紫坪铺水库。这时，紫坪铺水电公司的老总、水利部的专家终于有了片刻难得的闲暇。我趁机采访，听他们讲述了紫坪铺水库的惊魂 6 日。

我还去了都江堰聚源中学、绵竹市富新二小，同时采访到专家，为财经网发回了关于校舍质量问题的报道。在灾区采访 10 多天后，我和《财经》的其他同事基本上都回到北京，杂志社重新派出几名记者，做出了又一期的地震封面报道《校舍忧思录》。

此外，我还参与了有关地震预报和次生灾害的采访和报道。

返回北京之前，我还和李微敖去了一趟北川。结合后来的采访，我们写出了一篇报道：《北川地质遗痛》。大意是说，北川县城在 20 世纪 80 年代搬迁未果，那里的地质条件也并不适合作为县城，城市却在无节制地扩张。

回到北京以后，我又写了一系列的科学报道。我想，对汶川地震的关注还会持续很长时间。

李：那时候你保持每天都给网络版供稿，对吗？

虎：是的，每天至少一篇网络稿。

李：根据要做的这期杂志的要求，编辑部大概什么时候给你们一个思路和具体的任务分工？

虎：《财经》杂志印刷版是每两周出一期。5 月 12 日那天刚好出版了一期杂志，下一期的出版时间是 5 月 26 日。

编辑部关于封面报道的设想大概在地震后的第一个星期就出来了，设想的框架和《财经》最后呈现出来的差不多。每位参与地震报道的编辑和记者都从电子邮箱中收到了这个设想。

除了前方记者，很多后方的记者也参与到了这组报道之中。比如“经济震波”部分，就完全是后方记者集中操作出来的。

对前方记者的要求主要是完成“目击”部分。同时，还要求前方记者在应急救援体系、卫生防疫、地震预报、次生灾害等方面提供采访资料。

这个框架有利有弊。有利的方面是，前方记者清楚后方的思路，这样在采访的时候更有针对性。但也有问题，毕竟后方对于前方的情况不是那么了解，而且前方的情况又在不断地变化。

编辑部设计的一些方面也是很难采访的。比如，编辑部希望前方记者采访到应急救援指挥中心是如何运作的，但应急救援的初期阶段，指挥官们都忙着救灾，几乎没有时间接受记者采访；想在应急救援指挥中心默默观察吧，我们又进不去。

李：那前方的记者会不会把困难向后方进行反馈呢？

虎：当然会。通讯顺畅以后，我们每天都要和副主编张进，编辑段宏庆、王以超等同事沟通。需要的时候，也可以直接和执行主编王烁、主编胡舒立沟通。

我们在前方的记者一起讨论时觉得，对后方的要求不能一味地满足。像我和另一位值守在成都的同事，应该尽量满足后方的要求。但在最前方的记者，就可以灵活一点。

李：那你们的努力真正体现出来了吗？

虎：有体现的。比如同事赵剑飞被安排在成都值守，但他总想去最前方。后来李微敖火线入伙，也是在成都。我们几位前方记者商量以后，觉得李微敖一个人也可以担当成都的采访。然后呢，编辑部同意赵剑飞去最前方。结果赵剑飞到了映秀以后，待了3天都不出来。他带了卫星电话，但也只是每天和编辑部通一次话。赵剑飞在那里就像一只放飞的鸟儿。

当然，前方采访的情况有时也刚好与编辑部的需要契合。在青川采访的罗文胜，发现那里的堰塞湖形势很严峻，而编辑部正好打算做次生灾害的报道。

李：编辑部选择这样的大框架跟你们解释了吗？

虎：或许是因为通讯等原因，当时没有太多的解释。回来之后解释多一些。《财经》知道，我们在有些方面是抢不过同行的。比如说抢点，《财经》肯定抢不过《成都商报》，也抢不过《南方都市报》，连《南方周末》都抢不过，因为《南方周末》的前方记者比我们多。所以，《财经》大概希望在宏观把握上胜过其他媒体。

当然，前后方也会有一些讨论。比如我们都认为，在地震发生的第一个星期就进行反思可能不是特别合适，那个时候更需要的是大家一心一意去救人。

关于分配兵力的问题，再补充一下。在前两天抢新闻的阶段，因为北川那边联系不上了，我们就自己进行安排，谁继续留在成都，谁去映秀，谁去绵竹……这是我们自己安排的。

李：后来有没有再增派人过去？

虎：第一个星期时，罗昌平忙完了手头的其他题目，过来增援了。第一个封面《震撼中国》完成以后，《财经》又做了一个封面，叫《校舍忧思录》，另外派了几位记者。

李：刚才你也讲到了记者的分配问题，从总数上面来看，《财经》的人数已经不比《南方周末》少了，但是《财经》为什么没有像《南方周末》一样派大量的记者去现场呢？

虎：《震撼中国》封面故事的卷首语中有这样一句话："和所有国人一样，《财经》编辑部同仁在巨灾不宣而至的瞬间，也曾感到茫然、迷惑、无助。"

当然，"茫然、迷惑、无助"是暂时的。或许，《财经》的考虑是，在"点"上我们抢不过别人，但可以在"面"上，在宏观把握上多做些努力。这是我个人的理解和观察，不一定对。

李：前方记者会不会内心有点失落，因为看到别的媒体都派了更多的记者去采集"点"的新闻。

虎：还好吧。我们在前方的记者，有的是编辑部派去的，有的是自己争取去的。不管怎样，记者在第一时间到了现场，想的就是怎样把最好的新闻报道出去。另外，每个媒体都有自己的特点，不可能面面俱到。

李：你觉得没有出增刊，是否也是出于有网络版的原因？

虎：对。实际上，一些同事，包括罗昌平和我，都认为这是一个增加网络版影响力的机会。地震发生的时候，副主编张进正带着他领导的综合组开会。财经网有一个政治经济频道，以前是我们综合组采写稿件，网络组负责编辑。正好从5月12日那天开始，政治经济频道的编辑工作由综合组接手。所以，那天我们开会的主要内容之一就是怎么做好网络版。

李：我注意到那期《财经》是事发12天之后出版的，在这十几天的时间里面，你们依靠的平台是财经网，脱离了传统的纸质媒体，在网络的平台上写稿，自我感觉如何？

虎：对我来说，在网络发稿和纸质媒体上发稿其实没有什么明显的区别。在地震之前，财经网已经运行一段时间了。《财经》的每位记者，都有给财经网写稿的任务。主编胡舒立甚至说过，网络版比印刷版更重要。

李：对《财经》的报道，网络上的反馈如何呢？

虎：《财经》很注重版权，恐怕现在好多媒体都不敢在未经授权的情况下转载我们的稿子。因此，很多稿件只能在财经网看到。从财经网的反馈来看，还是有很多读者非常关注。不论是点击率，还是网友发表的评论，比平常都有成倍的增长。

李：你们当时每天更新的能够有多少条呢？

虎：我没有去统计到底每天更新了多少条。编辑部将原创的网络稿分成三个部分。第一部分是前方的目击，一般来说争取每天每位前方记者有一篇。第二部分是在成都有记者盯新闻发布会，而且在成都也能做一些采访。记得有一天的新闻发布会，财经网的消息发布比新华网还快。结果第二天，新华网带了现场速记，我们就没法比他们快了。第三部分是后方记者采访的稿件，包括地震对行业的影响、政府部门和国际组织的反应等。另外，编辑部也在尝试做一些音频和视频方面的报道。

李：这次让你们带摄像机之类的设备了吗？

虎：带了一台DV机，但没有专门负责摄像的记者。在前方，同事之间碰头也不方便。首批进入映秀的3位同事没有带DV机。那个时候DV机还在成都的赵剑飞手上，他在成都拍了些东西。后来他去映秀时才带上了。我和李微敖再后来去北川和绵竹时也带上了这台DV机。另外，DV的数据传输也比较麻烦。

李：你觉得这次有没有促进媒体间的互动？以《财经》为例。

虎：对《财经》而言，网络版和印刷版已经在互动了。至于不同媒体之间的互动，我所知道的是，不同媒体之间的记者在前方采访时常常会相互帮助。媒体之间是有竞争的，但同行之间会相互关照，关心彼此的安全。在灾难面前，不同媒体有同样的社会责任。

李：之前我跟别的记者聊了，他们说《财经》有点太冷静了，你对这个问题怎么看？因为别人都在做一些小故事，很多，而《财经》最后就是一篇“目击”。

虎：和年初做雪灾一样，《财经》在这种题目上的惯用操作模式是，前方记者提供原料，后方作出选择，并统一加工成稿。像这次《震撼中国》的封面，除了《阻断灾害链》是由我这个前方记者执笔完成，其他稿件基本上都是后方记者和编辑完成的。估计编辑部的考虑是，前方记者太辛苦，后方记者和编辑的时间相对充裕一些。

不过，就“目击”篇而言，如果不是后方统一成稿，而是给前方记者更大的自由度，让前方记者自己来完成最终的稿件，再组合在一起，效果说不定会好一点。

我们前方记者中，也有些不同意见。虽然杂志出来的时候，地震已经发生了两个星期，但估计读者还是会愿意多看到一些具体的故事。

李：说点你个人的感受，你感觉政府这次的开放度如何？

虎：有明显改观。我开始在都江堰待了几天，刚去的时候，成都市委和都江堰市委宣传部的工作人员接待了我，但并没有给我特别多的信息或者帮助。过了几天，他们可能是从灾难当中缓过来一点了，开始关心记者的吃住，而且给记者提供一些有用的信息。我有一篇报道《在震区寻找安全的房子》，信息来源就是宣传部的工作人员。

这样的例子很多。一开始进入映秀比较困难，我们就想是不是可以和四川移动的抢修队伍一起进去。移动的人同意，但还需要四川省委宣传部同意。我就给四川省委宣传部一位处长打电话，对方很干脆地说可以，只是叮嘱要注意安全。当然，最后我们首批进入映秀的记者还是自己徒步进去的。

实际上，在一些情况下，政府部门发现开放透明是有好处的。

我在都江堰听了市里一个救灾会议。在那个会议上，都江堰的市委书记有一半的时间都在讲媒体，讲媒体在救灾过程中发挥的作用，可以帮助传递信息和辟谣。在那个会议之后，《成都商报》开始每天出4个版的都江堰专刊，由志愿者分发给灾民。

再比如说青川，我的同事罗文胜在那里采访时，当地领导非常支持媒体报道，希望让外界了解那里的真实受灾情况。这样的话，青川才不会被忽视。

李：所以从政府来说，它认识到媒体的好处，态度就开始了改变。

虎：对。我在都江堰的捐赠物资调配中心采访时，现场总指挥就告诉我，他们接到过通知，要求尽量配合媒体的采访要求。

李：你全程采访的时候有没有办什么证件？

虎：一开始在成都值守的赵剑飞办了采访证件。但我和很多同事都没有。我想，在那种非常时刻，恐怕不会有什么假记者，也不会有太多的人要求你拿出抗震救灾的采访证件。

李：这次记忆最深的、给你冲击最大的是灾区的什么情景？

虎：就我个人感受而言，这样的场景有不少。最震撼的大概是遇难学生的家长的悲愤。在这次地震中，有很多房子，包括民房和公共建筑，应该都是因为质量不过关才倒塌的。我去过两个学校，一个是都江堰的聚源中学，一个是绵竹市的富新二小。说实话，在那样的地方，即使你不是建筑专家，也可以看出建筑质量的确存在问题。家长们整日整夜地守候在那里，希望为孩子讨回个说法。在聚源中学废墟旁，一位从汶川县城赶来的母亲告诉我，她在家里的时候根本不敢哭，因为家里还有老人，只有在外面她才能哭。

李：你会不会因为自己不能给他们太多的帮助，觉得在家长面前有愧疚呢？或者有挫败感和无力感？或者心理上会不会有一些波动？

虎：客观来讲，无论是与缅甸政府还是与美国政府相比，中国政府的应急救援做得还是不错的。但我们在现场能够看到很多值得反思的地方。哪怕是一点点细微的改进，都可能避免很多悲剧，挽回很多生命。

对家长追究校舍质量的问题，我个人非常理解。我不是第一个报道家长的愤怒和哀怨的记者，也不是把这个问题报道得最详细的记者，但是我尽可能地报道了家长们的呼声。我做只是因为我是一名记者而已。在那种时候，你会感到无奈。

李：你在这次报道中有没有什么第一次体验？比如说第一次看到那么多尸体，第一次坐军用直升机，第一次进行卫星通话？

虎：看到那么多尸体不是第一次。第一次是在2004年的印尼海啸，那时候我的确有点害怕，甚至想赶紧撤离，我想这是一种正常的反应。而这一次看到尸横遍野，我并不感到害怕，只是感到悲凉，这些人都是我们的四川同胞。

我们带去了一部卫星电话，但我自己没有用，只是和同事一起调试了一下。我也没有坐上直升机。对我来说，这些是不是第一次体验都不重要，重要的是那种真切的体验。我家在宜宾，距离震区有几百公里，家里都平安。但四川毕竟是我的家乡，我采访的时候也基本上用四川话，那种真切的体验是从未有过的。

李：你觉得自己需要一些心理上面的调适才能恢复过来吗？

虎：我还好。第一，我没有被派往最前线，没有看到最惨烈的情景。

第二，我之前提到，我参与过海啸的报道，心理承受力经受过锻炼。

李：你在那边休息得怎样？睡眠能基本保证吗？

虎：是有休息时间的，但不到成都就没有休息的时间了。所以回到成都休整还好，但在都江堰和北川，睡眠都保证不了。

李：是客观情况不允许吗？

虎：对，是客观条件不允许，而且采访也比较紧张。灾后第十天的时候，我和李微敖去了一次北川，晚上睡在北川中学的田径场，田径场旁边的教学楼废墟上，有很多孩子的尸体没有挖出来，但那个时候根本不觉得害怕。所以说，睡眠不好的话主要是条件不好、时间不够，而不是心理上的原因。

李：你觉得这次对你来说，是来自前方现场的压力大，还是说后方催稿的压力比较大，或者说是两者的交替？

虎：我觉得最主要的还是自己给自己的压力。后方难免会提出一些在前方记者看来比较难以完成的任务，但是和后方交流过的话，他们通常会尊重前方记者的做法。压力更多地来自自己，来自记者的责任感。你去了前方，你应该给后方、给关注地震的人一个交代。

李：经历后面的余震的时候，你感到过害怕吗？

虎：不是特别害怕。我自己记忆最深的余震有两次。一次是在北川，那时候我们刚好坐在北川中学田径场的看台上，想听人们在聊什么。结果余震来了，感觉很明显，我们赶紧往下跑，但很快也就过去了。一次我刚好赶回成都，预报说会有大的余震，天府广场上又睡了很多人，成都市民的恐慌再次被激发。我采访过地震专家，也去过现场，发现其实即使在都江堰这样的灾区，建筑质量稍好的房子也不会倒塌。成都怎么也会比都江堰安全。所以我们不是特别担心，回到宾馆睡得很安稳。

李：你是一个科学记者，但是在前方看到的惨状会不会使你开始相信命运、宿命，会不会相信运气、生死无常之类的东西？

虎：作为科学记者，我不相信那些神秘主义和伪科学的东西，即使在这次地震之后也是如此。但我确实再次感到了生死的无常。我在都江堰聚源中学采访时，校长流着泪说，几天前还在一起的同事和学生，转眼之间就离开了。

科学不能解决一切问题。比如，即使我们可以正确预报地震，但是建筑设防不过关，还是会发生惨剧。

李：除了海啸的灾难，你还报道过其他的灾情吗？

虎：除了这次汶川的地震和上次印尼的海啸，我去过的灾难现场相对比较少，有印象的包括去重庆武隆的山体滑坡现场等。

最具可比性的还是汶川地震和印尼海啸。有了海啸的经验，对这次的报道是有帮助的。当然，这次地震的惨烈程度超过了我的想象，但媒体报道的关注重点和发展过程还是在我的预料之中的。第一阶段肯定是关注灾难现场，关注怎么救人，然后是防疫、防范次生灾害、灾后重建以及灾难暴露出的问题等。

李：你认为自己的自然观会因此事件而改变吗？

虎：不会吧。如果说有什么改变，就是觉得我作为一个科学记者，以前跑现场没有做社会新闻的同行多，希望以后也多跑现场，因为亲自去一趟的感受还是不一样。

李：杂志社有没有给你们特别的保障呢？

虎：意外保险本来就有的。我们出发之前，杂志社也专门派人给我们购买了一些必需的物品。

李：你怎样处理和家人的沟通呢？

虎：家里没有多说什么，他们知道这是我的工作。只是我需要花很多时间和女朋友沟通，说服她同意我去前方。我在电脑前写请战书的时候，她一开始不支持不理解，认为太危险了，但后来她也认同这是一个记者应该去做的事情。

李：在前线的时候你也一直和家人保持联系吗？

虎：是的。

李：你这次在成都跟政府机构打过交道吗？

虎：有过一些。

李：这方面有何经验？比如怎样很快地找到这些机构中管事的人进行采访？

虎：我有一个原则，就是不占用他们太长的时间，不干扰他们的救灾工作。另外，很重要的是挑选时机。我去都江堰市防疫指挥中心采访时，正好碰到他们的一位副市长，等他开完会，趁机问了两个问题。再比如说，在都江堰的捐赠物资调配中心，前几天他们接受和发放物资本来就比较忙乱，顾不上应付记者。到了第 7 天的时候，他们的工作逐渐走上正轨，现场总指挥有点时间了，这时他也愿意和记者聊聊。

所以我想，在前几天救援比较紧张的时候，最好不要占用他们太多的时间，就是见缝插针地采访。后来的时候可以抓住时机去采访，多聊一些。

李：你有没有对部队进行过采访呢？

虎：几乎没有。《财经》别的同事采访过部队。我只是采访过消防人员，聊救援过程，他们还是挺配合的。

李：你聊的时候是在他们救援的过程中吗？

虎：对。即使是在救援现场，他们也有轮休，会有人坐在台阶上休息，所以我都是找正在休息的消防人员了解情况，不会去干扰正在废墟上工作的人。

李：你觉得跟灾民打交道有没有什么经验？

虎：和灾民很好打交道。我遇到的很多灾民，知道我是记者，不是救援人员，仍然对我说“你是来帮助我们的”。或许，更重要的是如何避免伤害他们。对一些灾民来说，接受采访、对记者倾诉，也是释放悲伤情绪的一个渠道。但对有的灾民来说，他们可能更愿意选择别的方式。

李：是否你碰到的每一个灾民都愿意接受你的采访？

虎：每个人的情况不一样，也有人不愿意接受采访。但我不会去极力劝说他们接受采访。我在采访孩子的时候，还特意告诉他们，如果有任何不愿意回答的问题，就不要回答。

李：你对自己这次整体的报道是否满意？

虎：还过得去吧，但不是特别满意。其实我更希望看到的是《财经》作为一个团队整体的表现，而不仅仅是个人。每个记者都想往映秀、往北川冲，但肯定要服从安排。

李：如果再遇到类似的灾难，你有没有什么经验教训？

虎：首先是准备充分。我前面讲过，如果我在出发之前看到美国地质调查局的烈度分布模拟图，就可以尽早地判断出，北川一带受灾肯定也很严重。其次，保持和后方的沟通。后方虽然不会有第一手亲历的资料，但他们会把一些消息、比较宏观全面的情况告诉你。再次就是要相信自己，相信自己的判断力，毕竟你在前方看到的东西是真切的。

李：这次你有没有接触外国媒体？

虎：有一些零星的接触。

李：通过这些零星的接触，你有什么感受，或者对他们的报道有什么看法？

虎：在聚源中学，我见过一个日本的女记者。那天是哀悼日的第一天。哀悼结束之后她在和孩子们交流，我把她当成了一位志愿者。看得出来，她喜欢孩子们，希望她做的报道也不差。

我还和《科学》杂志的亚洲编辑石磊（Richard Stone）有过交流。他对此次地震的一些科学相关问题做了精彩的报道，值得中国同行参考。

不过，国外媒体的报道也不总是准确和客观。比如，美国《国家地理》，讲一个国际研究小组曾经在学术刊物《构造》上发表文章，讲龙门山地震带地震风险增加。报道的标题大概是说，一年前就有人发出警告。但这样一篇新闻报道，混淆了地震风险研究与地震预报的差别。

李：有这种说法，说中国如果开放报道平台，中国媒体无论从资源、人才还是潜力上来讲，都会胜过西方媒体，你同意这种说法吗？

虎：只能是有限地同意。就这次地震报道而言，我们的一些报道应该是超过国外媒体的。但国外媒体肯定不会像中国媒体投入这样多的人力，所以不能很好地比较。我相信，如果有更多的报道空间，中国媒体肯定会不断提高，今后的确有可能胜过国外媒体。

李：对于中国新闻史，你觉得这次事件的意义如何？

虎：对于中国新闻史来讲，这次事件是非常有意义的。最主要的是，政府对媒体比以前要开放、通融得多。政府增加透明度，有多方面因素的考虑，但是他们肯定感觉到准确客观传递信息的必要性。

尽管还有很多不足，但中国媒体的整体表现还不错。像中央电视台和四川电视台，包括成都电视台都派了大量的记者去前线，电视画面令人非常震撼。

另外，我记得钱钢在汕头大学长江新闻学院组织的一次南亚海啸报道研讨会上说过，灾难报道中，科学报道必不可少。上次印尼海啸报道中，中国媒体的科学报道不尽如人意。这次地震，就有不少媒体都在关注科学问题。

李海鹏、陈江：“史上最牛官腔”的由来

李海鹏：1970年生，《南方周末》高级记者。其作品多次引起重大社会影响。

陈江：《南方周末》记者，曾供职于《中国新闻周刊》、《南方都市报》等媒体。

鹏＝李海鹏

陈＝陈江

李＝李梓新

李：你们是什么时候到北川的？

鹏：我们俩是5月15日上午出发，到离北川20公里的地方被拦了下来。

李：在曲山镇。15日是总部派你们去的吗？

鹏：12日地震，一直到晚上，我都还不了解地震的情况，因为一直没有上网的缘故。后来要写稿，我上网一看才知道。我记得当时预计的死亡人数是3000～6000人，只要公开报这个数，那伤亡肯定得几万吧。14日中午，我给报社发短信说我要去。

陈：我是12日下午被派去的。地震发生一个小时后，下午3点多的

时候，许多人问我知不知道地震的情况，100 多人死亡，据说是 127 人或者 172 人，我记不清了。过了一个小时，编辑给我打电话，聊一下，决定去北川，当时死亡人数大约 7000 人了，那是 4 点钟。如果公开报 7000 人，死亡人数至少两万。我说这可了不得了。

李：走得了吗？

陈：走不了，成都飞机已经降落不了。等我反应过来要换飞机，去绵阳的飞机已经飞走了。于是从重庆走，到成都时已经夜里一点多了。

李：那当时报社已经去了几个人？

陈：我们是第一批。我到了之后，又来了两个记者，从广州也来了 3 个记者，找到我们。这是第一批。

李：到了之后就去北川吗？

陈：先到成都，然后散开。我们 3 个人到成都然后分散开，有人去北川，有人留在成都，我去的是绵竹和德阳。

李：当时《南方周末》要出号外吗？

鹏：我们的计划是出第一批出号外，8 个版。当时《南方周末》的计划是天天出号外。14 日出了第一期号外，但隔了一天就停了。

陈：我是 13 日凌晨到的，当天采访，晚上交稿，14 日号外就出了。

鹏：14 日出号外，我是 14 日到的，15 日相当于我到的第二天，根本来不及再去采访。15 日没出号外。16 日出了正报，问题就出来了，那期只有两篇稿子。因为号外只印了 20 万份，看到号外的人都认为《南方周末》反应很快，没看到的就说，这么大的事情，到 16 日才出两篇稿子。

李：出号外是谁决定的？

陈：领导决定的，他们是想出日报，天天出，后来被否决了。我是 13 日凌晨到的。夜里大家开会定计划。有人去汶川。我们俩的目的地是茂县，那里很神秘，大家都不知道茂县的实际情况。其实茂县和汶川差不多，但汶川是震中，关注度更高。我觉得茂县也是一个点。当时有人准备 15 日坐直升机去汶川，但第三天才成行。我们往茂县。但我们到了北川就走不了了。

鹏：当时知道的是，北川已经死了很多人，我们就干脆留在北川采访。

李：那个时候已经是 15 日还是 16 日了？

鹏：对，路上费了周折。被堵，我们就想办法怎么进去，虽然采访比较自由，但又涉及到交通管制的问题。我们开的是成都记者站的车，打着红十字会的标志。标志是真的，但最后还是靠实话实说进去的。当时有一个北川县负责交通的领导，县交管局的张局长，他说，如果你真的是《南方周末》的，就可以进，但是要有记者证。我们都没有，名片不顶用。陈江回去取来红十字会的批文，是空白的，要记下车号，上面写下此证属于南方周末报社，总之遇到了几道关卡，最后我们还是进到北川。当时路面很湿滑，有我们俩、官兵，还有蹭我们车的其他两个记者。下坡很滑，需要很小心。

李：你们的车开到北川中学有没有停？

鹏：根本到不了那儿，要走路过去。

陈：我们知道北川中学出事了，但不知道那个就是北川中学。我知道那是一个中学，直接就经过了。

鹏：那些路前后几天差别很大。我们进去之后是顺着大道的右侧走，遇到很多解放军，和他们聊了一会。当时我想采访一些军官，我们在成都那边的记者郑颖和军方有一些联系，我就问她总政在北川的军队有哪些，她回答是 14 集团军。我就和 14 集团军里的一个人联系好去找他。我们俩这个时候就分工了，陈江留在县城里采访，我就去找那个联系人，一边打听，一边往老城方向走，找集团军的营地。走了好远，已经出了北川县城。我就继续问，有人告诉我前面一个蓝帐篷是一个营地，看到一些当兵的，就开始聊。发现走错了，这是武警成都指挥学院的营地，但我已经说了要采访，也没办法。当天我就没有回到北川县城，陈江出来跟我会合。我们在武警成都指挥学院的营地和他们的副院长（当时带队的最高领导）吃了饭，睡在帐篷里面。

下午的采访很简单。一开始我们就发现那个副院长对媒体记者非常欢迎，这是我的意外之处。后来我们发现部队系统，包括后来继续在成都采访的那些消防、公安系统也这样。

第二天，我们首先去北川中学。到的时候是 8 点钟，武警、解放军官兵都已经列好队。另外一部分在搬尸体，搬出大量尸体，一车一车地拉。有个地方用起重机一吊，发现里面死了 40 多人，那 40 多人当时看逃不出去了，就躲在“之”字形的楼梯底下，希望有人来救，他们不是被砸死而是被活活闷死的。救援人员要是早到一会，这些人都能活。里面有一个女孩还活着——我后来想找这个女孩，但没有找到——被从这 40 多人里救了出来。当时那些尸体都臭了，肚子也破了。但那个女孩却被救活了。当时有人说领导要来，把这块地方平了吧。一收拾，才把她找出来。那时已经过了 16 日，救人的黄金 72 小时都过去了。

李：那个时候你们已经确定你们的选题了吗？

鹏：大家都没有谈到这一块。《南方周末》新闻部的工作方法是：在掌握大量信息时，是可以确立角度的。但至少我的想法是：如果新闻足够重大，像北川这种情况，我们绝对不做角度，事实是怎么样就是怎么样。一是现场还原。不是说地震当时的现场还原，而是我们现场的报道还原。二是救援有没有问题。这个和我们以前合作过的“天山果子沟”有点类似，就是两个层次。一个是现场，一个是救援有没有困难。

陈：这件事，记者去那的第一个触觉，就是还原。最简单的路子，最大路的思维，当时没有人知道北川发生了什么，最后做出来东西不一样是因为不同人对事件内核的理解不一样。有人看到大面，有人看到侧面，有人看见点，有人都看见了，本质上就是还原。包括救援，都是现场，没怎么选择角度。

鹏：在去之前，没想过是正面还是负面的报道。

陈：我们开始只是想去冒险，根本没想到是北川。事件本来是一个立方体。两个大面，其中官方那一面，被弄得很大，侧面就很小。当时感觉是要做报道就要把侧面给表现出来。这就造成了好像有角度的样子。

鹏：之前有角度，我想起来了，之前我们想过，讨论过，原来想做的标题是“北川启示录”，重心：一个县城的末日与拯救，是两极的。后来做成《北川灾后残酷一面》，原因就是能力不够，确实是这样的。我们做出来之后，内部评价还不错，外部评价也还可以，但问题在于，这跟我们的想法是有差距的，没有做成我们想做的东西。我们想做的就是“北川启示录”，但没有达到。这是一个巨大的灾难，可能我们一生中遇到的最大的新闻就是这个。我们做出来这个东西，我也认为还是不错的，但能不能跟这个大灾难相匹配？可能差得很远。如果从一个应该如何的角度来讲，我们应该做出一个接近伟大的作品。我们没有这个能力，所以就没有做出来。最后变成“残酷一面”，是我们看到的真实状况。我记得里面有一句话这样讲：“大多数人没有救活，大多数寻亲者没有找到亲人，大多数救援最终失败。”任何一个事件，如果足够大，做新闻就不是寻求角度，而是寻求核心事实。这个就是核心事实。那句话就能把这个概括性说明了，剩下就是证据。

陈：开始想写得特别大，想写“山中梦魇”。山谷里的城市，为什么变成了这样，类似于庞贝古城那样的。“残酷一面”这个题目有点问题，我们说其实不仅是一面，而是多面都很残酷。我们也描述了很多方面，包括武警、解放军，他们组织协调、指挥都很辛苦，这都是事实。我认为有理智的人会这么理解：在大灾难面前，万千双手都没有用。搞人海战术一点意义都没有。

鹏：15日和16日都很热，这是一个前提。我爬上山时，满身大汗。到处都是尸体。解放军一整天不吃饭，在废墟上扒来扒去。要是我们的话，肯定要歇一会、睡一会，因为体力上受不了，精神上也受不了。但当时的宣传是斗志昂扬的，我们很理解。但理解是一回事，事实如何又是另一回事，我们的做法是：第一，事实是这样的；第二，我们理解他们。

陈：他搞的是宣传，你做的是报道，宣传有一个导向问题，而报道只能是事实。不能说你给了事实，别人会有误解。

李：你们认为如果要做出原来设想的启示录，应该包含什么呢？

陈：我自己的想法是，从12日地震，到抵达现场的15日，这3天的东西应该有。15日的场面上应该有，整个救灾的指挥体系、灾后指挥体系的全部东西也应该有，包括救援，各个方面。还有就是人类心理层面上的东西，还有就是不可抗拒的命运。这些方面都应该有，但是在时间、环境上，不允许这样。我觉得我们写的那些稿子，已经没有必要再强求什么。我们更应该多做几篇类似的稿子，从数量上再强化。可惜后面就不让做了。

鹏：我觉得末日与拯救的前提，核心就是陈江说的那是一个人类命运的问题，但那是北川人的命运，不是救援人员的命运。我们去的时候，北川的人都跑出来了。如果还原的话需要更多的时间去做。

李：12日有些记者能去，但是可能表现手法的力度不够。

鹏：当时刚刚地震，北川县城是进不去的，情况我们也理解。有一些人类的本能的东西。我就能理解张悦，他是我们报社的记者，他到了北川就没进去。他说是不敢进。我能理解他不敢进去的原因。13日那天下雨。下雨会给人很大的心理压力，包括夜里天黑了，那种情况人确实会有恐惧感，你不知道进去会怎么样。不能怨提前到的人不写。如果13日进去，当天晚上就要交稿，这难度有点大。

李：当时通信还在吗？

陈：我们去的时候都还没有信号。

李：你们的稿子里有一些人性的东西，包括灾民抢东西的情况，这在别的媒体不是特别多。

陈：这个确实不好挖掘。首先每个人的文化水平、知识层次不同，对自己的认识也不同。有人看到这个想不到，或想到了却说不出来。好多人性的东西不一定能被理解，有人只看出这是惨，看不出这是人性的一些东西。这其实是采访技巧的问题。

李：灾民抢东西的新闻，报社也想过从人性的方面挖掘吗？不会担心这样报道会有一些麻烦？

鹏：我们不太担心这个。因为我们不只一篇稿子讲到这个，我们有三篇稿子。事实怎么样就是怎么样。我对抢劫的灾民也有同情，因为趁火打劫有两个原因，必须满足这两个原因才能做：第一就是贪婪，第二就是不受约束。不受约束之后就没有了贪婪的成本。商店、超市、手机店、银行，有没有士兵把守呢？后来有一天把抢劫的人抓起来，判刑。我对这些人挺同情。

李：你怎么采访到这些被抓的人？

鹏：我没有采访，我只是看到，我文章里没有直接引语，我只是看到，拍照也不让。

李：文章里那个被网民称为“史上最牛官腔”的张书记是怎么回事？

鹏：当时武警成都指挥学院的人告诉我们是怎么进行救援的。这件事有意思在于，网民说这是“史上最牛官腔”，网民容易用“史上最牛”之类的语言。后来我们一个记者还直接采访到张书记，但文章没有发表出来，只贴在我们的内部网上。我从张书记的言谈看出他还是个识道理的人。他对自己的身份很清楚。绵阳对官员有个要求，就是“用心做事、用脑谋事”。张书记说：“用什么谋事我不管，我就是用心做事。”他自己的定位还是一个干活的，他不认为自己有谋事的能力。通过这句话可以看出他不是一个很想往上爬的，把自己定位很高的那种人，他觉得他就是一个做事的。因此我对他印象还不坏。对于这件事我理解有两个要点：第一，当时救人的武警要他大声点，然后他就说“救救我，我是张书记”。武警回答说：“你不要跟我说你是哪一个，你就说里面有多少人。”这是对他的评论，或者说是回应。这是武警在现场听到那样的话的反应。第二，我们15日到那里，采访副院长和救人的武警，聊了5分钟，他们就主动给我说这个事。因为他们印象很深刻，绘声绘色地给我们讲。这两点就够了。

李：从这两点你判断那是不是官腔？

鹏：我不判断。第一，这是救人者的判断；第二，他们都感兴趣。你要知道，第一天在北川，他们救了31个活人，拉了87具尸体出来。这些事给他们的印象都没有这个深。新闻是什么，就是人本能感兴趣的事情。他们感兴趣，我感兴趣，陈江感兴趣，这就行了。何必判断是不是官腔呢？私底下我当然认为这是官腔，按照一个正常的逻辑来讲，我在里面，我当然要喊。但如果南方周末大楼被砸进去了，我要是喊："救救我，我是高级记者。"就是很傻的一件事。

陈：确实是，但是我觉得喊也无所谓，这是人性，他需要用自己曾经在社会上的一切附加价值，去说服别人，这就是求生。

鹏：其实这也无所谓。包括我在文章里写的那个小孩，他说："救救我，我是班里第一名。"这些我们都理解了。但是人在绝境当中，他要捍卫生物体的生命时，他会选择社会人的那些手段，这是有意思的。

李：张书记可能认为在北川范围，他的身份还是挺有力量的。

陈：当时的情况确实是和他想象的一样。确实有人先去政府机关救人。从那里救出来人，功劳会大些，这是潜规则，不过大家都没有说出来。

李：后来张书记也接受采访，好像说对《南方周末》保留意见。

鹏：他也没有看到报道。他把《南方周末》和"史上最牛官腔"混在一起了。他认为是《南方周末》写了他是"史上最牛官腔"。

李：这个稿子一直到后来回到成都才写的？

鹏：我们16日晚上回到成都，17日休息。18日陈江去绵阳，我继续休息。原因是我本来计划去绵阳采访部队。后来部队那边没有消息。我19日才去绵阳作采访。之后，我就又去了北川。我要有些进展，因为是现场报道。还有一个就是，那天是哀悼日。采访就是这些情况，19日回去就截稿了。

李：19日在北川看到什么新的东西吗？

鹏：救援基本已经差不多了。救援队伍少了很多。19日外国救援队已经去了。我在路边营地，看到日本救援队，全是金属大箱子，高高的，里面全是器材，看起来很专业。我们的人民解放军基本是徒手。

陈：通讯基本靠吼，挖人基本靠手，交通基本靠走，就是这个状况。

鹏：里面基本上不救人了。只有一个地方还在救，就是新城，挨着老城，里面有人。我也在等，希望能等出人来，但是一直等不到。

李：我们会不会比卡特琳娜飓风善后的处理要好一点？

鹏：政府行动的效率要好一点，国家动员能力也强一些。

李：救援的问题，我们先放一边，谈回到新闻操作的问题。后来报社就让你们主打北川，是吗？

鹏：当时最重视的还是汶川。《南方周末》一般记者的独立性较强。

这次一直到最后交稿那天，编辑给我打电话，说写一个反映整个地震全景的东西，这是他最终的想法，但也来不及了。如果说主打，我们从北川出来，说实在的，我肯定觉得主打是我们，稿子还没写我就这么想，但这话我们不可能讲，我们不可能说我们要上头版。我们也就是无所谓的，最终还是思路的预期。汶川要放在最前面。

陈：开会的时候很多人都想去震中，这需要强有力的决定。我们前方并没有编辑。

李：你们看到惨状，会不会想救人？

陈：有种无力感，我们救不出来。

鹏：这是一方面，如果人在废墟中埋了一半，肩膀以下，肯定都救，没有犹豫的，帮着扒，扒不出来就喊人。但是都没有，都是死人。

陈：并没有经典照片里，小孩后面站着一只秃鹫那种场景。

李：心理上需要恢复吗？这么大的冲击。

鹏：16日有一点，回到成都，有点恐怖感。不能说很强烈。我从没认真看过任何一具尸体。都看见了，但眼光很快就挪开，并不停留太长时间。

陈：尸体不动的话还好，受不了的是动的尸体。15日的时候我有点受不了的是，一会拉出一个小男孩，一会又拉出一个小女孩。我后来就有点反常，就是我回到北京时，社里非要让我写手记，我写的时候，回想起来，确实有点难受。

鹏：16日回到成都很累，又很困，我回去洗了一个澡，就睡觉。之前有一分钟觉得很不舒服，觉得会做恶梦。后来一夜无梦。这是我明确知道自己心理上受到冲击。但是我基本上还好。灾难报道我在中国做得还算多的。

李：有没有因为一下都描述出来，心理有交战感？

陈：当时的尸体不多，都在废墟底下，看不到。不像2002年大连湾海难，包括包头矿难、开县井喷，以及任何一个矿难，那些地方看到的尸体都成堆成摞的，远远比这个要惨烈得多，冲击力也比这个强。

李：报社为你们提供了什么特别的保险？

鹏：报社确实是给了一些装备，如防刺鞋——就是鞋里有钢板的，背包、药品、口罩、安全帽之类的。

李：走的时候就已经拿到了吗？

鹏：到成都拿到的。

李：告诉家人了吗？

陈：我都从北川出来了，家里才给我打电话，我说在成都呢。我要是真早说去四川，家里不得吓死？对家里没敢说。

鹏：家里没说。

李：你第一次待了差不多十天？有没有觉得难熬的时候？我是说极度难熬。

鹏：16日。当时我觉得很难受，要回一趟成都，洗个澡，在宾馆的床上睡一觉。不能再睡在帐篷里面了。

陈：采访不像救援那样保持连续性。保持一个好的状态比大量的采访要有用得多。你的状态决定了你拿到的料，也决定了最后的稿子。

李：你们对自己这次的报道满意吗？

陈：不满意。怎么能满意呢？

鹏：满不满意，用来说明的事例是，写完稿子的当夜，我把稿子发给编辑，又发给前线指挥邓科。发了之后，邓科过来问，怎么样？我说发了，写得不怎么样。他说我要求很高。我当时确实有些沮丧，我想做的是“北川启示录”，《北川灾后残酷一面》那篇文章里面还有一段话是错的，是我贴上去的一段提纲，当时就那么发了，没人发现。那时也很沮丧，和大家喝完茶回去，没睡着。我又把文章打开，看了一遍。第一，发现错了；第二，我觉得那稿子还可以。

陈：你很自信，我有时写完稿子过十天半个月我还不敢看。

鹏：我是隔了几个小时。当时，邓科给我打电话，说觉得我的稿子很牛，叫我不要要求太高。这是第一个夸这稿子的人。后来我觉得有点怪，以前那些报道，有的自我满意度比这个高，却没有这么好评价。这次可能是事件的原因吧，回去后一大堆人要我谈这个稿子，有北大的，新浪网的，有将近10份邀请。

李：整个的报道有没有什么遗憾的？

鹏：主要是“北川启示录”没做出来，跟灾难规模不匹配。如果这次是一个200人遇难的灾难，我也可以做出那个质量，那就没问题。但这次将近两万人在北川遇难。

陈：这样的稿子，至少要有四五篇，才能匹配。我真不敢想象如果是在美国或欧洲发生这样的灾难，他们的报道会成什么样。中国这次能匹配上的就一两篇，我就觉得这有点失职。

李：你同不同意，那时候就来报道反思有一些不人道的因素？

陈：没有什么不人道的。勇气不是来自战胜一切的力量，而是面对全部的事实，不是一面的事实，不是部分事实。

李：如果有下次地震，媒体呈现的形态是会在这次的基础上有所变好还是有所收紧？

鹏：单从技术层面的角度讲，一定会有更多的经验。我想他们最终也会反思吧。真正需要媒体技术性反思的，《南方周末》是一个，其他媒体更需要反思。到底是怎么做的，做得好不好。当时可能都觉得自己不错，都处在人道的激情当中，但回头要看看做得好不好。最简单的是，广受好评的四川电视台，他们就是有什么就直播什么。

王恺：
我经历了极度愤怒的状态

王恺：《三联生活周刊》记者，毕业于华东师范大学，曾供职于《东方早报》。

王＝王恺
李＝李梓新

李：你是什么时候去前线的？

王：我当天从上海回北京之后，主动给编辑部发了短信，询问是否需要我去。因为当时发生地震大家都知道，但究竟达到什么程度，没有人清楚，去不去还没决定，采访的情况也没有筹划。晚上六七点的时候，编辑部打电话要我去，我就愣了一下，我说就我一个人去吗？他们让我先去，然后具体事情再定。

这时一个摄影记者和我说他也被派去了。晚上八九点钟时，另一位同事告诉我他也受派遣，和我一起去。这位同事的太太正在怀孕期。当时已经订不到飞成都的票了，只能订到飞重庆的票，订到 13 日下午三四点钟。基本就确定我们去做救援的主题，做封面，然后再派几个人去。我们有两位女同事主动请缨，也去了。

这两位女同事比较幸运，她们刚好订到直飞成都的机票，所以反而比我们先到成都。我们是13日晚上6点到重庆，3个人立刻包了一辆车去成都。当时很多人都要去那，包车很贵，要1200块，平时只要五六百块。我们当时情绪还不错，第一次遇到这么大的灾难，而且没有人能够预料到究竟是怎样的情景，具体死亡人数都不知道，也没有人给我定任务之类的，领导也没有指示。我们包车走了5个多小时，到成都已经是14日凌晨1点多。在车上的时候，我们就稍微谈了一下分工，当时确定我去北川。我那两位女同事在飞机上碰到一批军人，就跟着他们直接去汶川。我们大致是以地点来分工的，没有任何设想。后来才知道后方也很着急，他们也很茫然。他们还很后悔没有给我任何装备。中央电视台的记者带了很多东西，我们什么都没有。相对来说，我们以前去的很多地方都是城市，很容易利用包车之类的交通工具，所以这次大意了。我们3个人居然穿着皮鞋。

李：你们是凌晨1点多到成都的，没有休息就继续赶路？

王：当时就包车了，碰到《南方都市报》的两位记者，他们包了一个旅游公司的越野车。我们从他们那租了一辆，每天要1200块。

李：看你的文章特别有印象的一段，是描写从重庆到成都的路上，雨下得很大，给人以一种无形的压力感。

王：那天确实有这种感觉。不知是主观还是什么，尽管我们说着笑，但却有种不祥的感觉。那天雨确实很大，是扑面而来的，车灯大开却什么也看不见，不知道前方是什么。我们去的旅馆电梯还不开，我们住的是五楼。这种种因素就让我感觉不舒服。但更为强烈的感觉是这件事是不能回避的，尽管我没有跟家里说要去灾区的事情，怕家里担心，但作为一个记者，处在这个时代，又带着媒体的任务，我知道这是不能逃避的。

14日早晨我们就直接往北川走，路上还没有管制，但路况不佳。我们从成都包车往绵阳，走得比较缓慢，但那天救灾通道已经开放了，能看到消防车、救护车在走，收费口也已经开放了。但当时仍然没有到灾区的感觉，因为没有真正看到死亡。真正有灾区感觉的是过了绵阳，往北川走的时候，我们在等朋友时，看到有一些人陆陆续续地从绵阳去北川找自己亲人，他们绷着脸，都很紧张，那时我才意识到面对的是什么。这不是一件轻松的事情，而是非常可怕的大灾难，越往里走，这种感觉越强烈。

5月14日已经是地震发生后第三天，陆陆续续走出来的不仅是北川县城的人，还有山里的。我印象最深的是当时天气很热，人们却穿得很多，有人穿着棉服，他们已经把家里能够拿的都带着走。他们不是痛哭流涕，而是一句话不说，比较木，低着头往前走。这是人在遇到巨大灾难后的反应。在没有见到现场之前是无法体会的，听别人描述也无法明白。我们的车走到安县时被拦下来。但我们又拦到另一辆车，里面是中央电视台的人，有个人我认识，所以我们就坐上了，但这辆车能到的地方离北川也差很远，剩下的路程我们只能徒步。没有办法，我们必须进去。当时看到有外国记者穿着吊带装和高跟鞋都在往里走。我们没有理由退缩。

沿途的路已经断裂了。不过我们只走了两个小时就到了北川中学，而我的同事从都江堰走到映秀镇，走了 10 个小时。我们进去之后看到灾区的乱象，我的朋友拿起相机到处拍，后来找不到他了。我看到的是救灾，那么多的帐篷，那么多的抢救。可怕的是我在北川中学的台阶上看到许多半截的尸体，看得出是学生，还穿着校服。那是两个教学楼之间的台阶。我呆在那里，经过这两天之后才慢慢知道地震是什么东西。看到人们那种茫然，无论是找孩子的家长，还是抢救者本身。没有人知道自己能做什么。我觉得我把自己的记者身份抛弃了。你看到那些悲痛的人们，采访是无从问起的。当时操场上有许多尸体，人们正在处理。公安局的人叮嘱要留下 DNA 以供以后鉴定。印象很深的是当时有一具尸体，脸已经肿了，看起来像老师，但实际是一个小孩。别人告诉我，这在解剖学上叫肿大。在那样的情况下，你很难有耐心和毅力去问那些家长，去盘剥。北川中学后来成了一个所有人都会去的明星地点，但我觉得最震撼的是家长的那种茫然，没有哭声。

当时有一个医生告诉我他是专门去截肢的，要迅速保留生命只能截肢。我那时觉得所谓救援都没有任何意义，在灾难面前人是很脆弱很渺小的。当然北川是一个极端例子，我同事去的很多地方，都能够让人理性思考，但北川不行。整个县城都被摧毁了。

李：离开北川中学后你就去了北川县城吗？

王：对。其实县城原来一定很美，三面是山，淡蓝色的。我当时没有能力进行采访。很多人说时间在地震那一刻被凝固了，但我到了北川后，觉得可怕的是时间并没有凝固。山体仍在滑坡，余震还在不断发生。其实刚开始去的时候，我并没有感觉害怕，当时也会经历一些余震，但只有看到死亡的形状之后才慢慢意识到恐惧。第三天的时候，我已经非常害怕。北川是一个死城，除了尸体的味道之外，什么都没有，没有灯光和水。我不敢在里面住。

李：你去的时候还有呼救的声音吧？你有什么感觉？

王：开始还有感觉，进入县城后，就变得更加脆弱了。到了北川县城，人就更加木了。

李：你会不会想去救援？

王：我只能拿棍子去敲，当时不能够跟救援人员对话，会让人想哭。我只能和其他人一起往外扒。当时很矛盾的，你想去救人，但无能为力，只能看着救援人员用专业技术去救。而你只能安慰家属。你会觉得自己很差劲，没有救援的能力，我没有听到幼儿园里小孩子的哭声，但别人都说有，你慢慢听。这一切都让人感到沮丧、羞愧、崩溃。有时对救援力度不够又产生愤怒。我们回去的时候没地方睡，只能睡在操场里，晚上余震不断。

李：那时你有没有想过自己的任务？

王：当时我没有做正规的采访，仅仅就是与别人聊几句。我是在回绵阳的路上接到主编的电话，他问我可不可以去一些县城，那时他不知道我在北川，他们一直在进行安排，基本上也是按照地区来分的。我当时不想说话，就挂掉了，后来的电话也不接。到了晚上，他又来电话，说要让摄影记者去拍照，而我坚决地就推掉了任务，觉得自己到了北川之后已经无法做其他事情了，还觉得所有后方的都应该被骂。

李：我采访过的记者很多会有这种状态。后来你是怎样回到采访状态的？

王：之后的几天一直没有采访的状态，一直想要参加志愿者，本能地想去北川，每天都走那段山路。有时会有开摩托车的农民顺路带你一段。我始终处于想帮人而帮不了的状态。到第 3 天的时候，已经没法和人交流了。那时想找发泄口，有时会大声骂出来。我觉得好在我们是周刊，不需要像日报那样每天都有计划。后来我去了医院，本来觉得或许那里的采访会让人舒缓一点。没想到那里有许多小孩，情况更加严重。我看到了许多人间地狱的景象，获得的很多是画面式的片断。我当时已经不关心我的同事在做什么，我只在意尽到我自己的责任。星期六晚上，我跟编辑部通话，只是为了和别人说说话。后方说我们都要面对这些，我们也不是要催稿子。这时我才知道我的两位女同事去了映秀，一个要去汶川，还有一个跟着军队走。当时我觉得那是三联历史上最没有策划的一次报道。前方怎么样没有人知道，我们都没有反馈信息。

李：你们的截稿期是什么时候？

王：我们的截稿期一般是星期日晚上，但一般都会拖到星期一早上。

当时是5月18日晚上，正好是星期日。最后回到成都，不得不去写稿了。因为之前我在绵阳没办法上网。一开始认为我应该把自己经历的都写出来，但我已经没有谋篇布局的能力了。这一点就不如日报了，日报虽然每天都要写，但交稿后就没有事情了。我们就不同。还有就是我不知道怎样去把这件事用比较好的语言写出来。主编让我们先写一个我们在路上的具体经过。我之所以心情能够得到缓解，是因为看到北川刘汉小学的孩子们，他们全都安然无恙地住在绵阳的一个中学里，孩子们让我的心情得到好转，他们不知道什么是灾难，他们的天真让我觉得人生很美好。还有就是个人的斗争的勇气。如果说灾难是洪水，那么诺亚方舟就是人的勇气。当时我写文章的状态才回来。那天晚上写到1万字时，我接到了有史以来主编给我的最温柔的一个催稿电话。其实经过几天的反思，我已经从情绪中走出，能够写东西了，带着一种理性的感觉去写每一件事，这也是杂志的一个好处。我用了两天时间，写了两万字，但写完后的感觉是整个人被耗尽了。

后来两位女同事去了映秀，给我打电话。接到电话时真有点劫后余生的感觉。那天在成都，电视台预报有余震，要大家往外跑。我们站在路旁，没有车，也不想往外走。后来想想，其实是很容易出事的。包括以前爬废墟时，路过两根钢筋，我觉得自己真的爬不过去，但是没有退路，只能往前走。去映秀那两位同事也说，走了六七个小时之后，没有退路，只能往前走。

李：你的两位同事在映秀的情况是怎样的？

王：她们在映秀看到的没有我看到的惨，她们主要是体力上的辛苦。其实尽管我们没有策划，但每个人的表现都不一样。比如这两位女同事就是大量采访，要还原地震的情况，地震瞬间和之后的72小时。另外一位男同事注重理性思考，采访了许多交通方面的人，他想要解答的是为什么进不了汶川。我则解答北川是什么样子，人的状态。还有一位同事想要解答的是为什么人被救出来之后还会死。我们每个人都按照自己的兴趣去解答自己碰到的问题。这种在没有框架和方针的情况下，每个人去交一份答卷，对一本杂志来说是很可贵的。

李：你们主编朱伟说，他看到你们的文章就觉得整本特刊有底了。

王：我的文章是让他哭得最多的。那时主编不知道我们每个人在写什么，但他计划做一本全是地震报道的特刊。幸好我们每个人的每篇文章都能够压得住，都能做主文。那次也是第一次，整本杂志只做一个主题。160页的杂志，来了10个记者——7个文字记者，3个摄影记者。平均每个人要负责10多页。这个任务能不能完成，他们也不知道。

李：那你们前方贡献了多少文章？

王：100多页，后方的文章很少。我们前方每个人都写了10多篇。主编还给我们发了感谢短信。我也挺感动的。

李：你们对这期杂志的评价怎么样？

王：我们看到的比较晚。回到北京后才看到自己的杂志。5月12日发生地震时，我们上一期杂志已经出了，所以那期我们一点都没有做。但我们宁可晚一点，也要做自己的东西。我们第一期没有提供理性思考，但我们解答了很多对地震的疑问，这是中央电视台不能够给的。我们呈现了人的力量，人的精神，这还是发挥了三联一贯的长处——比较重视人的故事。那期杂志还是形成了一定的影响。

李：我觉得大家习惯对三联有所期待，对这样的大事，这个主流的杂志会有什么样的反应。那一期出来，整本杂志的文章还是比较平衡的。

王：比如我的一个同事就自己坐了好多天的车去汶川，最后爬到一个小山头坐军用飞机出来，他差点掉下了山坡。我们这一次不仅仅是对三联负责，也是对自己负责。

李：第二期怎样策划的？

王：我们还没有回去，第二期的人就来了。当时想做灾区的孩子。到了星期五时，变成想做“家”的主题，主编的意图比较强烈。我们此时需要的不是理性思考，不是要做反思。我们的副主编说：“哪有那么多智叟，你救援的是兄弟姐妹，不是救援对象。”这话挺让人感动的。

李：我觉得第二期还不错，就是记者第一人称的用法有点多，这是有意的吗？

王：一开始就是这种范式，主编鼓励我们把自己写进去。

李：第三期、第四期就是策划了？

王：对，策划比较明显。比如第三期做的就是救援，采访了一个救援专家，他说得还不错。他是农业部的一个专家，谈论的很多观点都很不错，如不应该大规模地让部队进去，他们没有装备，只能消耗当地物资，应该发动当地活着的青壮年展开救援。第四期的标题好像我还贡献了点力量，叫“吾国吾民”，还是延续第三期。我们的主编因为此次地震有些改变，他自己也说，他喜欢“竞争，强者胜”的观点，包括三联，也是在强调这个氛围。但这次，大家普遍就是把那些受难者作为自己的兄弟姐妹那样的感觉。

李：那你是怎么调整的，需要看心理医生吗？

王：回北京后才调整的，在四川时觉得肯定要看心理医生，当时都不能说话，不能接电话。回北京后参加一个心理访谈的节目，里面有一个心理专家，他告诉我我当时的反应都是正常的。回来后最好不停地对人说，不停地讲述。一般人普遍的做法是回避，但他说这次灾难太大了，不是轻易能够忘记的，所以需要讲出来。

李：你在灾区待了几天？几日回来的？

王：13 日去，22 日回来。

李：你的那些心理问题有没有导致你改变人生观？

王：我在那里的时候会觉得改变非常大，会觉得所有的争名逐利都不重要了，因为这些都可能在一瞬间消失。回来后倒觉得没有那么大，因为所谓的悲剧，所谓的英雄，到头来都回归到琐碎。我觉得这种琐碎没有什么不好，庸俗有时能够消解掉悲剧。

李：你对你的报道满意吗？

王：略有遗憾的是，我会强调尸体的味道。并不是臭味，而是我觉得有点火焰的那种焦味，有口红的味道，甚至有点香。我文章里写了，可能主编觉得这句话有问题，就删去了。

我看了李海鹏的文章，比如尸体的颜色，我的文章里也有，但是都被删掉了。可能面对死亡我们不能有太多具体的描述。我觉得我只能写到这样了。我知道会有更好的文章，但我觉得我不会写得更好了。

李：你觉得这次媒体环境有突破吗？

王：我觉得没有大的突破，采访条件仍然很不好。比如说，警察会拦你，去医院要介绍信，种种的限制仍然存在。相对于一般的小灾难还是有些放宽，但这种放宽不是有意的。我一开始要去北川，就是因为开始管得比较松，后来就不行了。一开始是比较开放，但这个开放不是主观的。

李：你这次有没有接触过外国媒体？对他们的工作怎么看？

王：我接触的主要是国外电视台，我觉得他们永远都冲在最前面，我算是去得比较早的，看见往里去的都是外国媒体，国内的较少。

李：你这次有没有什么总结的经验？下次采访灾难应该怎样做？有没有什么要注意的？

王：我没有任何技术上的进步，所以下次可以在这方面注意一下。我的感觉是，永远要在风暴的最中心。不是说花哨的解读方式就可以的。每个人都要去经历。比如，中央台有很多优势，包括直升机、冲锋舟等，但是这些资源多的媒体并不比其他媒体好多少。他们至多在时间上有一定的优势，但在人的力量、思考的力量上没有给人很大的空间，还是靠每个人平时的积累。

李：你可能收获了一些心理积累吧？

王：可能会。我的同事有做过东南亚海啸的，他们的反应，就比我要好一些，面对死亡的态度会比我更加达观一些。

方玄昌：人性冲击下没有职业之分

方玄昌：《中国新闻周刊》科技主任，多年来从事科学报道。曾供职于《东方早报》等媒体。1996 年毕业于吉林大学环境科学系。2002～2008 年供职于《中国新闻周刊》。

方＝方玄昌
李＝李梓新

李：你是什么时候去前线的？

方：5 月 14 日晚上 8 点多的飞机，飞到重庆，再从重庆打车去成都。

李：你去的时候是否有具体的任务？

方：刚去的时候没有，那个时候是盲人摸象。出发之前我们已经做了一期解释性报道的封面。我们想的是前线发回的报道，一定要有感人的东西，要让读者热泪盈眶，这一点是共识。15 日早上抵达成都，我们按地域分工，每个人去了不同的地方。这里就有经验问题，有可以改进的地方，因为我们不仅要将大家分散，还要能让大家回来。

我被分配进北川，我到了北川 20 分钟后就明白这次地震的严重性，历史上少有这样严重的地震。我看到尸体，但我当时的想法还很理性，我还想应该把所有人都召集到北川，把北川的问题做深入，包括有关北川的具体受灾情况、北川的救援、北川的学校。以点带面把整个灾区的情况描绘出来，地震中人性的光辉也可以体现出来，这样文章也可以有梯次感。进入北川20分钟以后我自然而然想到了这个策划方案，想到了这个策划方案之后确实没有跟后方沟通，一个原因是电话不通畅，还有一个原因是知道后方不可能理解。因为后方无法了解前方记者的感受。

李：你出发的时候做了什么准备？

方：因为我身体比较好，出发的时侯只带了水，后来还是《南方周末》的记者借给了我一个口罩，抵挡尸体腐臭的味道。穿了一双比较好的鞋，冲锋鞋。除此之外没有任何保护措施。

李：你进北川的时候路好走吗？

方：我是绕道江油进去的，进去的路非常糟糕，而且非常危险。

李：这次你一共去了几个灾区？

方：安县、绵阳、北川。

李：大概写了多少文章？

方：前后一共写了7篇，但是现在发表出来的只有4篇。

李：一共待了多少天？

方：15天。

李：哪一天最难熬？

方：15日那一天。那是第一天到。看到那样的景象真的被震撼了，有一种炼狱似的考验。后来写文章的时候一直在哭，因为需要回味细节，这对我来说是很残酷的一件事。

李：你是否认为救人是比报道更重要的事情？

方：这是肯定的。

李：我在采访其他记者的时候，有人表示他们的天职就是报道，他们与救人无关。

方：也有可能是这样，因为不懂救援的人可能会添乱，但这个问题对我来说不大。我一直在做科学报道，有这方面的知识和技能，关于地震发生、预防这样的事情我都比较清楚。而他们不十分了解的话肯定就会断定说救人不是他们份内的事情，他们只应该报道。

在进入北川之前，我可能也面临着职业和人性的选择，但在进入北川那一刹那，对我来讲已经没有什么选择可言了。到了北川之后，我对北川的救援感到绝望。那么大的山体崩塌，埋在下面的人根本没有什么生还的希望。那个时候就想，只要能救出一个人，叫我做什么都愿意。在那种人性的衬托下，真的没有任何职业可言。

李：虽然对救援感到绝望，在北川的时候你还是帮助了一些人，对吗？

方：帮助是正常的，我看到一些人逃难出来了，他们需要帮助，我们提供帮助，这是很自然的事情。这也跟职业没有任何冲突。

李：但这次的报道确实反映了一种人性和职业的冲突，我看到你的文章《穿越死亡谷六小时》也是这么说的，你也想用第一人称，想用参与者的角度，来记录这个过程。

方：的确是这样，我写文章的时候是怎样的心态呢？中国绝大多数人是不能像我一样亲历前线的，并且，到前线和看电视，感觉是完全不一样的，我希望我的文章能够带这些不能去前线的人们走这段路。我的文章原来的标题叫“与君同行——北川六小时”，如果读者能产生这种感觉，我会很欣慰。

跟央视的报道不一样的是，我把很多血腥的场面写出来了，这种场面我认为是有必要的，尽管上版的时候删了很多。它和常规新闻不一样，在这场灾难下应该写，因为这也是唤醒人性的必然的场景之一。包括我自己怎样被感动的经历，这时我自己也成为文章里不可或缺的一份子，所以我要采用第一人称的写法。我真正要做的就是真实报道，唤起大家对于人性的一种认识，让所有没去过前线的人和我一起亲历前线。包括很多在前线遇到的事情，我都希望用我的笔完整地记录下来，把我在北川县城6个多小时的经历，浓缩成十几分钟，让读者在读我的文章的十几分钟中，如同亲历前线。经过我们后方编辑的反馈，我的文章还是起到了一定的作用，很多人在看我的文章的时候都感动得流泪了。

李：你会不会因为看到自己无力帮助他们而感到沮丧？

方：不只是沮丧，还有一种愧疚。我非常理解士兵和救护人员，他们花几十个小时救出一个人来，但那个人在短短的十分钟内就死去的时候，他们非常悲伤。因为救出人来就仿佛你给了一个人生命或者一次再生，当看到他们还是死去的时候就会非常悲伤。

有个医生叫盛惠莲，是第一批到北川参与医疗救助的医生之一，我是在5月19日默哀3分钟之后采访她的。采访的时候，我们两个人一直在流泪，因为她给我讲了大量听不下去的故事，让我感动。

当时她给我讲了这样一个故事。13日早上，两个士兵抱着一个小孩交给她。交给她的时候小孩还是温暖的，但在路上时已经死了。这两个士兵抱着小孩跑了一个多小时才来到医生面前，当听到医生说小孩已经死了的时候，士兵怎么也不相信，当场跪在她面前，痛哭流涕让她一定要救活这个小孩。他们花了十几个小时才救出这个孩子，孩子的妈妈还在后面疯狂地往这边跑。当时下着倾盆大雨，雨水把小孩的脸洗得干干净净，她看到了一张非常清秀的面孔，以及失血后惨白的嘴唇。

尽管孩子已死了，她还是不停地给这个小孩做人工呼吸——她只能这么做——一直做到小孩的妈妈从后面跑过来。她把小孩交给了士兵，一个人痛苦着跑掉了——她无以面对孩子的妈妈。她跟我说，她这一辈子也无法忘记那个孩子的脸。

医生当时的那种愧疚我很能体会，没有去过灾区的人无法想象那种心理的煎熬。

李：你在文章里面提到过最后已经不忍心去采访了。从传统意义来说，你并没有履行一个记者多问、多了解的职责。这里面有没有矛盾之处？

方：也没有矛盾，这跟我的职业没有关系，这是一种生命不能承受之重。作为一个正常的人，我在那个时候承受不了，作为普通的目击者，我无法控制自己，要我继续去冷静地进行采访，非常困难。在人性的光辉被激发出来的时候，人性的软弱也被激发出来了，这个是自然的。我非常同意我一个朋友的说法，他说，跟那些还能够冷静报道的记者相比，我们不够伟大，不够坚强。虽然我不认为自己不坚强。

我认为有两个因素使那些记者还能冷静地报道而我不能。第一，是我的职业需要。我进城的时候，观察非常细致。在一群记者当中，我走在最后面，我一直都在观察细节，而一些记者就忽略掉这些细节了。第二，是运气的问题，有一些记者就特别“幸运”地没有被派到最悲惨的地方，或者他们没有在第一时间看到那些惨状。但我是在最残酷的一瞬间看到了最残酷的一幕，马上听到了最残酷的复述，再和现场的场景结合起来，这个冲击是最大的。到现在经过无数次的回味后，我已经可以比较坦然地面对比我描写的更血腥的场景，但在当时特定的环境之下，我无法做到冷静，我承受不了。所以反应的程度，跟个人是否坚强有一定的关系，但关系不是那么大。

李：你以前看到过这样数量众多、惨不忍睹的尸体吗？这样的经历是否也使得你不冷静了呢？

方：跟这个关系也不大，我之前虽然没有看到过这样被扭曲了的尸体，也看过太平间里面的一些尸体。后来我在成都做心理干预，和心理学家聊天的时候，他们很快地猜到了我的非理智反应、我的哀伤，很可能与我以前的经历有关……而这是我第一次看到非正常死亡。

和我一起采访的《南方周末》的记者陈江经历过开县井喷、包头空难等。他说第一眼望过去尸体最多的不是这次，而是开县井喷。但他也是第一次看到这么多尸体四分五裂的惨状。我最大的感受是，生命的尊严，以及人作为一个特殊物种，一贯拥有的优越感都被灾难击得粉碎了。

我当初被尸体的那种扭曲、畸形震撼，但这只是震撼，没有让我哀伤、伤痛到不能自已。但是当我后来采访遇难者亲属，与他们聊天并且将他们所讲述的事情与前面看到的尸体联系起来的时候，感到了一种人性的煎熬。那时候，我才真正地不能自已。

李：你是什么时候去看心理医生的？

方：我没有去看心理医生，我是去采访心理医生，然后心理医生就给我做了一个简单的测试。那个时候已经过了一个星期。无数次的回味之后，我觉得我已经很正常了。去的时候，心理医生大致给我做了一个测试，也做了一些开导，认为我还是比较正常的。

李：你平时是怎么给自己做心理调试的？

方：我做心理调试的方法非常简单，我让自己去回味每一个细节。从写第一篇文章开始，我就已经习惯了这种回味。

李：这不是很残酷吗？

方：非常残酷。我每天都要跟别人说这些事情，自己也一遍一遍地哭，到后来才会慢慢地好起来。这种方法对别人来说可能不是十分可取，但是对我来说却是可取的。

李：后来有余震的时候，你感到过害怕吗？

方：不害怕，因为我相信科学。我知道余震杀伤力不可能很大，所以19日左右发布有6级以上余震的消息，大家都跑到街上去的时候我没有跑出楼，预报发生在48小时之内的余震是非常不可靠的。另外我相信现代的建筑，抵抗余震还是没有问题的。

李：看到这么多人生无常的境况之后，你会开始相信命运吗？

方：不会。它使我感觉人是很脆弱的，可以在瞬间就像一只蚂蚁一样失去了生命。蚂蚁可以运气不好被人踩死，人也可能运气不好被房间那么大的石头砸死。

李：那你的人生观、自然观会发生变化吗？

方：我到了北川县城时，曾经下了这样的结论：这么大的灾难，会把坏人变成好人。但是这个结论当天晚上就被打破了，因为我听说有人去偷东西。这些人可能为生活所迫。对我本人呢，我作为一个记者，对自己的人生观更坚定了。回来之后我和同事说，在这么大的灾难后，我以后不会因为顾及别人的想法而改变自己，我会更加直率。我一直非常直率，但以后我会更直率。

李：你怎么权衡工作和休息？

方：那些天就没怎么休息。睡得很少。15天里真正的也只吃了13顿饭。在那种状况下，一个健康的人还是可以坚持的。

李：这次采访家人支持你吗？

方：家人开始时都不知道，但知道以后还是非常支持。我二姐特别希望自己的儿子到北川支教，我三姐、四姐还要领养北川的孤儿，而我要领养的话一定要领养残疾儿童，因为他们更需要大家的帮助。

李：这次你们第一时间到前线拼杀，有没有得到报社的支持？

方：出发的时候每人给了1万块钱，我回来时还剩下1000块钱。出差的时候个人花费很少，但是车费很贵。对生命安全方面的保障，我的要求也比较简单，除了安全帽之外我也不需要任何的特殊保护。

李：前后方的协调是怎么完成的？

方：后方一般会以常规新闻来判断前方的情况和想法。而这次新闻太不常规了，以至于在我文章中都加上"前方记者在震惊之余，也在职业与人性的选择上挣扎"，其实对我来讲没什么可挣扎的，救人是首位。

李：常规事情和特殊事情的问题，能否再解释一下？

方：他们没有区分开来，他们仍然按常规事情来做，如此巨大的灾难他们没有深切地体会到，这也让他们对新闻的价值产生一些怀疑。比方说，他们希望还用理性的笔触来描述、来报道，但这个是不对的。因为新闻要求理性也要求客观，而理性不总意味着客观。在那个特殊时候，理性可能就意味着一种不客观，因为在那个时候你不能保持理性就是一种客观反应。

比如说我后来申请到北川再多待一些时间，但后方要求我回去参与后一期策划，要做疫情方面的新闻，那个时候疫情已经出现了。二次灾难是值得做，但我认为还不是时候，我觉得那时候应该把感性的、人性的东西传达给大家，而不是理性，我们前后方发生的分歧也使得我们那期的报道做得不太好。那时候我也没有找到更好的解决办法。

在北川的时候，后方打电话给我，我哭着跟他们说，采访无法继续进行。他们还是用了这样的口吻："你是一名记者，你要做到理智。"

以前跟我共事的人都比较了解我，知道我不能保持理智肯定是遇到了很特别的状况，但是他们不能理解。如果再发生同样的事情，我会直接告诉他们："听前线的，你们后方什么都不知道。"前后方沟通是一个巨大的问题，我想以后如果出现类似的情况，这样的问题还会发生的。

李：这个是不是源于结构性的问题？

方：是的，是结构性的问题，这需要有非常强势的编辑在前方做主持工作。他在接触了第一线之后，冷静地来思考。印尼海啸报道时，我们前方的编辑就比较强势。

李：你跟那边的政府机构打交道吗？有什么经验吗？

方：后来的日子我都是跟政府打交道的。我理了一个光头，这个光头起到一些作用。后几天去采访的时候，一大半记者都在门外等，我因为赶时间直接冲到新闻发言人那边问问题，他们马上接受采访。他们看到了我的职业程度。他们说是我的职业感、专业性让他们愿意接受我的采访。他们的人后来跟我说，在我采访之前，他们已经接受了四五十个记者的采访，没有一个人像我问得这么具体，问一些非常专业的问题。

后来他们甚至把他们抗震救灾时第一时间草创的指挥图拿给我看，这些都是非常珍贵的资料。为了保护这样的珍贵资料，我后来还让一个摄影记者专门去拍照。

李：你到北川的第二天理了个光头的原因是什么？

方：两个原因。首先是如果我受伤了，可以在最短的时间里面清洗伤口。第二是一种洗礼。那个地方给我带来的冲击太大了，这里面有一种仪式感，要为这些死去的人默哀。总之是在一种非常复杂的心态下理光头的，我一时也说不清楚。

李：你跟志愿者打交道吗？

方：我回来的路上都在跟志愿者打交道，跟他们聊得比较多。

李：你跟灾民沟通的时候有没有什么经验，会冒犯他们吗？

方：不会。我刚去北川采访时多是他们主动跟我说的，他们知道我是从北京过来的记者。我从他们脸上已经看不到哀伤了，但他们心里会有一些愤怒，对政府的一些行为他们不理解。当时他们埋怨北川政府没有把他们移民出去。很早的时候北川政府想把他们移民，但最终没有成功。他们就埋怨如果当时给他们移民的话，就不会发生这样的惨状。

但事实上，你知道中国人对家的感情是非常深的，何况北川那么美，即使当时政府坚持给他们移民，也未必能够成功。那里一直没有过大灾难，他们未必就能够理解政府的做法。

李：会不会有过于哀痛不愿意交谈的灾民？

方：按照心理学家的分析来说，表现得非常哀痛的人其实并不是最痛苦的，他们把这些哀伤的感情都表现出来了。最可怕的就是不表示哀痛的那些人，他们脸上没有任何表情，因为他们已经哀痛过头了，已经不能表现出来了。后来网络上有一个评论，就说他们在新闻上不但看到了哭泣的画面，还看到了不哭泣、不哀伤的表情，他们才发现那些表情更让他们震撼。

李：你对自己的这次报道还满意吗？

方：不满意。对自己的报道不满意是一个方面，自己想做的东西还没有来得及去做。但还有一点更重要的原因，就是我们感觉自己没有给灾民带来实质上的帮助。

李：但你引起了关注，让更多人关注到他们。

方：在我们的报道中，我们还看不到任何直接或者实际的帮助。

李：你觉得这次事件对中国新闻史有没有突破，意义是什么？

方：在中国新闻史上，这是建国以来最大规模的灾难报道。在报道对当事者直接形成帮助的方面，它没有发挥到太大的作用，不如 SARS。SARS 的报道可以直接对老百姓形成指导，而这次不能。SARS，是科学解释可以解决问题的，但地震不是一个简单的医学问题，有很多科学上尚未解决的问题。但老百姓还难以接受这一点。

这次灾难远远超过了 SARS，而在对灾难本身的帮助来说，这次报道不如 SARS。唐山大地震不一样，那个时候媒体并没有真正兴起。

李：在新闻操作方面，这次事件的意义是什么？

方：这个事件最好的一面是唤起了中国人沉寂了五六十年的人性中最光辉的一面，而科学报道反而没有做好。地震是个科学话题，但是我认为做得一点都不好，这次大多数科学报道、解释性报道都失败了。科学性报道反而被伪科学报道所掩盖，让老百姓无所适从。

我在采访的时候深有感触。有一个采访对象说，灾区很多人是莫名的愤怒，愤怒的原因是为什么中国政府没有预测呢？或者是中国有这么多国宝级的人物早就预测出地震的到来，为什么国家地震局没有采纳？这就和我们的科学性报道不够有关，以至于到了今天，成千上万的中国人都以为张衡在 2000 年前就已经发明了地震仪，可以预测地震何时到来。而事实上，科学技术发展到了今天，还是没有能力准确地预测地震的到来。这方面的最基本的解释性工作，我们的媒体没有给大家解释清楚，我同样也没有很好地做这个工作，我也赶到前线去了。

李：这次媒体在科学报道方面你认为表现怎样？

方：在前期报道里面，已经有一些媒体严重走偏了，他们报导伪科学，用特别的手段对事情进行解释。因为我是科技记者，我更看重解释性报道。在这个意义上来讲，这次报道不如SARS。这次的解释性报道是失败的，中国的科学解释报道还停留在没有怎么发展的水平。

包军昊：
我觉得央视可以打98分

包军昊：CCTV地震晚间直播总导演，《东方时空》制片人。1969年5月生，新疆石河子人。1987年考入北京广播学院新闻系，从业12年，先后在中央人民广播电台《新闻纵横》节目、中央电视台《焦点访谈》节目、《东方时空·时空连线》栏目做一线记者和策划。曾担任“中国入世直播”节目的策划和多哈直播现场总导演。作为主创人员创办过三个节目：中央人民广播电台《新闻纵横》、中央电视台《东方时空·时空连线》、中央电视台新闻频道《新闻会客厅》。作品曾获中国新闻奖一等奖和中国广播电视新闻奖二等奖等。

包=包军昊
李=李梓新

李：我想先了解一下你这次负责晚间直播的情况。

包：央视是5月12日那天开始直播。按照分工，我是晚间8点到第二天凌晨1点半时段的总导演。晚间我们一共有两个导演组，我是其中之一，一人一天轮换。我一直做到5月30日。总导演就是负责晚间整个时间段的编排，上什么不上什么，大概的报道的重点、主题。因为直播有一个串联单，所以前方记者采集之后，对什么时候出镜、什么时间做什么报道心里十分清楚。我主要是做这个工作。

李：那么咱们还是从头聊起，这次地震，中央台是从下午3点多就开始播新闻了吧？

包：对，3点多，准确地说是3点10分。

李：当时怎么样作出这样的决定呢？

包：作出这个决定的不是我，是新闻中心的领导。从我们这边来说，我们都是各人管各人一摊的事。这是我们的常态，属于栏目化经营，直播属于非常态。事发的时候我记得非常清楚，我正给《东方时空》全体人员开总结会。因为上个星期我们刚好结束对胡锦涛访日的报道，所以我说做一个总结。除了胡锦涛访日的报道，之前又有铁路撞车等一些大事，4月的大事件挺多的，我们原本以为5月份可以过正常的日子了。5月12日当晚的播出计划是报道缅甸遭遇飓风的情况，本来是准备在前一周的周五就播出的，因为太忙所以推到这天。

我们栏目本身也有一个雷达机制，一旦发现新闻热点就能快速反应。当时地震是下午2点28分，因为我们新闻专题部的办公室在台外，没有感觉到震荡，但台里大楼的同事感觉到震荡，于是他们就往这边打电话，说是出了这个事。我们这边很多人网上都挂着QQ、MSN，也有很多人在网上说发生地震了。我立即让我的同事给在湖北黄石的记者打电话，因为网上都说是湖北地震了。结果那位记者说黄石那边还行，没有死人也没有楼倒塌。但是网上就有人说地震得挺厉害的，说很多房子都倒了。后来有人说了一句，成都电话都打不通了，我说真的还是假的。我有成都的朋友，我打了一个电话，就是无法接通。

面对这种情况，办公室里面所有人都在喧哗，我告诉他们，所有人，只要你在成都有朋友，有认识人的，你们一定要往那边打电话。只要打通一个，这边就订机票，订了机票就过去。我觉得只要打通一个，听到他说“我看见了事情是什么样的”，就可以立即派人去报道。但那个时候没有一个人能够打通。然后我又打成都的114，也拨不通。刚好这个时候，他们的飞机票已经查好了，我就让他们下单买了。一般正常情况下这种突发事件，我们也就派一个记者，但这次我们派了三个：两路去成都，一路去绵阳。当时还想，万一有一路的机场不通，另一路的记者也能到。

李：订票的时候是几点？

包：应该是2点42分。

李：那反应很快了。

包：我们一听到地震的消息，首先想到的就是赶快订票。

李：而且当时你们想到了三路出发，这个反应比很多媒体都要迅速。

包：当时有两路到了机场，发现飞机飞不了，就改签了去重庆的飞机。他们是12日当天晚上到了重庆，然后连夜包车赶往成都。13日凌晨到了成都。然后还有一路是中途我们要求他们退票，因为这边联系了国家地震队一架专机，所以他们半路就直接赶到北京南苑机场。这保证了我们的记者能在第一时间赶到成都。

李：反应确实很快，当时很多媒体没有预计到这次地震会这么严重，所以没有特别安排记者。

包：当时的感觉是，成都这样一个省会城市，如果电话都打不通，就已经不是一般意义上的严重了。而且当时网上很多网友都说他们那里地震了，说明地震波及面积非常大，所以根据这个来判断，这次地震还是非常严重的。到了下午5点左右的时候，这个判断已经基本被证实了。我们着急的是，班机什么时候能够起飞，他们什么时候能够到。

李：去的人是属于单独去还是在栏目化的操作体系之下？

包：是在栏目化的操作体系之下。

李：去的时候你有没有给他们派什么任务？

包：他们这一班是晚上7点多的飞机，我们的栏目是10点半播出。7点多起飞的话到那儿就得9点多，我当时想，要是来不及上栏目，就电话连线。有一路记者是跟着专机过去的，我们是这么想的，在飞机上就采访国家救援队，主要是看救援队那边是怎么部署的，然后他们是怎么响应的，响应的规模能够证明地震的危害程度。这样的话，一下飞机就把这个工作办完了。因为那个时候别的情况都不知道，包括地震的影响究竟有多大，我们就是这么安排的。后方我们有人收集震级、震感方面的资料，想做一个地图，标明各地震级，把各个省市的记者电话连线做成采访，描述一下各省的震感，进行一个综合性的报道。但到了晚上的时候，发现完全不是这么回事了。

李：那在后方是什么时候开始全盘打通？

包：13日，13日晚上8点我就开始介入全面的直播。13日上午我就和领导说了，要么让我上前方，要么让我做晚上的直播。后来我们就开始节目策划的讨论，采用合作的形式，我们《东方时空》栏目还有《一加一》栏目合作。从14日开始，就是由我独立操作策划了。

李：前方记者是怎么打通的呢？

包：刚开始挺乱的，因为通讯不通，很多记者都是在栏目化的操作体系之下，自己有了新闻反应就去了前方，他们有自己的任务。有的还是没有跟节目联系就直接到了现场，但是到了那边又跟这边联系不上。虽然乱，但有一点还是好的，就是他们还会尽量和新闻中心联系，新闻中心和他们说我们在负责。晚间新闻相当于一个汇总，于是别的栏目都知道找我们了。还有，很多地方台资源也比较多，中央台因为节目太多，派过去的记者一共也只有100多人。地方台报道的有四川台、成都台、重庆台、绵阳台，后期又加入了浙江卫视、湖南卫视等，还包括一些部队的记者站，所以资源、信息量是不愁的。很多采访堆积使后期制作的压力非常大，但在发生的前几天信息量是充足的。

李：在具体报道的时候决定连线谁，前方记者是谁，这个是你还是谁在后方控制？

包：新闻中心包括采编部、新闻专题部、社会专题部等部门，平时各自为战，这时决定谁连线都是由导演组来统一负责，我们有专门的小组来编串联单。

李：那你怎么掌握哪个记者去了哪里的情况？

包：新闻中心在5月15日出了一个联络图，进行分工，分了很多系统，比如早间时间段谁负责，晚间时间段谁负责，记者连线谁负责，后勤保障谁负责等。把这个联络图往各个地方一发，大家就都清楚了。前方的记者因为都是栏目派的，比如《东方时空》、《新闻调查》、《焦点访谈》派的记者，我们几个组就有专人负责给这些前方记者打电话，来汇总整合前方记者所有的信息。看每个人在什么位置，在做什么采访。

李：这个能做到吗？每天打电话看在什么位置能做到吗？

包：电话通了基本都能做到。每天最早来的人就给记者打电话。

李：这一点还是相当难得的，我知道有一些媒体不能做到总部和前方定点的、定时的联系。

包：按说如果是一个成熟媒体，这些都是应该做到的。这个也是不得已的办法，大家乱了之后，还是要追求有序。当然我觉得，这还是一个非正常状态下的做法。

李：你刚才说这种打通的运作模式之前运作过几次？

包：完全意义上的打通以前还是没有的，时段有过打通，但这么大规模的还没有。

李：所以这次的打通还是第一次？

包：看怎么说了。香港回归的时候也是连续72小时的报道，但是这72小时是之前已经安排好了很多记者。香港72小时属于有计划的报道，这次完全是一场遭遇战。

李：这次时间也长很多。

包：对。原来我做过“嫦娥”飞船升空的直播，我也是总导演。时间是3天，每天下午和晚上。但是我觉得那次与这次还不是一个状态，不是整个新闻中心动起来。而且那次有些节目还正常播出，跟我们合作的有10个部门，但也只是10个部门中的部分记者而已。

李：所以这次无论是从规模还是意义方面都应该说是最大的。那么你怎么选择节目的形态？比如前方画面和专家访谈等怎样配合安排。

包：这也是一个原则方面的把握。我们根据统计出来的每天的新闻焦点，凭借多年来的经验就能形成一个感性的认识。比如头几天救人是最要紧的，是否通路，有没有跟当地取得联系，当地情况到底怎么样，这些都是百姓最关心的。跟这些有关的，我们就往前排，优先让这些新闻反复滚动，在这些之外的一些专家评论，我们就往后排，就是这样的思路。

李：对专家访谈你们有一种怎么样的功能定位？

包：定位在科普知识，所以这些内容都往后放。

李：如果是演播室的专家呢？

包：演播室的专家起到的一个作用我们叫“松紧带”的作用。因为有的时候，信号送不过来，当电话打不通的时候，演播室的嘉宾就起到一个调节时间的作用。

李：主持人方面，我知道刚开始是一两个人在做，后来才慢慢开始安排人。

包：对，刚开始的时候只有几个人，张羽他们。

李：你有没有统计前方的总兵力？

包：100多人。摄像、记者、领导，再包括后勤等，有200人了。

李：这个规模在这次媒体报道里面是最大了。对你们这次报道人们也是交口称赞，你觉得是怎样的一种契机和环境使得这次中央电视台的报道做得如此出色？

包：我觉得第一点是社会环境的契机，人类对于自然灾难的一种同情，一种善良的人性，这是很基本的前提。听到前方的消息之后，所有人没有任何条件地，都申请要去前线，这个很让我感动。在灾区的生活比平时任何日子都艰苦。白天在公共汽车里面不能睡觉，晚上也找不着地方睡觉，记者就像灾民一样拎着帐篷，只要有空地，撑起帐篷就睡觉。大家对于灾区的关心体现得特别充分。这种环境下，你不必为记者的敬业精神操心。

第二点就是在此之前的两件事引起人们对社会状况的思考，一件是"藏独"，一件是铁路撞车。"藏独"这件事我们在国际上是比较被动的，西方舆论在国际上非常强势。反思这种被动局面，就从百姓的角度讲，我相信所有百姓都站在国家这一面，都反对"藏独"。但是国内媒体当时一直比较低调，没有怎么报道，导致国外的谣言、传言占据了主流的声音。后来国内主流媒体才开始大量报道，但是已经被动了。这里面包含一个传播规律。你要第一时间发出声音，进行报道，后续的声音再大也已经处于被动了，也是跟着前面的声音在辩驳，在辩解，这样就不好了。所以"藏独"这件事情让我们有了思考；另一件是铁路撞车。按照以往经验，铁路撞车的事情，大家最关心的就是原因是什么？责任人是谁？根据我们以往的灾难报道经验，这两点等到报出来的时候，距离事发时间，我看最短也得有半个月，有的甚至长达几个月。可是如果你不及时报道，谣言、猜测就开始散播。但是这次铁路撞车事件的处理不一样了，从事发到报道原因、结果不过半天，责任人是谁都非常清楚。按照我们以前的惯例，这种事件节目至少也要做几天，去挖掘内幕、责任人，但是这次感觉可挖掘的空间没了，答案非常清晰。媒体热点很快就转移了，这也是一个正常的传播规律，引导舆论要有新思维，简单的管控是不符合传播规律的。但社会要认识到这个规律还需要一个过程。

李：在地震发生的时候，这么快地报道是部分受到铁路撞车事件迅速处理的提示，还是上面开绿灯加快报道进程？

包：这我也不好揣测，只能通过结果来分析。当时总理到了现场，中宣部的一个领导也到了现场。没有领导的大力推动，报道也不会这么及时。

李：你能否谈一下节目对发动社会力量的贡献？

包：筹备抗震救灾晚会的时候，我和领导说我们这次的节目就叫"我们在一起"，也有人说要叫"你我在一起"。我说："'你我'就显得你和我是分开的，好像受灾群众和没有在灾区的人是不同的，不好。"当时是这么想的。然后我又想到有一个板块要把这个概念做出来，我们要做一个捐款的试验。我当时就在办公室里想这个晚会，说要试验看能否在捐款数额上面超过抗洪。后来没有做。

李：这种大规模的报道，全天候的报道，以及后期哀悼日开始后各地方台也转播中央台的新闻，你觉得是否形成了一种新的传播效果、传播模式？

包：很多地方台同时转播中央台的信号。好像他们转播中央台的信号也不止是这一次。

李：中央台本身是国家大台，大台又把全部的信号主要转播地震，然后各地方台又传播中央台的信号，使得全部观众能够接受到的新闻都是有关地震的，形成一种很强烈的垄断性的传播状态，你对这个怎么理解？

包：从基本的从业者的角度来说，这样做肯定是对的。就像美国发生“9·11”事件之后，所有台都在滚动播出。毫无疑问，按照新闻规律来说，我们有必要这样做。地方台转播我们的信号，有的是不得已而为之，因为他们缺乏资源；有的也是按照新闻从业规律来。你如果不转播地震的情况，如果放娱乐节目，百姓也不乐意。

李：从这样的状态来说，中央台这次的报道影响到了整个世界，使得媒体在事件传播中的作用发挥得淋漓尽致。

包：我觉得这次事件对中国的新闻报道是一种促进，在历史上是意义深远的。我不是说所谓的功劳、功绩，而是它对克服以往的很多报道不好的做法、习惯的冲击都有很大的影响，这一点是无可置疑的。至于好多东西是不是通过这次事件发明出来、创造出来的，我一直认为大家都有能力第一时间把事情报道出来，只是没机会这么做而已。一个国家媒体的进步都是震荡前行的，这是一种规律。

李：这是否促成了中国媒体形态的一种转变？一旦国内媒体取得了一定的平台和范围来做一些事情，原有的情况就会发生一些变化。比如凤凰台对这次事件的报道开始就很一般，他们自己认为在资源各方面没法和央视比。你怎么看待这个问题？

包：我一直认为央视从人才资源或其他各方面来说肯定是优于凤凰台的。凤凰台主要是打了一个内容的擦边球，但在他们那不叫擦边球了。我们是主流媒体，承担的东西比较多。我们必须要稳重，有些确实难以完全按照新闻规律去操作。比如这次打通，大家都认识到这样做很好，为什么以前没这么做？你会发现最后因为运作机制问题，不是央视内部的人也体会不到。这次处于一种战时的状况，很多规矩大家都不去考虑，就开始运作了，这么做完了以后大家发现打通还是可以实现的。

李：你认为这次的报道是否能分为几个阶段？

包：头几天是救援，看失去联系的乡镇有没有回应，这是一方面。然后到了黄金72小时之后，是继续搜救，看能否再挖到人。再到后来就是堰塞湖，做堰塞湖的同时还报道搭帐篷，进行房屋安置等。

李：有一些受众觉得后面的英雄谱报道得比较多，是否有导向性？

包：作为一个国家媒体，需要承担鼓舞士气、引领社会风气的职能。前线所做的一些事情需要鼓舞，从社会氛围来说也需要倡导英雄主义。当然这是主流媒体的角度。有些社会学家的角度可能不一样。他们可以看到公民社会里志愿者的一种善良，他们可以超越一种所谓的意识形态的东西。持这种视角的人对于英雄的说法不是特别感兴趣。但我倒认为这个看怎么想了，任何社会，包括公民社会都需要英雄，像美国“9·11”事件也宣传救火英雄。这是一种人们所说的普世价值。普世价值就是超越于党派价值和意识形态价值共同存在的，所以也别把这个当成哪个国家的专利。一个社会一定是需要英雄的。在这件事情上我觉得宣传英雄没有什么可以自卑的。

李：你们会不会每天都受到上级的指示呢？

包：跟上级的互动是一直都有的，这次跟以往都是一样的。

李：在新闻操作方面来说，你作为总导演，能在多大的程度上来实现自己的想法？

包：这个跟以往相比就是天壤之别了，已经是很大的突破了。和我们的常态有着非常大的差别，已经相当不错了。当然内行人可以批评我们打乱仗、无序等等，但在当时的情况下，我们都不认为这是很大的问题。

李：你认为这种状态会持续吗？

包：这次地震报道会有一些遗产留下来。原来我们的窗口是直播的窗口，是定死的，意味着不管别的节目再好，这个时间我们要播出了，其他节目都不能影响我们播出。但是现在不同了，现在是活的窗口。比如当时《东方时空》就被放到11点16分才播出，因为10点半有一个堰塞湖的新闻发布会。以往大家的生产关系都是固定的，我的地盘我做主。地震之后各栏目的LOGO都不存在了，所有的栏目都是“抗震救灾，众志成城”。

李：在具体的新闻采访业务上，这一次也有人说记者不该问什么问题，比如不该问灾民感受如何这样的问题。

包：网上有很多这种说法，而且我们的记者也很注意，觉得有这个是业务上的瑕疵。我们还真就这个问题追查过，发现较多是地方台的。我觉得这都是原来很多毛病、习惯的一种爆发。原来这个问题大家都在说，只不过很多后期剪辑，发现不好的问题都给剪掉了，这次来不及。我要说的是，我们平时这么多的毛病、问题，在直播时候都能被修正了大部分。从这个角度来看，我觉得相当可以了。

李：这次比较大的问题包括拍到福建捐款时候捐款人手里没拿钱。

包：那个是地方台传送造成的一个疏漏，我也看到了，这个完全是疏漏。

李：中央台这次反应也比较快，道歉之后大概也就过去了。

包：需要强调的是，钱的确是捐了，但当地的摄像，因为他要保证自己拍得万无一失，所以当时拍了两盘录像，一盘是演习的，一盘是真捐的。结果传到中央台时就把两盘带子弄错了。中央台平时和地方台合作还是积累了一些信用，当天传过来的信号，当天晚上就要上新闻，时间不够了，没有发现问题就编了。这次内部开会也批评了。所以我说，我们平时积累了那么多的毛病，所以当聚光灯打开的时候，居然只暴露出这么点问题，我觉得已经很不容易了。

李：这次你的自评怎么样？

包：我觉得99％不敢说，98％或者95％差不多了。我倒不是说不看别人怎么评价，打个比方说像看孔雀开屏一样的，我是站在孔雀屁股后头，你想我看到了我们这么多毛病，开屏亮起来的时候才只露出这么少的破绽。多不容易。

李：这次在这么大灾难、这么大规模的现场报道，难免会比较混乱。你认为在节目制作，包括采访方面，有哪些可以总结或提高的地方？

包：我们开了一个总结会，总结的都挺多的。提到我们这次的设备，摄像机太大了，不灵便，电池续航能力比较弱，在灾区又充不上电。体积也非常大，应该换成那种便携的（台湾很多同行都在用）。还有传送手段，缺乏卫星车，跟那边联系不上。我们这边因为做这种突发新闻比较少，经过这次实践，大家都提出这种需要。原来只是一种理想状态，只是我们的人认识到应该有便携的，但是也老不用。技术部门、财务部门等就难以协调，这是一个系统工程，现在这样就可以推动。

李：你们的政府资源比较好，你们前方有什么特殊的设备吗？比如直升机、海事卫星电话等？

包：没有。直升机后来是抗震指挥部给分配了一架，在初期没有，完全靠记者跟着被采访单位跑，因为部队有卫星车，他们也跟着卫星车采访。

李：软的方面的呢，意识、技术之类的？

包：软的方面我觉得主要是运行机制，关于运作机制大家也学习了不少，讨论了不少，但是想要全面改变是不可能的。目前的运行机制是由政府机制沿袭而来的，政府机制是根本性的官本位体制，它是按照职务高低来设定一整套运行架构的。而国外的电视台是业务部门。业务架构和政府架构可能还有比较大的差别。这两种体制我做了一个分析，各有优劣。完全的业务架构脱离了这个社会的土壤，也有它不合适的地方，不利于生长。政府体制有优越性，效率高、整齐划一，比较严谨，讲究不出错，这是它的优势。缺点是运行容易僵化。它就像一个机器一样，往往需要一个冲击，使它灵活运转一下，慢下来之后，又需要一个新的冲击。它不断面临动态调整的过程。

李：有消息说是中央台会在以后实行公司化？

包：早就有这个说法，这是所谓的制播分离。但是我感觉这个步伐还是比较慢的，比如《小崔说事》就是制播分离，崔永元他们实际上是在做一个公司，然后在中央台播出。这是个试点，但是我觉得文艺、体育、娱乐类节目还可以制播分离，新闻可能为时尚早。

李：你怎么看待地方台自己的一些制作，比如东方卫视等？

包：东方卫视我知道，它一直想做主流新闻。但他们的资源可能不足。四川台表现不错，几乎集中了所有记者的力量去报道这件事。湖南台原来主打娱乐，但我们这次抗灾也用了他们一些信号。所以说，我们这次直播里面打破了原来很多的条条框框。原来都是不成文的。

李：比如呢？

包：比如对地方台报道大量的引用。在一个时段里，可能有半个小时都是地方台的，过去这是不可能的，会有一些门户偏见。但是这一次不管新闻是什么来源，我都能拿来用。即使是CNN都引用了中央台的新闻，挂了中央台的LOGO。大家意识到，只要是新闻，不在乎是哪个台的，只要观众关注就应该播出。

李：对于国际媒体这次的报道你怎么看？

包：国际媒体这次我接触到的都报道得比较正面，还比较认同我们的报道。他们有很多转载，也有很多跟着我们的报道走。比如说一开始一些国外的媒体到了现场，就开始报有一些衣衫褴褛的人找不到家，说学校工程建设豆腐渣等。但很多人都认为在这一刻提这些对灾区人民有些不人道，因为没有面对现实。

据说在温家宝总理的记者提问会上，一个国外媒体的记者本来计划准备问校园工程建设豆腐渣问题，结果到了现场，他自己都觉得不合适，于是把问题改到了下一步抗灾的重点以及今后面临的问题。这次中国政府非常开放，让媒体随便去报，据说有五六百名外国记者到了灾区。还有这次中国媒体也非常开放。很多信息也比较充分，也被国外媒体引用。引用之后便会影响西方社会对这件事的认识。认识充分之后，如果你再报这些问题，受众就会问，是这样吗？媒体也就会开始自我纠正，自我消化，把负面的事情给消化掉了。

李：你这么高强度地工作，心理有没有什么压力？是否需要调适？

包：我也经历过非典，非典时很多人都说有很大的传染危险。但我认为既然做的是这个工作，毫无疑问是一定要去报道的。但以前工作从来都没哭过，这次给我印象最深的是看“爱的奉献”那场晚会的时候，我看的还是重播，都过去好几天了，看的时候还是哭了一上午，一直在流泪。

还有后来我们在讨论节目时，说一些感人的故事，像张羽，大家都感动得流眼泪。还有就是哀悼日那天，天安门广场上很多人在喊“中国加油”，当时也是非常感动。有一种说法，说中国这么多年，也经历了许多事情，中国人已经四分五裂了，网上看也非常明显，任何一件事，不论好事、坏事，从网上的意见总是一盘散沙。但是这件事情令人感动的是，中国人找回了一种信心，一种信念。让人看到中国人还是没问题的，证明了大灾大难时中国人还能团结起来。为什么感动？就是找回了这种久违的感觉。

李：有人说通过这件事情，唤醒了被遮埋了四五十年的中国人心中人性的东西。

包：通过这件事情大家发现，越是有大灾难，中国人越能团结起来。我们发现中国人将来只可能被糖衣炮弹打倒，不会被灾难打倒，所以这个民族和其他民族很不同。

李：这次报道你的作息时间是怎样的？

包：前几天都是后半夜两三点结束，后来几天是大家轮班，我们基本上是上午10点钟开会，汇总信息。我们有专门的连线组，打一圈电话了解前方记者的情况。有同事讲他又获得了什么信息，然后有地方部的人讲又收集到什么信息。之后我们上午大概确定一下今天可能关注的焦点和主题。下午1点半再次开会，有短片系统的，有连线系统的，还有策划的、制片的，我们都在一块儿。前方需要视频信号，需要几路，这几路谁负责，短片谁来负责，串联单谁来负责。然后3点钟开始做串联单。一般是5点左右，串联单就做出来了。

李：你在做这些的时候会不会有冲动要去前线？

包：如果不是做直播，我肯定去前线了，因为对记者来说去前线是本职的事情。

李：最后你能否就这件事情对中国新闻史的意义作一下总结？

包：我觉得这件事情让我们对于新闻规律的认识，主要是媒体管理者对新闻规律的认识，毫无疑义是一次巨大的促进。对于媒体从业者来说，也是找到了兴奋点，找到自己理想的运行模式。我想建立了一个标本之后，你要想完全退到以前是完全不可能的。它在中国新闻史上的价值和意义都是影响极为深远的：让媒体认识到他们影响社会的力量，让媒体懂得应该如何引导大众，如何按照传播规律办事，达到效应最大化；也让央视在如何按照国际大台的规律和逻辑去办事方面，有了一个标榜意义。有这样的推动，对大家来说，毫无疑问都是一件好事。

魏海波：如果记者去救人，那是我的骄傲

魏海波：《南方都市报》广州新闻中心主任。

魏＝魏海波
李＝李梓新

李：这次《南方都市报》在抗震救灾的报道中表现非常出色，无论是文字还是图片，包括网络上的报道，与纸媒结合得非常出色，你应该是这次报道的总指挥吧？

魏：也不算是总指挥，我是第二天去成都，做一些前方的协调工作。

李：你是怎样决定要过去的？

魏：5月12日14点28分发生地震之后，当时我们自己也感觉到楼在晃动，而且我们迅速接到了读者的电话，说全国很多地方都有震感，最接近的是重庆。于是我们就断定这次事件会非常重大，我们启动了紧急的报道预案，因为我们平时都有重大事件的报道预案，我们的数字报、奥一网、编辑部都有。消息越传越开，加上整个成都的通讯中断。当时新华社马上发表了报道，说震级是7.6级。我们紧急联系在成都工作的同事，结果过了两三个小时才联系上。很快有消息传来，说已经有3000多人遇难，而且还说聚源中学倒塌，于是我们整个编辑部包括执行总编

辑都投入到事件的报道之中。数字报在事发半小时之后就已经开始报道了。

李：你刚才提到的紧急的报道预案是什么时候形成的？

魏：因为南都是一份比较年轻的报纸，真正建立紧急的报道预案是2007年。2007年我们建立了紧急指挥中心。重大事件发生之后，我们会第一时间报告执行总编辑，启动整个中心，或者是跨中心，或者是集合全报社的资源进行网络、纸媒的报道。

李：以前有没有运行过这个预案？

魏：有。之前广州发生的枪击事件就运用过，还有沉船事件。但是这次事件是我们建立预案之后最严重的。后来我们组织完当天的报道，晚上11点时，执行总编辑庄慎之从外面赶回报社，看当天的版面，而且要策划号外，然后决定派我第二天去成都。

李：后来号外出了没有？

魏：出了。

李：刚才你谈到事发当时有在成都出差的记者，一共有多少人？

魏：因为当时成都地区的通讯中断，我们就查我们的记者，有哪些人来自四川，又有多少人在那边出差，发现有同事来自四川，甚至是来自都江堰，但人数很少。有两位同事恰好在四川那边，他们是经济新闻中心汽车条线的记者。一位正在成都机场，另一位是回去奔丧的。当时我们也不知道他们的位置，后来发现短信偶尔能够联系上他们，于是让他们迅速前往聚源中学。另外派重庆记者立即去北川中学，当天晚上八九点钟就到了。我们之所以第二天能出号外就是因为我们的记者在当时的重灾区都有稿件，能够证实当时发生了什么事情。

李：13日你去前线的时候还有多少人和你一起去？

魏：当天下午我们就已经调度各种类型报道的记者，包括深度报道记者、突发事件记者、摄影记者等。机票非常容易就买得到，但直到晚上11点飞机都没有起飞，空中管制。我们晚上决定派自己的越野车从广州出发。凌晨左右就出发了，第二天一早，我们已经有到各个城市的记者。最早的有早上7点多跟深圳的特警、边防去救援。

李：你到了成都，就在成都进行前线的指挥调度吧，你那时候感觉压力大吗？

魏：压力是比较大的。

李：后来一共投入了多少兵力？

魏：3天之后，南都在成都的采编再加上行政人员有将近50个同事。

李：作为南都这样一个日报，它是怎样兼顾它的话语以及专题、稿件特写之间的关系？我看到这次南都也有很多专题来讲述这次事件。

魏：当时我到成都已经是13日晚上了，到成都之后开了一个会，大家觉得灾情基本上清晰了。映秀、都江堰、青川、北川、绵竹和什邡都非常严重。我们觉得应该解决几个问题。第一是怎样面对灾难，以什么态度面对。我们有同事提出这是一场国难，我们的身份不能是旁观者，而应该是参与者。第二是我自己的一点看法，我们的一线采访应该做一种补充式的采访。我认为即使有100个记者都是不够的，因为那个时候你无法兼顾到很多东西，跟网络直播以及中央台的资源和报道经验相比，我们的资源都是不足的。第三是地震报道有自己的科学规律，在这次基础之上有可循的规律，跟国家的政策、经济、文化都有一定关系。我们觉得还是要去现场看一看，于是派记者第一时间赶到现场。很快，在绵竹、映秀、都江堰等地，我们都设置了记者组。后来还成立了一个成都组，一个调查组。当时我们的模式就是先去现场观察。现场组的同事反馈回来信息，然后我们另外有调查组的同事来做选题。我们觉得地震报道是长期工作，刚开始的一个礼拜是救人，然后是安置、防疫、重建、心理辅导等。我们契合每个阶段的重点，尽量做动态。另外调查的话，有主笔制、选题制，比如说你发现了什么事情，可以让动态组的同事去采集信息，再由你来主笔。因为如果不是这样的话，我们会觉得在那样的现场是没有办法去实现的，也没有办法去兼顾。

李：这个机制很不错，它有一种日报和杂志的结合。

魏：后来我们还有一个航拍组。

李：这个完全是出于商业考虑吗？

魏：不仅仅是。在这样大的灾难面前大家很容易去合作。深圳中海直接负责去那边做救援，我们有记者搭上他们的直升机，可以第一时间看到现场救援的情况。

李：据你所知，这个航拍组是不是国内唯一的？

魏：不是。新华社和《解放军报》比我们做得更好。

李：在市场媒体里呢？

魏：我没有比较过。因为我们有同事住在他们基地，所以他们方便的时候就带上我们的记者。

李：这也是报纸在当地的人脉网络和解决能力的体现。

魏：当天晚上我们就确定了报道的方向，对我们来讲最大的问题就是交通和通讯中断。后来我们组别的分割就是以车为中心，我们有4辆车 14 日凌晨从广州抵达成都，又租了一些车。北川记者组如果一早出去，晚上回来，在现场没有通讯发不回来稿件，尽量给每个组多派一个人，一般是两个文字记者，两个摄影记者。我们规定一组凌晨出发，清晨天刚亮时他们就能到达现场，开始工作；另一组可以多睡一会，早上出发，中午到现场，两个组在两点钟左右互相交接。因为当时没有食物，记者也跟灾民差不多，他们一天可能只吃一片面包，喝一瓶矿泉水。虽然我们也在车里准备了东西，但是他们都会捐给灾民。通过这种被迫的、最原始的方式，我们在特定时间、地点去接记者，记者把当天所有的稿件都带过来，我们进行第一时间的报道。黄金 72 小时对我们的考验还是比较大的，我们不具备央视专线传稿的优势。就像映秀镇，虽然徒步进去非常辛苦，我也要求哪怕走到一半，当天还是一定要有一个人回来，去青川的记者当天也要有一个人回到广元，把稿件带回来，另外让我们知道大家都还安全。

李：其他资源的支持上，你们是否得到了一些帮助？

魏：其实当时很忙乱，比如因为我们知道自己的人手不够，所以寻求愿意与我们合作的四川大学新闻系的学生，看看谁愿意到报社来实习半个月，当时有 10 多个同学都愿意在我们这边实习。我们让他们留在成都，跑一下医院等相关机构。至于企业合作方面，一旦我们发现企业有商业目的，都予以拒绝。

李：政府方面，你们有向他们寻求什么帮助吗？

魏：我们感觉政府在这次事件中做得非常公开、透明。从我掌握的信息来说，前几天，他们就是想帮你也没有办法帮；在后面的几天中，包括和建设厅、地震局、疾控中心等，我们都有比较密切的合作。在新闻发布会上也是。我们还有一条线是专盯政府的，分别在北京和成都盯政府口。

李：前几天以救人为主，慢慢转移到搜寻遇难者、防疫等等，是吧？

魏：从内容上面讲，南都比较快地建立了框架，对整个事件有我们自己的消息来源。我们从国家到四川省，到各地市都建立了信息源。我们的记者和他们的县长、县委书记都很熟，所以消息的来源还是比较丰富和广泛的。但是有一个问题同样存在，那就是关于伦理、道德方面的问题。我们的记者采访到的活着的个案比较少，当时现场还是有一个共识，就是不妨碍救援，而且很多伤员一旦被救出来立即转移，除了央视和中央媒体得到特许采访之外，其他人不太容易采访到伤员，只能在 100 米之外看着。于是我们决定做专题的报道，比如失去孩子的家庭，或失去家庭的孩子，做讣闻。我们还做了一个片区的搜救，比如北川大营救，这是一个典型。后来我们又做了告别北川的报道，为这个城市做了讣闻。后来我们还做了一个系列，叫“学殇”。在客观条件下，除了自主报道外，我们还利用了中央电视台、新华社等大媒体的信息进行补充。

李：在前线，你需要指挥后方的编辑吗？

魏：我们后方有编辑负责人，我和这些同事也有联系，我们几乎没有争执。

李：这次的图片用得非常好，摄影记者这方面是怎么安排的？

魏：这次我们的视觉中心总监王景春和我一起到了灾区，一起指挥前方。

李：他带了有十几名摄影记者吧？

魏：有。摄影记者和文字记者是一同被发派出去的，做搭档。

李：封面的大图一般是谁定的？

魏：我们后方有 3 个图片统筹。王景春在前线会把比较血腥的图片筛掉。对一些惨烈的、未成年人难以承受的图片也会进行把关，选择后的图片传回后方，后方的编辑再进行编排，决定怎么上版，做不做视觉方面的专题，如何进行当天的配题。

李：在成都，前方稿件就大致完成编辑了吗？

魏：没有。成都只是一个稿件的收集，我们的习惯是记者传稿到报社稿库，特别重要的我会调阅回来看。其实我这次在成都主要的工作是信息整合，作出判断，进行调度，安排记者，给予他们报道方向上的指导，以及做好前线的后勤工作，买一些必备的防护物品，安排衣食住行等。

李：去前线的记者回到成都之后，你是否给他们一些心理上的指导来防止心理上的波动？

魏：我们觉得这是应该的。但我们没有办法去特别地做心理调适，最多只能互相倾诉。因为前几天几乎每个人都只能睡三四个小时，吃一顿饭，大家都很忙碌，一般到晚上 11 点才写完稿子，然后才能出去吃个热饭。吃饭的时候才能互相聊一聊。我感觉前三天大家聊得还比较理智，后来慢慢地，惨烈的事情多起来了。大家心里都会出现一些波动。

李：派去的年轻的记者多吗？报道经验如何？

魏：我们派出的记者绝大部分就像刚从警校毕业的警察一样，虽然已经办过案了，但对这样的大案还是没有太多经验，有可能一辈子也遇不到一次。所以只能硬着头皮了。他们都很年轻，很多都 30 岁以下。

李：有没有坚持不下去的，需要轮岗休息的？

魏：后来我们强制他们轮岗休息，因为记者通常一待就是两周。

李：我之前也跟一些媒体聊过，发现南都在这次报道中的安排还是井井有条的，而且渗透能力也很强，南都怎样定位自己这次报道的特点、特色？

魏：我们当时想的是尽量去真实地去记录、报道灾难。我们更多的是想尽力做一点事情，或者解决一些问题。后来都没有用力做轰动性的策划。比如说我们在直升机上面航拍到一组乡村废墟的照片，像孤岛，没有太多救援迹象。我们决定把这些照片传到网上去，让记者与当地领导沟通。我们不敢说这个有什么作用，但我们也毫无保留。如果是为了发行量，我们甚至应该留一天，再去做报道，从新闻报道来说这样会更好。但是我们都没有，我们希望能够提醒救援的人员到当地进行重建。

李：你刚才谈到很多东西都发到网上，这次你们是不是有很多稿件直接供给网站了？

魏：我们南都本身有南都数字传媒部，所以我们会直接发稿到数字传媒部的编辑，由他们处理后再在南都数字报和奥一网上发布。

李：稿件在网站和报纸上的分配是否有冲突呢？是否需要协调？

魏：大的冲突没有。网上的报道一般是抢时间的，有一些是静态报道，就没有必要放到网站上。

李：这次你个人对最前线发出的最满意的作品是哪一个呢？

魏：我自己对稿件的评价标准不是满不满意，而是哪些达到了我们预期的目标，达到了最初采编的预想，比如“学殇”系列、“北川大营救”等专题。其实现在我们也只做了一个开头，我自己感觉起码要花5年进行汶川地震的报道，比如对那边的羌族文化的追踪。我们编辑部后方还完成了《七日祭》的特刊，并把这个特刊的内容提供给出版社出了一本书，拿来义卖。

李：可以看出，在这次事件报道中，报社已经超越了媒体的功能，承担起社会组织者的角色，对吗？

魏：对。13日我们的报上就有捐助的倡议，我们12日当天就找到广东省红十字会，倡议捐助，共同开通账号，最后这个账号收到3000多万元。我们南都还进行了版面的义卖，我们拿出几个版面，版面上刊登的广告，收入都捐给灾区，我们的零售也义卖，还联系了广东医疗系统的专家，组织心理辅导队。南都的很多同事也为灾区捐了很多钱。对于这些我们都没有特别进行报道，因为我们觉得这些是热心的关心灾区的朋友们做的，非常值得赞扬的事，南都只是一个平台。

李：我也看到绵阳的九洲体育馆在招工，是奥一网联系当地民工看能不能到广东找到工作。

魏：对。后来我们牵线搭桥，跟广东的各个市尤其是珠三角城市联系，看能否帮助灾区的人找到工作。

李：想来广东工作的人多吗？

魏：还可以，他们很高兴。但是当地的很多人还想挖出废墟里的财物，还想盯一下善后的赔偿。所以刚开始申请的人还不多。我们还想到帮汶川卖水蜜桃、樱桃等等。后来我们和汶川的农业局局长还联系了。

李：你是否觉得在这次报道中，南都进一步突破了地域性的界限，确立了它全国性报纸的地位？

魏：从我个人理解，我觉得就南都作为一份报纸的志向和我们现在的影响力来对比，突破地域性还是一个奋斗的目标。只能说尽量做好。

李：这次地震事件报道对我们意味着什么？它是否是最大规模的报道？

魏：就我本人经历的采访报道来说，它虽然是最大的，但我们在操作上不觉得措手不及。从十七大开始，我们对“两会”、雪灾等事件都进行报道，这种项目制都已经成为惯常，我觉得难度不比这回小。

李：你自己有没有去前线看一看？

魏：我心里非常矛盾，因为我也是成都人。我去过都江堰聚源中学，也去过绵阳，但没有办法进入到没有通讯信号的地方，我的岗位是后方调度。在地震过去一个星期后，我曾经把指挥点搬到绵阳，离现场近点，但明显感觉绵阳的信息汇集速度不如成都，又很快搬回成都。

李：你是成都人，所以在人脉上是否会给去当地采访的记者提供一些帮助？

魏：没有。只是我心理上感觉那是我的家，我如果找的话肯定能找到一些资源。但是事实情况是到了现场我们就开始工作，我根本没有时间去找人，而且我从大学毕业就到了广东，所以在老家也没有太多认识的人。到了那边我就告诉他们，一切靠自己，一定要坚定，靠自己就可以采集到很好的资料。

李：我采访到的一些记者表示，他们觉得救人比写稿更加重要，救人能够切实地帮助那个人，但是写稿却不一定。作为管理者，遇到这种情况你会怎么办呢？

魏：我不会强制他们一定要写稿，这种事情我从不过问，大家看着办，如果真觉得救人更重要的话，就让记者去救人。

李：是什么原因让你这样做呢？是不是在记者足够的基础上才能这样尊重他们的选择？

魏：我个人对他们非常理解。我们每天去前线的记者都会大哭痛哭，会一边捐钱一边进行采访，所以我认为首先要让他们做好一个人本能希望去做的事情，我对这个非常理解。在灾后的12天，映秀已经通车了，我们报社的记者几个人一起去映秀。当时想去采访校长，映秀还在救援和挖掘。映秀的小学伤亡惨重，现场已经没有什么人了，只有一位老奶奶，给我的同事的感觉像是生命的蜡烛轻轻一吹就会熄灭。当时是中午，太阳很晒，老奶奶坐在树下打瞌睡。因为有同事觉得老奶奶是不是已经走了，于是去晃动老奶奶。她的耳朵不是很方便，她一见到人就开始按照自己的逻辑讲述她的故事。她说她还有一个小孙子，她最喜欢这个小孙子。大孙子经常逃课，不好好学习，但是小孙子很听话，一直好好上学，地震的时候还在听课。她这次来带了两套衣服，一套是小孙子最喜欢的。如果小孙子能够活着出来，她就给他穿有颜色的衣服，给他戴最喜欢的帽子；如果小孙子已经死了，她也一定要给他穿上一套崭新的白衣服，送他回家。大孙子还怒斥这个老奶奶，不让她来这里。

当时现场的救援人员也跟我们的同事讲，这个老奶奶很让他们感动，她在现场发现了好几个还活着的小孩，让他们赶紧去救援。但是当她的孙子被挖出来的时候，已经是流脂的状态了。那个惨象，让我们的同事都受不了。后来他们甚至打算骗老奶奶，想随便找个人告诉她那就是她的小孙子，但还是不忍心。我们的记者劝她回去，但她不肯，也不吃记者给她的东西。后来我们的记者就帮助老奶奶背着她的箩筐，像她的孙子一样，走在已经变成废墟的映秀镇。这次我们很多记者都做了本职工作以外的事，对我来说是一种骄傲，我不会限制他们。首先做好一个人，再做好一个新闻人，这是基本的事。

李：这句话我们在地震中听到越来越多。你在前线一共待了多少天？

魏：我待了半个月。

李：中间有没有什么最难熬的时候？

魏：对于我个人来讲，当时已经没什么时间概念了，每天打完所有的电话都已经是凌晨两点了，然后上网查一查资料就休息，第二天7点又会被电话吵醒，又开始打电话。每天都差不多是这样。

李：你也不担心余震吗？

魏：我觉得生死有命，但我很担心在外面的同事。

李：这次事件对你的人生观、自然观有改变吗？

魏：我第一次遇到国悼，全国默哀，当时我在绵阳的酒店，我的同事都去干活了，我刚从九州体育馆回来，一个人在酒店。当时我特别想看一下那3分钟，普通的街上会发生什么事情。我这个人是很矛盾的，因为我虽然觉得默哀应该是闭着眼睛，但最后还是忍不住睁开眼睛。本来很繁杂的街道，警报一响起，所有的车都停到一边，所有动的东西都静止了下来，只有一片汽笛声。酒店所有的服务人员，都在曝晒的天气下列队。包括小卖店的老板，都在默哀。我很感动。我想到了我的儿子，因为我出来的时候，一岁的他还在生病，我希望他会平安，这是我最大的寄托了。我现在觉得要学会珍惜，人应该真心相待。

李：会不会开始相信运气、命运？

魏：我一直很喜欢看自然、地理、历史方面的书。房龙在他的书《房龙地理》中写道：大自然有它运行的规则，它要来惩罚人类的时候，人类没有上诉的机会。我一直认为人对自然是要敬畏的。我生长在成都，小时候最喜欢做的游戏就是和我哥去河里捉鱼，那时候水洼、池塘都很干净，但我这次报道之后回家时发现，所有的水都已经变黑了。一些化工厂、造纸厂开始迁到农村，污染是肆无忌惮的，这是很可怕的事情。我生于唐山大地震那一年，在我人生经历的32年里面，我们的生存环境发生了巨大的改变。有一些人对财富的追求过高，这是需要警惕的。

李：你这次回来，报社有没有安排特别的休息？

魏：报社安排了一些专业人员对我们进行心理辅导，安排了体检，也给了我们几天的休息。可能接下来会安排一次度假。我没有参加辅导，我知道我的心理某方面可能有问题，但我不太愿意回顾过去的事情，我觉得我更多地要靠自我愈合，可能和妻子讲一些排遣的话对我会更有帮助。

吕宁思：
凤凰卫视的优势在于差异性

吕宁思：凤凰卫视新闻采编总监。17岁参军，学习俄语。复旦大学历史系本科生，俄罗斯文学研究生。毕业后在解放军文艺社和《解放军报》工作。20世纪90年代初，前往澳大利亚，担任第一份由中国留学生筹办的报纸的总编，1996年回香港进入凤凰卫视资讯台。

吕＝吕宁思
李＝李梓新

李：凤凰卫视是什么时候开始反应的？

吕：地震是14点28分发生的。凤凰卫视在香港之外有记者，在香港有编辑部，编辑部里有一个采编部，它是统一接收外部信息并向外派出任务的部门。我们当时是在3点钟左右，在摄影棚里得到消息，最开始是从台湾、香港以及西方的媒体得知的，在一个小时之内我们便决定派记者出去。派记者要从香港或者深圳机场飞四川，但由于成都机场关闭，从香港机场走不了。最后从香港出发的记者是先飞到重庆过去的。从北京出发的记者也是。另外，当天我们在四川也有凤凰卫视其他部门的同事，他们马上就转为兼职记者为我们做报道了。

李：中断正常节目，播出突发新闻大概是什么时候？

吕：是4点钟的时候开始的。但是到了傍晚的时候，我们没有继续穿透往下做，因为当时我们受到一些阻力，上面觉得我们报道做得比较“重”了一些。但是后来大陆媒体就放开了，包括中央电视台。

李：从第二天开始大概投入了多少记者力量？

吕：我们整个投入的记者兵力不算多，大概只有中央台的十分之一。据公开的报道，中央台在前方的记者达到160人左右。我们过去的人基本在15人左右。基本保持4个人一组。从13日开始特别报道后，前方的内容基本就靠这些记者在撑着。

李：你们新闻部的记者总人数大概多少人？

吕：我们新闻部能同时派出去的记者，最多也就是20个人。这已经包括凤凰在大中华地区北京、上海、深圳和香港4个记者站的力量了。香港还要留些人值班。

李：据我所知，凤凰卫视其他节目组的人也去了前线，比如专题部，你们有没有把全台的力量全部打通？

吕：基本没有打通。他们为我们做了一些报道，但是我们不指挥他们。

李：央视倒是全面打通了。

吕：我们没有。因为我们像《鲁豫有约》节目组、陈晓楠《冷暖人间》节目组，他们都是自己制作的。我们的节目组是包干的。新闻部就没有直接指挥他们。

李：派人的标准是怎么样的？

吕：这次主要是派做过突发事件的人先去。比如何润峰到巴基斯坦去过几次，他去过比较特殊的环境。然后是比较强的设备操作人员要跟过去，如摄像、摄影、传送等。

李：在记者选拔上会不会考虑男女比例的调配？

吕：在这种情况下我们会优先考虑男记者。当环境比较清楚以后，或者实在派不出男的，我们再派女记者上去。

李：在5月19日之前，每天有多少个小时的地震报道？

吕：从5月13日开始，特别是14日，我们几乎所有的新闻时段都给了地震。每天直播的时间保持在12个小时左右。其他还有一些重播的时间。

李：5月19日之后是不是就全部播地震了？

吕：是的，全部打通了。从早上9点钟开始，24小时直播。

李：前方几个报道组的路线是怎样的？

吕：前方的报道组都是到了成都之后再往外分散。从5月19日开始，我在成都建了一个前线指挥站。我们在民山饭店旁边的一个小地方建的，由我们一个副台长潘红星带队过去。这次有一个明显的特点是军方和我们进行了前所未有的合作。以前军方和我们这些境外媒体都是不合作的。这次通过军方最高总部批准之后可以合作了。后来我们就得到了他们很多协助。我们的记者去了之后，其他地方，如都江堰、北川、绵阳等都去了。但一开始汶川是进不去的。不过在军方的帮助下，我们记者在温家宝总理到汶川之前的几个小时，就进入了汶川。温家宝总理到北川的时候，我们的记者令狐列也已经在那里了。

李：是不是分成西线和北线？

吕：对，西线是进汶川的。

李：闾丘露薇也是从这条线过去的吧？

吕：闾丘是后来上前线的。5月19日。她是从都江堰过去的。我们一共分为3个路线：汶川、北川和都江堰。

李：这次记者在前方采访有没有碰到什么障碍？

吕：凤凰的记者在外面声誉还是不错。这次军队也给了我们很大的帮助。我们只是在采访领导人的时候困难一些。外界都以为我们和领导人有什么特别的关系所以才能采访到，其实我们都是花了很大的力气才做到的。比如我们听到胡锦涛主席、温家宝总理要去什么地方，我们就会先派记者去等，有时还等不到。而温家宝总理到汶川时，我们的记者在那里，但却没有摄影机。不过领导人碰到凤凰的记者，一般都乐意说几句话。即使他们不愿意说话，我们的记者也会冲上去，领导人一般也对我们比较客气。

李：这次闾丘露薇采访了温家宝总理，是吧？这是怎么联系上的？

吕：闾丘一个是靠经验，另一个是靠她长期采访积累下来的一些关系。

李：凤凰在以前的多次突发事件报道中积累了很多经验，比如俄罗斯人质危机、阿富汗战争等。这些经验在这次记者的采访报道中有没有用到？

吕：我们在国际报道中的经验就是会选派什么样的记者上去，就像打过仗和没打过仗一样，是有区别的。操作机制基本都是一样的，首先是作出新闻判断，想办法把记者派上去，然后把我们从各个渠道得到的消息和记者前方的消息综合到一块，再积累各方面的参考意见作深入点评。基本上都是这个路子。

李：军方提供了哪些实质上的帮助？

吕：我们可以乘坐直升机，以及一些小艇。比如去映秀镇的时候，我们也跟上了到汶川空投救灾物资的飞机。

李：海事卫星电话是自己的还是军方的？

吕：海事卫星电话是我们自己的。我们带了3部，每条线都有。最多时用到了4部，我们也就这么多了。

李：那你在后方怎样保持和前线的沟通？

吕：这次因为是在国内，就相对容易点。我们在成都有指挥站，另外记者还带了海事卫星电话，还可以靠短信联系。但偶尔还是会失去联系。

李：这次凤凰北京和香港之间是怎样联动的？

吕：北京记者站是香港管的。此外还有上海、深圳等记者站，都是我们统一调配的。和北京的节目是两回事，新闻部门都是归我们统一管的，其他的节目如《冷暖人生》、《鲁豫有约》等，都是属于专题部的。

李：每天有没有固定开会？

吕：我们每天要开很多次会，地震报道期间我们的会议室每天24小时都开着几台大屏幕电视。台长、副台长以及总编室的人基本都坐在那里看电视。

李：有没有实施一种战时状态的轮班制度？

吕：那些天说是轮班，但实际上人几乎都在这里。

李：您觉得这次地震报道与南亚海啸报道有什么区别？

吕：因为南亚海啸是国际事件，相比之下中国媒体的记者在身心上都没有那么投入。而这次地震报道，记者在情感上，在主观投入上，都是前所未有的。而且上次我们派出的记者也很少，也就派出了一两组记者到印尼和泰国。

李：不只海啸报道，凤凰卫视一直以在突发新闻中的快速反应以及高质量的报道而闻名。这次报道和以前的诸多大事件对比有什么新特点？

吕：以前大的突发事件上，凤凰是占很大优势的。因为一方面我们反应快，另一方面我们在采访上比较自由。包括伊拉克战争、“9·11”事件、阿富汗战争，包括国内的比如雪灾等事件，在采访速度、采访思维、播出特点上都占了优势。这次一开始我们就觉得压力很大，因为中央电视台是前所未有的开放。我们以前是以一种不可代替的优势来和国内的媒体竞争。虽然我们人是比较少的，但我们能做的，很多电视台都不能做。这次大家都在一个相同的平面上，那么我们无论在人力、资源以及当局给的一些便利上，都处于弱势。中央电视台在人数、设备以及政治资源上都远远胜于我们。所以头两天，很多人就觉得凤凰台比中央台差很多。

我们自己是这样想的：第一，我们已经竭尽所能了；第二，我们也没有条件去学中央台的操作方式；第三，我们想临时改变目前的状态也来不及了，比如增加人员、增加设备都来不及了。所以尽管我们处于很大的劣势，但在言论和镜头的目标上，还是比官方媒体有很大的优势。所以我们是拼记者在前方采访的特点，记者可以不顾一切地去拍所有的东西。官方媒体在报道内容的选择方面，也还是比我们要紧一些，而我们一贯在言论方面有长处，而且我们与中央台的节目风格有很大的差别。到5月19日之后，我们听到的反应就是至少不比中央台差。我不敢说比中央台好，但至少不差。再过了一个星期，我们得到的表扬就多一些了。但因为我们固有的特点，也有人批评我们。

李：你谈到的这个时间点很有意思，5月19日、5月26日等。有些人的看法是在这些日期之后，中央台又重新收紧了，你怎么看？

吕：我个人感觉中央台并没有怎么收紧。因为在5月12日它的开放是给人感官上一种大的改变，但它在政治尺度上，一直还是比较注意的。包括在目前的状态中，我们也没有感觉在政治感觉上有所放松。这次是在形式上放松，在红线的把握上还是比较紧的。

李：后期好像歌颂英雄人物的比例放大了。

吕：其实前期一直也有进行英雄人物的宣传。后期等于是有计划有组织地宣传了。一开始他们的镜头也对准了英雄人物，比如说女民警蒋敏，我就比较受感动。一开始不能说是有意宣传，是碰上的，但以他们一贯的新闻方式，他们就敏感地抓到了这一点，也符合他们的思路。后来，把蒋敏等作为英雄模范，那是一种推广吧，一种步骤。到后来出现了两条线，一条是关于豆腐渣工程要不要追的问题，一条是做英模。中央台肯定是往后者走的。

李：我认为英雄人物当然应该歌颂，比如在“9·11”事件后美国也歌颂消防队员。但当它占据了几乎所有的荧屏时，受众的注意力便会开始分流。

吕：你说得对。后期我们和中央台在节目上的差异性便体现出来了，而且是一种天然的差别。这种差别在于我们肯定不会走他们那条路，他们也不会走我们的这条路。当出现差异的时候，凤凰的优势可能就体现出来了，而这种优势是天然的优势。

李：确实如此。比如最近播出的《一虎一席谈》中的“范跑跑”专题，就引起了很大的反响。这种节目中央台就很难操作。

吕：这是中文台的节目。我没有直接参与。但以凤凰节目一贯制作思路的出发点来说，我们是比较以人为本的。从人性的角度来讨论一些是非问题，而不是一种政治倾向上的先入为主来讨论问题。而这也是一个热门话题，我们用电视的方式探讨，也是一种媒体的效果。

李：这种让正反意见双方面对面交锋的方式，有些人认为甚至超出了中国受众普通的收视习惯。

吕：这也是凤凰想在节目上有所作为。这种作为有时是一种突破。既然是突破，它有时就有正反两方面的反应。有的反应，超出我们想象的好；有的反应，是我们没有预料到的负面。这是凤凰经常遭遇的事情。

李：你对以后的电视媒体竞争态势怎么看？是不是会继续放开？

吕：我认为在形式上已经放开了。如果再出现类似的突发事件，在形式上是很难往回收了。但关键在于，形式开放收不回去之后，媒体监管部门就需要在更高层次来影响媒体，这个是他们之前从未做过的。这次通过大地震来做，一开始做得不错，但后来可能也觉得控制有点困难了。但他们的控制也很难把中国媒体打回原形了，这是“进两步，退一步”的概念。但要达到公民社会的程度，不是一两个人能决定的，而是整个体制决定的。在公民社会里，需要有一种新的体制配合，然后才能产生管理传媒的新体制。

李：那么在这种“进两步，退一步”的情况下，凤凰怎么去应对呢？

吕：凤凰一直觉得压力比较大。在这次开放情况下，大规模的媒体争夺，在某一个方面凤凰会觉得优势在减少。但我们也会根据中国的发展情况进一步扩大我们的优势。比如我们将继续从人本方向寻求差异性，只要体制不变。即使是体制变化得比较快，凤凰只是更加辛苦，更加累一些，但我们还能保持在前面。毕竟我们还是有经验的。另外我们本身的定位和官方媒体还是不一样的。

李：对，你们在连接海内外华人方面还是有优势的。

吕：但我还是觉得压力很大，有时难以用言语形容。这好像是企业之间的一种感觉。有时企业管理者没法和你说得很清楚，但他知道和同行的竞争在什么地方。

李：怎么看待这次网络的作用？

吕：这次网络作用相当大，像年初雪灾也是，给平面以及电视传媒更多的信息来源渠道，也给我们带来竞争的压力。我感觉我们这次报道网络利用得很多，但其实利用得还不够。

李：比如可以怎样提高？

吕：比如可以专门调出编辑来搜集网络的反应，而且把网络作为我们的一个侧面进行报道。我们和官方媒体可能有所不同，即我们可以参照网上反应，无论好坏都可以作为一种声音。

李：这次和你们内部的凤凰网有没有进行互动？

吕：凤凰网基本上同步报道我们的消息。另外我们还和凤凰网合作举行了一个寻亲的活动。但是我们在消息来源上没有太多采用互联网的。除了我们有专门的栏目反映网上声音外，一般我们不敢采用网上的消息。

李：经过这次报道之后，是否考虑专设科技条线的编辑或者记者？因为四川地震报道可能是一项长期的工作。

吕：现在还没有。我们的人力、物力使我们没办法设专门的部门来做这个。但我们内部，做反恐有反恐专家，做地震有地震专家。有些媒体是通过寻找专业人士来解决这个问题的。

李：这次的地震报道会是一个长期的命题，下阶段凤凰有什么报道计划？

吕：我们会常驻记者在那边。保持两三个人在那边。现在我们的主力记者已经回来，开始关注洪灾等新选题。

李：对于操作灾难报道的记者，你觉得有什么经验可以传授和总结的？

吕：第一是必须接受关于灾难报道的专业训练。2007 年我在美国参加调查报道的一个会议，待了一个月的时间，就看到美国有很多关于记者如何上战场的培训，包括心理培训和专业培训，甚至求生的培训；第二是体能和耐力的训练，包括适应环境训练；第三是政治训练，这是指你如何在特殊的环境下采访到我们最想要的人物和事件，同时又能被采访对象所接受。第一个情况是你不能在对方要上手术台时还去问感受怎么样。第二个情况是你不能自己先被惨象惊呆。第三个情况是你和政治官员谈话的时候，需要熟悉官员的心理。

李：这次凤凰前方的记者会不会出现一些心理问题？

吕：我们从北京、深圳等地过去的记者都出现了一些心理问题。毕竟有很多场面没有见过，即使见过，也会受刺激。还有我们这边做编译的同事，大量接触画面的，情绪就有些压抑。有些前方同事回来时精神有些过度紧张，缓解不下来。有的说很多话，有的不说话了。但总体没有特别大的事。

李：对于救人重要还是做报道重要这个话题，你怎么看？

吕：这也是老话题了。我们的前线记者何润峰昨天打电话回来说，他的任务已完成了，想请3天假做义工。这个时候他就是另外的身份了。

李：你们台里会集体对员工进行心理调节吗？

吕：我们人事部门会发一些心理方面的文件，另外我们会进行一些心理安慰，也给一些奖励。

邱立本：震出中国新闻报道新格局

邱立本：《亚洲周刊》主编。1950年生于香港，祖籍广东开平。1972年国立政治大学经济系本科毕业，后赴美留学，获纽约New School for Social Research经济学硕士，曾任伯克莱加州大学亚美历史研究员，香港大学兼职教授。历任台北《中国时报》国际新闻编译，纽约《星岛日报》、《北美日报》，旧金山《远东时报》，洛杉矶《美洲中国时报》，纽约《美洲中国时报》，纽约《中报》记者、编辑、总编等职务。1990年返回香港，任《亚洲周刊》主笔。1993年出任《亚洲周刊》总编辑至今。1995～1996年，兼任《明报月刊》总编辑。

邱＝邱立本
李＝李梓新

李：《亚洲周刊》这次地震事件中报道的主线是什么？

邱：地震在废墟中建立了一个公民社会，其代表就是它的民间性，超越过去官方动员的方式，通过很多公民社会的组织，比如NGO、志愿者，包括其他临时的组织，来号召人民的一种激情。包括很多在客厅、办公室看电视而不断流眼泪的人，当眼泪流到一定程度，他们就拍案而起，觉得不能光在遥远的地方流眼泪，需要用自己的能力来解救受难的同胞。很多人自发地临时组织参与救灾。他们来自五湖四海，从各地奔赴四川灾区。有人通过网络、手机等进行联系，这也是一种新的民间的自由组合，是过去没有的。万众一心，在临时的情况下，包括80后的年轻人，包括退伍军人等都团结起来共同抗震，是一种全新的社会现象。我觉得在中国历史上可以大记特记。所以，在废墟中站起一个新的公民社会是我们这次报道的重点。

李：报道的安排是什么样？分成几步把这样的主题展示出来？

邱：公民社会的前提是信息开放，从震灾爆发之后，媒体生态就出现了一个突破。温家宝在5个小时之内赶到现场，这个过程都在网络上通过博客等形式公开。央视作为一个指标，连续近200小时直播，也打破了中国电视直播史的纪录。因为整个信息结构决定老百姓认知的结构，也决定了行动的结构，所以在这样的过程中公民社会的建立和信息开放自由密不可分。我们在第一期报道中谈到，全面的信息开放是救灾的最佳武器。如果信息没有开放，百姓没有知情权，就不知道怎样去应对。这是我们第一期的重点。第二期是讲这次事件对中国人心的影响。我们先讲信息自由、开放，再讲公民社会的影响，接下来第三期讲媒体的博弈。连续三期有关灾难的报道有一致的连贯性。

我觉得这个事件也是一个里程碑了：信息开放、建立公民社会以及采访的博弈。所谓博弈就是指媒体和政府部门间的关系互动。

李：《亚洲周刊》在这次事件中的反应如何？什么时候派出第一批记者？

邱：我们的反应比较慢，两点半发生震灾以后，我直到当天晚上6点钟才意识到事件的严重性，但当时同事都已经下班了，所以我们没有办法晚上出发，直到第二天早上才订了机票。他们最初已经看到成都很难降落，于是订了重庆的票，结果后来又看到成都的航班好像还可以出发，就又改换成去成都的票。结果还是无法起飞，于是一直到当天晚上七八点钟才坐上去重庆的飞机，然后午夜左右到了重庆，从重庆坐夜车到成都，所以到了成都已经是第二天凌晨三四点，那天就去灾区采访。他们只有几个小时就要发稿，所以我们第一批队伍从香港出发经历了一段比较痛苦的过程。我们还有记者在南京，但是从南京去成都也是等了很久，也是14日才到的灾区。所以我们在这次事件中反应是比较慢的，我们失去了最开始的黄金48小时的好时机。而且后来等到事发比较久了，就比较难进入灾区了。

李：你讲到第一批到达的记者只有几个小时的时间就要发稿，是为了赶 18 日那期，后来稿子印出来了吗？

邱：12 日发生的地震，我们是 14 日晚上印出来的。

李：出发时候你有没有给他们一些指导，或者布置方针计策？

邱：我们有一些行前教育，第一就是要发掘真相——伤亡真相，为什么造成那么大伤亡，还有整个救援的情况，这是我们关注的三个方面。我们印象非常深刻的就是看到信息开放的势头，所以我们定调就是信息开放，但是我们也开始注意到了校舍变成了坟墓，我们在前 12 小时就已经注意到了这方面的内容，大量的小孩都已经死掉，这个是很痛苦的。我们要查出谁是背后隐形的凶手。

李：你这次派的报道团队的人数有多少？

邱：总共有 7 个人投入我们这次的报道，5 个“正规军”的，两个“游击队”的。当天我们是 5 名记者出发，另外还有两位“游击队”的大陆记者给我们发来一些灾区的情况，但因为篇幅所限，并没有太多的采用大陆记者的文章。

李：派记者的时候，你有什么选派标准？

邱：一个是保证他们能够吃苦耐劳。我们有两位来自大陆的同事一直是报道的主力，但当时他们都在国外，所以这次没有派主力，而是给了年轻人更多的机会。有一半是 80 后的。有少数比较资深的，由他们来带几个年轻人。

李：有没有考虑记者的科学知识？

邱：记者之前都没有太多的地震方面的知识，但在短时间中快速学习，这也是记者的一个潜力。

李：他们去了之后你怎么和他们联系？

邱：手机、短信、MSN，基本上联系还是比较正常的，尤其是成都。

李：他们在采访的时候需不需要记者证？

邱：有时候是有阻拦的，但是当他们把《亚洲周刊》的记者证拿出来，都很顺利地被放行了。因为我们还算是境外媒体。他们对境外媒体是非常友好的。这也是第一次在国内采访让我们有一种被特殊优待的感觉。

李：第一批去的记者在那边待了多少天？

邱：他们待了十几天，到第四天的时候第二批记者就被派去了，但是第一批的人也没有撤下来，还继续留在前线。他们待了两个多星期才回来。

李：对年轻记者，你怎样保证他们心理不受到特别大的冲击？

邱：我们有讨论。因为年轻记者第一次看到这么惨烈的场面，心理也受到了很大的震荡，我们在网上讨论，有时候是五六个人，就在MSN上聊，分享我们的观点。这就相当于一个集体的心理治疗。我们希望记者们能够把心中血液的红色化为笔下的蓝色，写出黑色的悲剧。

李：杂志社有没有提供特别的保险？

邱：我们为每一名记者都提供了意外伤亡保险。

李：《亚洲周刊》之前在关注大陆的突发性事件方面介入的多吗？我是指直接派记者到现场。

邱：我们很重视现场感，要第一手的资料。通常有两种渠道：一是自己派香港记者过去；一是通过大陆媒体同仁，及时发回报道。包括山西的黑煤窑事件，我们都凭借自己的报道而拿奖，这都是我们的“游击队”立的奇功。

李：内地媒体这次有所放开，你在指导这次报道的时候有没有考虑要怎样保持《亚洲周刊》一贯在大陆事务报道方面的优势？

邱：我们的优势就是寻找真相、揭示真理。我们比较重要的特点就是强调全球华人的视野，这个不但包括NGO、民间组织等一些全球组织的力量，还汇集了大陆以及香港、台湾、东南亚、北美等方方面面的力量，这些都是在我们视野之内的。

李：《亚洲周刊》在报道过程上面也有一些很独特的照片，比如家长拿着小孩的遗照，这在大陆媒体中不大出现。

邱：我们在报道的过程中没有什么新闻禁区，我们也不会管大陆都登了什么照片。

李：在报道的前期，你会不会感到一些压力？因为大家都在同一个平台操作，大陆媒体相对开放一些，而且在国内。相对来讲他们有一些比较有利的资源。

邱：我不但没有压力，反而有一种专业的亢奋。因为我们可以使尽浑身解数和媒体同仁去竞争。在一次大的新闻战役中，我们可以与中国优秀的媒体工作者并肩作战，我们感到非常骄傲。

李：也就是说，你乐于见到大陆媒体的开放？

邱：对，长期以来我们都在呼吁一个更加开放、自由、与全球专业化接轨的媒体生态，这次事件就带来了，使我们有兴奋感。

李：这次的地震报道是否可以说是《亚洲周刊》对大陆事务报道中规模最大的一次？

邱：我们以前也有过大规模报道，但是这次有比较独特的两点，一是规模大；二是长期多角度的报道，我们连续三期对这次的地震事件进行报道和追踪。

李：在香港媒体中，是否可以说《亚洲周刊》的报道在深度、广度上都是独树一帜的？

邱：这是肯定的，我们不一定能在报道的数量上胜过其他香港媒体，有些报纸每天的报道也都非常详细，但是《亚洲周刊》凭借一贯对于中国大陆的关注和了解，在事件报道上体现了我们自己独特的思考。比如说我们在很短的时间内就发现了校舍倒塌的问题背后隐藏着豆腐渣工程的建筑问题，并且一开始我们就提出了信息开放的重要性。我们在事发48小时内就提出了这些议题。

另外，与其他报社相比，我们的一个特点就是综合了全球华人乃至两岸三地的角度。我们专门有一个栏目就是“慈济”，怎样来做慈善的，怎样在当地成为稳定人心的力量，我们都有比较详细的报道。

李：你觉得这次报道在香港以及华人社会中的影响怎样？是否直接帮助到筹集善款，或者扮演了社会号召的功能？

邱：我觉得这次的影响是深远的，因为它体现了患难见真情。香港的百姓和媒体都感觉到和大陆命运结合在一起，是过去没有体会过的感觉。你会感觉这次中国大陆没有隐蔽媒体的报道，反而激起香港人一种血浓于水的同胞之情：街头很多人都慷慨解囊；医院里也有很多人主动请缨去第一现场；还有整个媒体的调子基本上都是肯定的。

李：《亚洲周刊》这次是否也很好地帮助海内外的华人了解国内灾情的情况？是否也很好地团结了海内外的华人？因为海外的华人圈中可能没有这么好的人才和媒体，所以他们了解起国内的情况会有些困难。

邱：肯定的，因为《亚洲周刊》本来就是海内外华人的桥梁。所以这次大家都很重视我们的报道。我们除了纪实性的报道之外，还有一些讨论，关于地震引起的方方面面的问题。这些讨论也引起了海内外华人的重视。

李：刊物的发行量有没有提高？

邱：这几期发行量都非常不错。

李：你是否希望刊物发出的声音也被内地受众听到？

邱：这是肯定的。我们的刊物也被很多大陆媒体所关注，还有很多人可以通过香港“自由行”来阅读我们的杂志。我们也尽量使内地听到我们的声音，比如通过电邮的方式。

李：对于这次的报道，你还满意吗？

邱：对于大家的表现我还是满意的，总的来讲表现都不错。我唯一不满的就是自己的判断失误，没有在事发后的前四五个小时、最黄金的时间段把记者派出去，这一点对于之后的报道都有一些影响。当时我没有看到事态的严重，我们当天开了很多会，我还是纠结在那些会议中，以为这次地震也就是一般的突发事件。我的反应不够快，导致记者没有在震后当天赶到现场，多少影响了我们第一期的报道。还好大家用信息开放、校舍倒塌为切入点组织了之后的稿件。我们比日报晚了一天，但是我们用我们的深度和广度进行弥补。

李：《亚洲周刊》对后续的地震报道将是怎样的一个定位？

邱：我们希望在今后的地震报道中看到一个信息更自由的中国，更有软实力的中国。《亚洲周刊》一直也致力于推动一个具有软实力的中国，中国在这次地震中所展示出来的软实力和我们杂志的目标不谋而合。

李：您认为这次地震对以后《亚洲周刊》的报道形态会不会有影响？

邱：媒体工作者展现了他们专业的水准，大陆媒体与香港、台湾媒体并肩作战，展现一个完整的图像。四川被震成一张破碎的脸，但是通过它能够展现中国很正面的形象。

李：您认为这次事件在中国新闻史上的影响会持续吗？

邱：我想用凤凰卫视的总编辑吕宁思的一句话，“门开了，很难再全部关起来”。门敞开的滋味是一种甜美的滋味，让所有参与人都肯定，所以我觉得肯定有一种深刻的、难以磨灭的烙印。

李：如果中国媒体的开放不断深化，那么《亚洲周刊》的方针是否会因此进行调整？

邱：我们的方针不会调整，只是我们会加速和中国媒体的融合。报道中国的新闻不再像解开一个黑匣子，也不再是一个猜谜游戏，并不会使我们不断追求的目标有所改变。汶川大地震震出了中国新闻报道的新格局。

Lucy Hornby：我始终觉得有非常大的责任感

Lucy Hornby：路透社驻北京女记者，美国普林斯顿大学毕业后，到武汉大学修读中文。历任路透社驻上海、北京记者。

Hornby＝Lucy Hornby
李＝李梓新

李：你是什么时候赶到现场的？

Hornby：我是第六天去的。

李：正好赶上了哀悼日，你在哪里进行了哀悼？

Hornby：平通。我们去的时候路只到平通，想再往里面车就走不了。如果换成摩托车还可以过去，但最大的问题是食物过不去。那边有人在挨饿。

李：平武报道的受灾的人还不多，据你来看是这样的吗？

Hornby：大部分的记者去了都江堰、映秀、北川等，没有多少记者去那里。

李：你为什么选择去平通？

Hornby：我去平通也没有特地的计划，因为我们在北川、都江堰都有记者了，我想不如我去一些稍微远一点的地方，看看那边的情况。因为我们听说有不少灾民从北川跑出来，但我们估计可能有另外一批人从东面逃出来，所以我们的目的是找离开的灾民。但是没有遇见他们，越走越远，之后走到了平通。碰到了一些滞留在那里的灾民，我也就留在那里了。

李：你去的时候有没有被分配任务？

Hornby：没有。我们就是说你去吧，看到什么报道什么。

李：你们一共派了多少人？

Hornby：第一个星期14个，包括文字和摄影记者，第二个星期大概10个，第三个星期可能三四个，包括摄影师等。

李：所以你们的反应是很快的，地震第二天就派记者过去是吗？

Hornby：对。当天就已经派记者了，只是成都进不去，只能到重庆后，再开车进成都。然后第二天就进去了。

李：说到你在平通遇上的哀悼，你当时有什么感觉？

Hornby：哀悼日的前一天赶上李克强副总理去看望灾民，所以平通弄得特别漂亮，帐篷都弄得很好。我觉得一方面是一个大的工作，他们也尽力了。但同时我也没有想到那么多人还在挨饿。可能因为我自己没有想得那么全面，我到那边才发现原来灾民获得的补给是不够的。能提供最基本的，但他们也许一天才能吃一顿饭，他们仍在挨饿。因为路是不通的，卡车进不去，能运进去的东西也很有限。通路是需要很大的工程的，我们要走的时候路本来已经通了，但是由于余震又断了，所以通路还是很大的工程。

李：那你是怎么进去的？

Hornby：我们包了一辆车。

李：平通的损坏严重吗？

Hornby：很严重，大概只剩4幢楼没倒。

李：你到了平通之后第一印象是什么？

Hornby：非常悲哀。平通也是死了好多学生。小地方的人，他们不仅为自己难过，还特别为别人难过。看到周边的好多学生也都死了。他们很多人用手挖出了很多人，但是救出来的时候那些人都死了，因为路还没有通。所以他们感到很无助。

李：他们会不会觉得自己被忽略了，因为对他们的报道不多。

Hornby：我觉得李克强副总理来了，他们还觉得有一点骄傲的，因为他们能把平通弄得这么漂亮。但是周围的村民还是感觉被忽视的。尤其对周围一些更偏僻、路又不通的地方，他们得到的帮助更加有限。饥饿是一个非常严重的问题。平通人对周围的县也非常担心。他们很愿意跟我讲话，因为他们希望让我报道他们。

李：这次最开始大家都在说汶川，后来有人说北川其实更严重，于是大家才知道北川。其实这次还有很多地方都没有人去报道，比如甘肃。

Hornby：确实是这样的，不过也很容易理解。因为一到成都，人们总是会去最容易去的地方，有开车两个小时能到的地方，我们为什么要开车去5个小时才能到的地方报道？但是当地人就会觉得他们也有问题，为什么同样是严重的情况却没有人去报道？

李：这个实际是我们在讲的，就做新闻一块来说，在同样这么大的灾区里面，怎么样找自己的新闻角度，一个与别人不同的角度。

Hornby：对。比如我做了平通的一个处理死者的故事。可能在北川大家还在谈怎样挖出人，但我在平通碰到挖出来的所有人都死了。我可以把平通处理死者的事情做成一个例子，以此来探讨他们是怎么做的，有什么优点、什么缺点。

李：你之前有没有进行过灾难报道？

Hornby：从来没有，但是我经历过灾难。丽江地震时我在丽江。虽然丽江没有那么严重，7级，但还是有很多楼倒塌了。所以虽然我从来没有报道过这样的事件，但我对灾民非常理解。我经历丽江地震之后，一年里面，如果我在楼里，旁边经过一辆大卡车使路面发抖，我都会觉得是地震，非常敏感、非常害怕。采访时我跟灾民说你们是不是心理非常不平静，我们心里都非常清楚，地震有一个最可怕，就是声音，先听到声音才感到波动，像一个大动物。我跟他们聊一聊，他们马上知道，我在丽江听过那种声音，但这个声音好像没人报道过，好像地球就是一个活的动物。

地震之后你会没有安全感。一般情况下，比如说小偷来我的房子，我可能几个月内在我的房子里没有安全感，但是我在办公室会有安全感。但是地震使得你在哪儿都找不到安全感。所以我觉得在那方面我对灾民有一些了解。不过毕竟我也没经历过那样严重的地震，我的家人没有在地震中受到任何伤害，我不可能完全体会灾民的痛苦，但从某种程度上我可以明白。作为一个大的地震，我可以理解。

李：你看到这些严重的伤情，感受如何？

Hornby：因为我是第二周到的，所以看到伤亡的人并不多。但这种地震的那种破坏性当然是非常令人震惊的，周围都是伤亡的人。最难受的是采访那些父母，感觉就好像没什么话能和他们说。你也不想哭，但是你不能不哭。我觉得这个感受自己也不能很好地形容。

李：你哭了吗？

Hornby：哭了。这个很影响我继续采访，可能因为我经验不够丰富。

李：我很理解你，我是后来才去的，但看到那些父母、孩子也还是特别难过。你采访那些父母的时候，他们都愿意说话吗？

Hornby：还可以，没什么特别的。好像学生的舅舅这样比较远的亲戚更愿意说话。然后就是一些负责抢救的人，他们也很难过。但父母更难过。

李：他们是不是更愿意回忆他们如何逃出来的？

Hornby：是。有的人。

李：你认为这次采访对你心理造成什么压力或者影响吗？

Hornby：因为关系越远的人越容易说话，对我来说是这样，所以这点可能是我不够专业。本来应该采访那些离受难者关系最近的，但这个最难。我是第二个星期去的，他们开始有点恢复了，能吃饭了，他们更能专注于孩子的问题。

李：你在那里待了多少天？

Hornby：6天。

李：去了什么地方？

Hornby：去了都江堰、向峨、平通、绵阳、青川、江油这些东北边的地方。我认为我跑得远一点可以避免和同事重复。

李：你们在前线的时候有没有分配任务？

Hornby：基本上没有，都是互相打电话看其他人在哪里，然后去别人没有去的地方。如果有重复，大家就协调一下。

李：待在那个地方有没有给你造成心理压力，让你心理上非常难过？

Hornby：我始终觉得有非常大的责任感，看到报纸在报道映秀或者北川，我觉得我有责任把看到的东西都报道出来给大家看。问题是，你在里面的情况并不独特，死的人太多了，没有房子的人也太多了。这个问题是普遍的问题，而你每一篇文章都要找一个不同的角度。虽然我觉得每个人的故事都值得报，但我每次会找一些不同的角度。所以虽然报的故事差不多，但每次报上一个小城市的名字，也是给他们宣传一下。实际上每一个镇的情况差不多。

李：你出发的时候有没有带什么物品？

Hornby：有人跟我说你可以带一些茶，因为里面的人没有茶，都只有矿泉水。但我们带得不多，因为军队把最基本的做得非常好，而且志愿者也做了很多。

李：你自己做了什么准备来进行保护吗？

Hornby：最重要的就是笔记本电脑、电话。我不喜欢带口罩，非常不喜欢，又热又不舒服，跟人说话还有距离感，没有必要。我只在一个墓地时戴了，但一出来我就甩掉了。我还带了一个帽子，坐摩托车的时候用。

李：路透社为什么会派你去前线，女性的身份有没有考虑在内？

Hornby：对于所有的记者来说，去前线都是他们期待的事情。他们说没有考虑性别的问题。

李：那他们为什么会派你去？

Hornby：路透社要求所有的人都学一个课程叫 Hostile Environmental Course（敌对环境课程），我们这个办公室里所有学过这个课程的人都去了。有一些人非常嫉妒我们，因为他们没有通过这个课程。这个课程是路透社请人来上的，讲一些比较简单的自救方法等，最早设计这个课程是为了那些去报道战争的人。比如你是战地记者，要去伊拉克，你就必须在出发之前接受这样的培训。后来他们发现南亚海啸，这个不是战争，人们不能提前准备，但也同样非常危险，可以造成人员伤亡。所以后来他们觉得应该把这个课程扩展，让所有愿意接受类似任务的人都接受培训。只要通过这个课程的人都去了，但不是同时去的，刚开始派了4个人。

李：这个课程是从什么时候开始？

Hornby：具体的时间我不能确定。记者都很愿意参加这个课程，是带薪脱产学习的。通过这个课程之后，一旦有什么危急情况，你都可以去报道。

李：你花了多长时间通过这个课程？

Hornby：三四天。一年一两次，他们请国外公司专门来做。

李：你到了现场之后会不会有帮助别人的想法，是否觉得帮助别人比报道更重要？

Hornby：因为我到现场已经是第二个星期了，那时候最有帮助的事情就是如实报道。如果是第一个星期去，还有挖人的可能。到了第二个星期，能挖出来的都挖出来了。可能第一个星期去的记者会不一样，第二个星期去至多也就是带一些吃的。

李：你去采访时需要什么证件吗？

Hornby：他们要我们到成都的外国事务办公室办了一个记者证。需要自己去办，但没其他麻烦。

李：后来在采访的过程中遇到过阻拦吗？比如有一些地方不希望你去报道？

Hornby：没有什么阻拦。只是后来去过两个地方，军队的人不是很高兴，不太希望我们去报道，但是他们没有任何理由去阻拦我们，所以我们基本上没有遇到任何阻碍。

李：整体来讲，你对这次地震中国的公开度评价如何？

Hornby：就我个人的经验来说没有碰到任何问题。这次当地的人，特别是当地官员非常欢迎我们，这是与以往相比非常不同的。以前我们经常要解释很久才能得到采访机会。

李：你是否采访了当地的高级官员？

Hornby：没有。我只是去参加了一个四川省副省长的新闻发布会，比较规范的。

李：你是否得到了志愿者或者军队的帮助？

Hornby：有碰到他们，并没有什么需要他们帮助的地方，有一个志愿者非常友好，看我们没有蔬菜，就给了我们一根黄瓜。

李：对于这次采访，路透社对你们有没有什么采访要求，给你们的采访一些定位上的指导？

Hornby：没有。因为新闻每天都在变化。

李：这次地震刚好在国际上对西藏问题报道反应比较强烈的背景下发生的，路透社的报道会不会把这两件事情联系起来对比？

Hornby：我觉得 News is news，每个新闻都是不同的。区别在于西藏政府不让我们进去采访，而这次当地政府很欢迎我们，我们报道用的手法和伦理都是一样的，改变不在我们的身上。

李：你觉得这次报道的反馈如何？

Hornby：我认为这次报道反馈还是非常多的，因为地震可能发生在任何一个人身上。每个人都有家人，都能想象如果哪一天家人全部去世，将会是多大的悲伤。所以大家对这次事件都非常关注，反馈也很多。比如我的家人，他们每天都看报道，虽然平时对国际新闻都不关注。他们给我写信说看到报道以后非常感动，他们特别同情灾民。我也有一些朋友说他们第一次看新闻都哭了。

李：你们在报道的时候是怎样努力做到与其他国际媒体不同的？你们的报道风格本身设定有什么不同？

Hornby：当然我认为路透社是最好的，最有代表性。但大部分国际媒体在中国的记者都非常专业，所以我觉得大家在灾区发回的报道都非常专业，非常好。

李：这次整个新闻环境，你认为对于中国整个的新闻发展有着怎样的意义？

Hornby：这次中国记者也报道得很好，但是不是一个突破我想要等到下一个危机再看看。现在还不清楚。这次事件整个过程都向媒体开放，政府也做得非常好，但是否这样的形式会持续到下一个危机发生，我也不敢肯定。比如说松花江的污染事件之后，一些环境问题也报道得快了。或者 SARS，我觉得 SARS 之后也能看到一些问题暴露得更快了。

李：经历这次事件你觉得自己需要接受心理辅导吗？

Hornby：不用。我有一只小猫，和它很贴心，它就能帮助我了。老板说你们如果自己感觉需要帮助的话，就尽管说。北京的外国记者俱乐部 FCC 也组织了这方面的讲座。

李：你在那边碰见余震害怕吗？睡得着吗？

Hornby：我不害怕。睡觉也没问题。我也遇到过地震，我知道余震比地震小。一般来讲，余震都不会造成特别大的危险。

李：你会相信命运、宿命这样的东西吗？经历过这种无常的事件之后。

Hornby：因为每天都接触比较科学的东西，所以我不是特别迷信。

李：你以前去过四川吗？怎样在一个陌生地方迅速打开局面？

Hornby：有。以前去四川都是旅游。我都是碰到人就开始采访。

李：你对自己的报道满意吗？有没有什么遗憾？

Hornby：比较满意。唯一不满意的地方就是在那边的时间太少。如果在那边更长时间的话会有更好的报道出来。如果我可以决定的话，我还会在那里多留一段时间，因为我比较希望能够报道地震后续的事情，这样报道的过程比较完整。这个也就是我之前所说的责任感，作为一个记者总是有种责任感要把所看到的事实报道出来。但由于公司希望每个人都有去现场的机会，所以就让每个人只去一周左右的时间。这个也是完全可以理解的。

李：你觉得这次路透社的报道对世界范围内的募捐有没有帮助呢？

Hornby：我觉得可能有。因为国外的人都看国际报道，而且这次募捐的力度确实非常大。可以肯定的是这次的报道总体上引起了人们很大的关注，起到了很好的效果。至于是否因为路透社的报道起到的效果我还不能肯定。

李：你在报道过程中跟中国的记者有什么接触吗？

Hornby：有一些接触。

李：你对他们的印象如何？

Hornby：我觉得他们非常好，这次在灾区他们也非常专业，不把我们当外国媒体看，我们都是一样的行业。

李：作为女性记者采访会不会有些便利，同时又是否会有体力等方面的困难？

Hornby：我的体力比我认识的大部分的男性还好。但在采访上，我不觉得有什么便利。

李：如果下一次再有类似的灾难报道，你将会怎么做？

Hornby：如果下次再去做类似的采访，应该多想一些办法，跟那些最困难的人交谈，比如说失去孩子的父母。这次我主要考虑到跟那些关系非常近的亲属交谈，肯定会跟着他们一起哭，反而会影响采访，所以我尽可能采访跟受难者关系远一些的人。但这些人往往不能代表最广泛的人，所以我认为以后应该找一些办法多采访关系近的人，或者问一些他们更愿意回答的问题。

李：你觉得这次发生的损害是否也有地震来临之前科技报道太少的原因？

Hornby：我觉得可以很明显地看出来。第一，很多中国人不懂地震，很多人在博客上质疑中国政府为什么没有预测？这是因为大家都不太懂。而且很多人对于余震也特别恐惧。

第二，如果你发现一些建筑比其他地方建筑的要求、标准高，外国人都知道肯定是由于这个地方更危险，比如美国旧金山和日本。但是中国的建筑在这些危险的预防上做得很不好，去现场看了简陋校舍的人都知道中国在这些方面做得远远不够。

第三，我还觉得中国很多学校和工厂会锁门，因为怕有人会逃跑，这个在地震的时候就非常危险，因为地震发生时没有人能够跑出去。美国纽约在20世纪初就有一次非常有名的大火，因为门锁了，全厂的人都逃不出去，全都死了，以后美国就出了条例规定必须要有紧急出口，方便人员的逃离。尽管中国已经有了好几次大的失火，但还没有出台相关的条例来保证人们的安全逃离。这些是我认为中国政府应该关心的，而且这是跟老百姓息息相关的问题。

Edward Cody：中国政府出乎意料地开放

Edward Cody：《华盛顿邮报》驻北京首席记者。毕业于哥伦比亚大学新闻学院。加盟《华盛顿邮报》之前，他为《夏洛特观察报》（*Charlotte Observer*）和美联社在纽约、新德里、贝鲁特和巴黎等地工作。

Cody＝Edward Cody
李＝李梓新

李：地震发生的时候你在哪里？

Cody：碰巧我当时在去成都的飞机上，但不是因为地震。因为地震我的飞机没有降到成都而是落到了昆明，那天我就一直困在昆明。第二天才飞到重庆，从重庆驾车到成都。同时，我在北京的同事知道了地震的消息，也乘飞机到了重庆。那时重庆的交通一片混乱，他到达时已是凌晨两三点，又驾车直接去了都江堰，大约四五点钟时到达。而我睡了一会，4 点钟起床，去了绵阳。所以我们没有时间跟进当天的新闻。我们一直在那里工作了一周，然后北京和上海的同事一起去了，他们两个继续工作了一周。他们回来时，又派人去。我们一共 4 个人，3 个来自北京，一个来自上海。我们不是同时去，而是一次去两个人。

李：你们有多少篇报道？

Cody：第一周里，每天至少一人一篇，所以一天至少有两篇报道，有时三篇。

李：你曾经报道过许多灾难，这次四川地震与其他的灾难有什么区别？

Cody：没有什么区别，只是相对于其他地震这次有个问题。一般来说，我们去报道一幢房屋倒塌，然后另一幢倒塌，我们赶去另一处，但都是在同一地区。这次困难放大了，因为主要不是发生在成都市本身，而是周边的小地方，延伸得很远。这就要求我们从一个地方赶去另一个很远的地方，好多时间都浪费在路上了。

李：你以前报道过哪些地震或灾难？

Cody：1985年的墨西哥城大地震、1986年的萨尔瓦多大地震，还有2004年的印度洋海啸。

李：那次印度洋海啸和这次相比怎样？

Cody：海啸要严重一些。当时我在苏门答腊，那是印度洋的北部。在那次海啸之后，一切都被摧毁了。那一次死亡人数比这次要多，破坏程度更强。

李：那政府表现呢？

Cody：我认为四川地震中救援工作要比印度洋海啸更加迅速和广泛，参与的部门也很多，像军队、政府、卫生部门等等。但也要考虑到，在海啸中印尼的组织政府部门也被摧毁了。比如当地政府被完全摧毁，通讯切断。这次地震中就没有。政府部门没有被破坏，通讯还存在，你去过，也会知道，到处都可以使用手机。这次救援还是相当迅速的。星期二（13日）时，我在从绵竹通往绵阳的路上，那里到处都是交通工具，卡车、吊车等等。要知道那是地震的第二天，就能够做到这样，很不错。

李：你对政府工作的开放度感觉如何？

Cody：非常好。可以从两个角度来说，一个是中国媒体的覆盖率，电视台、新华社等等这些都是政府的机构，但他们不间断地进去报道。这是从来没有过的。这很好。总的来说，这都是真实的，不是虚构出来的。第二个角度，可能是偶然的，也可能是有意为之，政府没有设置任何障碍。按照以往经验，军队、警察、政府通常做的是先封锁。而这次就没有。这是一个很大的不同。

李：你需要取得采访证件吗？我发现甚至一些中国记者都需要许可才能采访。

Cody：那是之后的事情了。第一个星期，我们不需要任何证明。因为人们有更重要的事情去做，没有人关心这个问题。

李：你报道一些核心地区时有什么限制吗？

Cody：就我自己的经历而言没有。

李：你从当地组织或当地政府得到了帮助吗？

Cody：没有，我们什么也不需要。我们需要的就是别碍事，他们也是这样做的。

李：有人从军队那里得到帮助，比如直升机之类的。

Cody：我的一个同事，要去映秀。温家宝总理和潘基文在那里会面。那是在一个山顶上，她和一个军人一起爬上山。

李：他们相处得来吗？

Cody：这不是问题。

李：你们的总部对你们有什么要求、宗旨吗？

Cody：没有。我们仅仅就是报道地震。

李：你报道时有什么重点？比如政府、受灾情况、遇难者或者整个系统。

Cody：没有。我们只是把发生的记录下来。

李：到达灾区一共花了多少小时？

Cody：不好说。正如我说过的，我是先转移去了昆明，再到重庆，才到成都的，到了那儿我手写了一篇报道，然后睡了一觉，在凌晨4点被一个余震吵醒，于是我起身去了绵阳，那个早上一路行驶得很快。

李：所以说公路是可以用的？

Cody：对，我们可以自由使用。路上几乎没有车，时速可达140公里。

李：你说过你那时是碰巧去成都，并不是为了地震？

Cody：对。我之前就要去。

李：那你带了一些报道需要的东西吗？比如面具？

Cody：没有。我什么都不需要。

李：你去了绵阳之后，又去了哪里？

Cody：我那天清早就去了绵阳，然后回到成都，然后去了绵竹，又去了绵竹边缘上的一个小地方——富新。

李：你认为去救人比报道更重要吗？

Cody：我们不是去救人，我们是去报道的。

李：但是人们不停地呼救，你会不会觉得自己救不了人很沮丧？

Cody：有人在救援，而我们是去报道的。

李：你是如何平衡工作和休息的呢？

Cody：前两天的确是没怎么休息的，但是后来就好多了。

李：报社给过你什么援助吗？

Cody：没有。并不需要。

李：我知道许多报社会给那些到危险地区的记者投保。

Cody：肯定有人身保险，但是不是专门针对地震地区的，是一个笼统意义上的人身保险。

李：因为那些受害者刚刚从灾难中走出，可能不会愿意谈话，你是怎样打开话题的？

Cody：这方面没有问题，我没有发现不愿意接受采访的人，他们都很有兴趣谈一下，即便是那些刚刚失去家人的人们，也是这样。

李：你对那些将来去进行灾难报道的人有什么建议，针对与受难者谈话这一方面？

Cody：你必须知道发生了什么，必须尊重他们所经历的灾难。就我而言，并没有发现不情愿谈论此事的人，谈话很自然就开始了。

李：你会安排你的那些记者在这样紧张的报道之后消遣一下吗？

Cody：没有。大多数的人只是想要睡觉。

李：美国读者对地震报道的反馈怎样？

Cody：反馈不多。但有许多的讨论，来自那些关心中国的专家官员之类的。谈论这次政府对灾情的处理，媒体的开放性。但“5·12”地震之前的缅甸飓风就收到了许多反馈，人们都觉得那很可怕。可能是因为这个，人们有些反馈疲倦了吧。

李：你认为你的报道促进了对灾区的捐献吗？

Cody：从某种程度上说当然是的。这些报道引起了人们的注意，并且关注很广泛。

李：你认为这次政府的开放行为会继续下去吗？

Cody：不知道。他们可能会针对责怪那些学校的工程质量问题的事情进行一些限制吧，但是这次地震对人们还是有一些启示，值得人反思。从这一点来说，也算是有些好处。它把人们凝聚在一起，大家休戚与共，对国家来说，也是有益的。

李：你认为这次报道对中国媒体是一次突破吗？

Cody：主要是这次报道没有政治因素掺杂在里面，这次地震不是任何人的责任，它仅仅就是发生了。人们之间也是从人道、同情的角度来看待这件事。这是主要原因。

李：你在前方怎样组织各个记者之间的合作？

Cody：没有特别的合作。我们就是互相打电话交流进展，确定每个人的任务不一样就行了，没有完全的合作。

李：所以你没有对他们的工作进行指导协调？

Cody：没有。每个人都知道自己应该做什么。

李：你从北京得到了支援吗？比如事件背景之类的。

Cody：没有。北京方面能够提供的新华社都有，我从成都就能够得到。

李：你参加新闻发布会了吗？四川的或者北京的。

Cody：成都的参加过，但发布会仅仅是给我们一些数字。毕竟他们需要有人把数据报道出去。北京参加的比较多。

李：你之前对四川不是很熟悉吧？那你是怎么到那儿的？从当地人那里得到帮助了吗？

Cody：没有。看着地图就好。

李：因为很多中国记者在四川有一些朋友，所以他们下飞机的第一件事情就是给熟人打电话，让人帮助买东西、帮忙之类的。

Cody：这方面我倒不是很需要。主要问题就是我听不懂当地人讲话。

李：那你是怎样克服的呢？

Cody：叫他们重复。有时找一些受过教育的人帮我翻译成普通话。

李：采访时你需要翻译吗？

Cody：不需要。我只问些简单的问题。

李：你学汉语多久了？

Cody：5 年了。

李：那你能够读懂中文吗？

Cody：这比听和说要难得多。

李：《华盛顿邮报》的网站上能够看到一些地震视频，那他们与你们是怎样合作的？

Cody：有个专门负责网站的拍录影的同事，已经来北京了。他还是建筑方面的专家，负责奥运有关事宜。地震期间他来跟我们一起做这个，现在回北京完成他原定的项目。

李：他在四川灾区能使用网络传送视频吗？

Cody：我在四川的那一周，没有任何网络问题。但后来他们去就出现问题了，有些东西发不出来。

李：你们网站上的报道比报纸上刊登的更及时，对吗？

Cody：是的。

李：所以人们倾向于读网站报道？

Cody：美国之外的人？当然。

李：你这次的地震报道有遗憾的地方吗？

Cody：唯一的就是第一天困在昆明，没能够及时去成都。

李：你在报道中似乎对解放军的救援工作有些看法？

Cody：没有，没有写过，可能是我的同事做的。就我所见，解放军都很积极。在这个问题上我并没有立场。可能别人对某些军人的行为不是很满意，特别是在那个学校中的。但就我而言，他们的行动很迅速，没有什么可以指责的。

李：你所知道的国外媒体有去灾区的吗？

Cody：如果北川是受灾最严重的地区的话，美联社是最早去的。

李：相比那次海啸呢？

Cody：成都本身并没有受什么影响，电力、水源都在，去那里的记者还可以洗澡，他们发送报道也相对容易，但海啸那次就不同了。

李：你从 NGO 那里得到帮助了吗？

Cody：没有。后期我的一些仍然在四川的同事可能得到了援助。

李：你认为这次地震会改变中国的公民社会状况吗？

Cody：希望是。中国没有无党派组织，这不是很好。有一些非政府组织，对本次事件有迅速的反应，这对中国来讲很不错。

David Gray：我喜欢成为一个安静的观察者

David Gray：路透社驻北京摄影记者，曾在中国各地进行采访拍摄。

Gray＝David Gray
李＝李梓新

李：地震期间你在四川待了多久？

Gray：一周。

李：第一周还是第二周？

Gray：第一周。

李：那你是什么时候到的？

Gray：地震发生时我们这里感觉到了。地震发生差不多 4 个小时之后我们就搭机启程。因为成都的机场被封，我们只能飞到别处，到成都东部，然后再开车去，所以第二天才到达。

李：那就是 13 日了？

Gray：对。基本上我们是 18 个小时后赶到。

李：这么说你是路透社第一位到达的摄影记者？

Gray：不。Jason 比我们早到。

李：那路透社一共有多少摄影记者在那里？

Gray：差不多五六个吧，第一天的时候。

李：你都去了哪些灾区？

Gray：首先是都江堰，3 天后去了北川。但是我们不能进去。都江堰已经很严重了，但是北川则是完全被摧毁了，差别很大。

李：你到达北川时，那里仍有警察，对吗？

Gray：是。因为胡锦涛主席刚好在那里视察，他们不让人们进去，不让媒体进去。地震发生 4 天之后，北川那里还是很悲惨。整个县城就像墓地。

李：你去的时候救援还在进行吗？

Gray：是的，我们到的时候他们还在救人。一个一个救出来，再推进汽车里。

李：你对北川的第一感觉是什么？

Gray：北川完全被摧毁了。你不能够用录影设备表现出来。生命的痛苦充斥着北川山谷，没有人能够展示那样的景象。

李：你能听到从废墟里喊出的求救声吗？

Gray：事实是，你并不会听到人们从废墟里发出求救声。你会听到人们呼喊自己亲人的名字，他们希望自己的亲人还活着。

李：这样的话，你认为你的摄像机会影响救援工作吗？

Gray：在那样的情况下，只要你不干扰别人的救援工作，表现得像一个观察者，仅仅通过照片来传递这种情景，就不会影响到别人。其实，人们完全忽视了我的存在，因为我努力不去打扰他们。以前我在中国拍了很多照片，但有时人们不让我拍。这一次，没有人管我。因为这一次人们的注意力都集中在救援活动上，所以只要我不干扰他们，他们就随我去拍。救援工作是最重要的，在这样的情况下，如果有人不参加救援，他就是无用的。所以，他们只有出于保证救援不被干扰的目的才会去阻止摄影师和记者。

李：那些受难者愿意让你拍照吗？

Gray：受难者有很多别的事去担心，只要你不用镜头冲着他们的脸，他们通常不会管你。但是，你要分清打扰和侵犯的区别，要知道这对每个人意味着什么。在都江堰的聚源中学，孩子们的尸体都被拖了出来，家长们在那个长长的卡车上看着，希望里面没有自己的孩子。这种景象下，只有完完全全的悲伤，他们不在乎周围的一切，他们的心完全被占据了。这种灾难，很明显是学校质量不过关的建筑造成的，而这也是要拿出来谈的一个大问题，所以他们明白，长远来看，应该有记者和摄影记者在场。他们希望被报道和记录下来。

李：取得曝光。

Gray：唯一担心的人就是战士们，但这也不是大问题。就我所接触的，人民解放军都很好，他们通常不会管我。其实，相比于担心是否允许我一个小小的摄影记者去记录这件事，他们有更重要的事情要做。

李：你记录这场惨绝人寰的场景时，心理上有没有出现问题，你当时的感觉是什么？

Gray：这次的场景，是我以前的经历达不到的。当时还有余震。我能做的，就是适应。你是一个记录者，你要去抓住人们的悲伤，但最好不要让你自己与他们的感觉有距离。

李：你需要心理医生吗？

Gray：不，只需要和同事谈论就可以了。每天晚上都想要谈一谈。

李：是不是有这样的说法：摄影记者会比记者更加冷酷一些？

Gray：对某些人来说是的。可能是因为他们通常不必像我们那样必须要足够接近真实。为了让自己的存在更加有理由，我们必须要做得更好。有些记者也采访，也会对人有很大影响。我喜欢成为一个安静的观察者，这是很重要的。不要去打扰。

李：所以你能保持冷静，对吗？

Gray：一个人所能做的最差的事情就是惊慌。我们有时处于危险，但解放军战士很棒，他们经常会把我们从一个快要倒塌的房屋中疏散出来。你必须要去冷静面对，特别是在学校的时候，里面有许多孩子的尸体。

李：你曾经报道过其他的灾难吗？

Gray：我在澳大利亚报道过地震，但比起这个来不算什么，印尼巴厘岛爆炸和这次有点类似，有许多废墟。但是总的来说，最多的一次只是死了 18 个人。

李：你提到的巴厘岛爆炸，是什么时候？

Gray：我当时在澳大利亚，人们把受难者的尸体带回来，很惨，但比不上这次。

李：你这次拍了多少照片？

Gray：在超过一个星期的时间内，拍了至少 220 张。在地震现场，有许多要拍的。这次的破坏太严重了。

李：你说过有一些客户，他们是怎么去用你的照片的，购买吗？

Gray：对。他们先要注册。无论他们想要的是什么照片，这都不成问题。

李：你知道多少照片被用了吗？

Gray：不知道。全世界范围内，许多编辑都有自己的网站。

李：你有采访的资格证书或证明吗？

Gray：没有。正如我说过的，那些警察很忙。尤其是第一周，他们有更重要的事情去做。每个人都有正确的态度。他们就让我们去拍，并不干扰。他们忙着救人，这是最重要的。

李：你怎么保护自己，北川有余震的时候？你们撤离吗？

Gray：是啊，是有一些余震，有点可怕，但我们不担心。我们担心的是滑坡。

李：你害怕吗？

Gray：没有。

李：你是如何保护你的相机的？

Gray：如果我的照片出了问题我会很难过的。把这些信息带出去太重要了。我要让人们知道这里的惨状。

李：摄影记者必须和文字记者在一起，还是可以自由行动？

Gray：开始的几天，我们单独行动。因为要进去很困难，所以至少是开始的前三天，我们不能在一起合作。后几天就可以在一起了。但前几天很困难，我们得从不同的渠道进去。

李：你们是怎么保持联系的？

Gray：开始三天手机信号时好时坏，但是之后就没问题了。所以通信不成问题。

李：你知道你的同事都在哪里吗？

Gray：对，我知道他们在哪里。为了尽量做到报道不重叠，我们要以一个团队进行工作，这很重要。

李：有没有一些志愿者，或者军人之类的给你们提供帮助？

Gray：没有。我们就是往前开进。当然有时会得到当地人的帮助，他们也愿意帮我们。他们想要指引我们去看看现状。

李：你拍照之前会跟灾民交流吗？

Gray：我以前拍照前总是会与拍照对象交流，但这次不一样。还是那句话，我不过是一个安静的观察者。如果我打扰他们，我就会改变事情的进程。所以，我们是去记录事件的，不要去打扰他们，这是很重要的，每个摄影记者都要牢记在心。我是一个很爱说话的人，但那种情况下，你最好让人们去做自己的事情。他们的生活已经一片混乱了，有人失去了丈夫，有人失去了妻子，这可能是他们一辈子中最困难的时刻。

李：你做过一些专题报道吗？

Gray：第一周没有。第一周里，我将注意力集中在有许多人都去参加的救人行动上，还有帮助建设医院等等。等到第六七天的时候，我则主要拍摄失去家庭的人。因为这是一个如此大的灾难，这么多人受难，我不能集中报道某一个人。

李：一周之后你的计划是怎样的？

Gray：一周以后，因为所有的路都被封了，我不停地寻找受灾的城镇，所以报道也就继续。幸好，摄影记者们能够进入灾区而不被官方赶走，所以人们现在能够知道里面的情况。受难者的感受、悲伤能够得到延伸。这样说，也算是个例了吧，人们比较喜欢特写个例之类的。

李：这次路透社同时也派进了视频录像的队伍？

Gray：是的，我一般会与视频队伍合作密切一些，因为电视主要也是视觉上的。但我也会与文字记者保持联系。

钱钢：从唐山到汶川今昔谈

钱钢：浙江省杭州人，著名报告文学作家及记者，报告文学《唐山大地震》一书作者，香港大学新闻及传媒研究中心中国媒体计划主任。

钱＝钱钢
李＝李梓新

李：您是地震报道方面的专家，从唐山大地震到今天的汶川地震，32年过去了，从新闻报道角度来说，可以作何比较？

钱：有很多西方记者、香港记者也都问我这个32年的问题。这个问题比较难回答。进步是很容易说，但如果离开国家大的变化，单独说新闻，就不容易看清楚。32年来，国家的形态、体制、外观等已经产生了巨大的变化。那么从这一点来说，今天的变化是理所应当的。但是我们嫌它变化得还不够快。我曾说过，我无意赞扬。如果光拿今天和1976年比，那么变化是很大的。

李：回到1976年，媒体在地震发生之后的什么时间能够进入现场？

钱：媒体在地震发生之后什么时候进去，我记不得。但不应该有误解的是，当时的地震消息确实也是在第一时间内报道出去的。当时没有网络，不可能在发生的几分钟内就发出报道。当时所谓的第一时间就是

“第二天报道”。7月28日发生的地震，7月29日《人民日报》报道了。

李：就是那条说唐山、丰南发生地震，军民在毛泽东思想指导下抗震救灾的新闻吗？

钱：它主要的思想就是说党中央慰问灾区人民。当时的报道不是说唐山地震，而是唐山、丰南一带发生地震之后，党中央对人民表示慰问。重点在于地震后，党中央对人民表示的慰问。然后第一次报的震级是7.5级，还号召大家以阶级斗争为纲，继续深入批邓。记者也是比较快就到的，主要就是新华社的记者，《人民日报》的记者。

李：《解放军报》的记者呢？

钱：我当时不是《解放军报》记者，我是上海文艺杂志《朝霞》编辑部的一个编辑，是解放军，工农兵编辑。所以说我当年就是《解放军报》记者的说法是误传。

李：所以您是以解放军的身份，才能前去？

钱：我当时在编辑部工作，在第一时间就申请去了，但上海虹桥机场不让我走，不是因为阻拦记者。我当时的身份也不是记者，我要去参加救灾，并且组稿，他们是考虑到安全的因素，说当时去那边太危险。7月29日事情被报道以后，30日准备去前线，但8月1日没有走成，于是我就换乘火车，跟着上海医疗队的防疫大队进了唐山。等我进去10天以后，唐山机场已经有大量的记者，新华社、《人民日报》、《解放军报》的记者都有。问题是那时媒体很少，主要是机关媒体，有没有电视媒体我不知道。我认识的人是新华社记者，可是报道的主旋律都是抗震救灾，包括还要继续批邓。

李：那个时候还是以阶级斗争为纲，那您觉得这次四川地震报道中人性的东西体现得充分吗？

钱：体现得比较充分。我们拿这次地震与我写唐山大地震的时候比较。那是改革开放以后，1985年、1986年前后的社会氛围下面，这种人性的回归在那个时候其实已经出现了，不是等到今天才出现的。那时就已开始弘扬所谓人性的回归。所以在2006年《大公报》记者问我写那本书会不会很难的时候，我这样回答：“我在那个时候写这本书有困难，但是不会比今天更难。”

李：那是不是说今天对比20世纪80年代在人性表达上进步并不大？

钱：进步是有限的。你可以通过对比我20世纪80年代写的文章和今天的报道看到，从悲惨度上，并没有很大的突破。这在20世纪80年代已经可以做了。还有一个，20世纪80年代我已经可以开始写反思了。

当时我只遇到一个阻碍，国家地震局让中央人民广播电台不要播放我的书出版的消息。把今天的报道，与20世纪80年代中期开始，跟80年代后期已经出现的，如1988年大兴安岭火灾的报道——“红、黑、绿”的系列报道——三个对比来看，“红、黑、绿”的反思力度是今天都希望做到而没有做到的。

李：虽然进步不大，但是新闻的发展道路是不是走了一个“U”字形的路线？无可否认90年代中国媒体报道是呈一个下滑的趋势，而今天算是在一些新的条件下，比如说国力、公民意识觉醒等，重新往上走。

钱：这个很有意思，如果你拿今天和32年前比较，进步很大；如果拿今天和SARS比较，进步比较大；如果拿今天和1998年洪水比较，也有比较大的进步。我说的进步主要是灾难中悲惨的真相，灾难中的人性。这一点在SARS的时候，首先是压抑、隐瞒，到最后实在控制不住了才开始有一些惨状的报道，但是后面大量的还是弘扬抗疫等方面的报道。1998年的洪水，刚开始的时候不许报道，到了簰洲湾失事、九江决口，突然转为可以报道，如果想报道灾民苦难实况也会受到批评。但是这一次，百姓的哭声、惨状都是有的，总理身边的哭声也不加删节，都出来了。这个是有进步的，这个方面与以前的几次事件比，与洪水、SARS比都是有进步的。

但是我们如果回溯20世纪80年代中期我们做过的那些事情，我们新闻改革曾经有很大的突破，1986～1988年之间，随着政治体制改革，政府开始还人民知情权，一系列的改革已经推动了新闻的很大变化，但是这个变化在20世纪90年代又走了一个“U”字形。

李：希望这个“U”字形能继续往上长，变成“J”字形或者什么的。不过从另外一个角度来看，20世纪80年代，您已经作出了这么富有人性的报道，但是不是今天的传播手段确实已经比20世纪80年代好很多？

钱：这个是毫无疑问的，首先是传播速度的问题，我们有了手机，有了博客，这些技术手段都保证消息可以用最快的速度传播出去。

李：这次央视在报道过程中也传播了很多正面的信息，您怎样看待这个问题？

钱：我过去就说，只要稍微松松绑，中国传媒人就会表现出非常优秀的品质。央视这次度过了一段禁令很少的时期，这个禁令很少的时期使得央视展示出了能量的焕发。包括央视，也包括新华社，通常所说的黑白两分的党媒体、非主流媒体的界限变得模糊了。党媒体里面也有很多非常优秀的人，新华社、央视和中央人民广播电台里面都有很多优秀的人，他们在这次事件中的表现都是很不错的，让人佩服。你给他们松绑就会使他们充分地发挥、展现实力。

李：今天的这种人性的释放已经能够成为媒体共识的基础，这个基础在20世纪80年代是否也同样地强烈？还是说在20世纪80年代只是像您这样先知先觉者的个人行为？

钱：20世纪80年代的时候媒体并没有做到这样。媒体有这个理想、愿望，但还是一部分人在吃螃蟹，就我自己所在的《解放军报》，或者是《人民日报》来说都没能够达到。但是当时我们也采取了不同的方式进行尝试，比如通过纪实文学、报告文学，像其他人和我都是从另外一条路上来做。作为一个观念，大家也达成了一个共识，就是“文革”是摧残人性的，而我们要做的是复苏人性，这是我们达成的一个共识。

李：所以说，那时候还是精英时代的人性传播，今天通过技术手段，比如电视等手段，多少也可以把人性的思想传递给百姓。

钱：今天在人性传递方面比20世纪80年代是强得多了，传播的效果包括传播速度、传播面、传播宽度、传播广度等等，都是强得多了。

李：那您会不会觉得物极必反，这里面又包含着一种反效果呢？央视的报道铺天盖地抢占了所有电视台的节目，尤其是哀悼日的3天，只有少数几个认为自己有一定制作能力的台还在播出自己制作的节目。您认为这种传播效果如何？

钱：这个看你怎么说。在垄断的情况下，它用一种垄断的、统一的方式，但是做的是人性，在内容上可以肯定。在方法上日后是有改进的空间，但就效果和目的而言，总体还是人性的。如果放手让大家去做这个节目的话，人们可以用不同的方式去表达，这个是好的，但也不能保证每一个台都能做出央视的水准，也可能做得不好。但我们希望的是一个多元的社会，能够容纳做得好的和做得不好的。

李：您能谈一下网络媒体在这次地震中发挥的作用吗？

钱：发挥的作用非常大。我们很难想象没有网络媒体的话，这次的报道怎么进行。我自己在得知这次地震的第一时间想到的，就是要把我在唐山地震中知道的一些救灾的方式方法拿出来服务前线。每天一篇文章不是每天都可以在纸媒上面发表出来，但却可以在网络上发布。财经网首先登了我的文章，然后是腾讯和天涯，他们为我设了博客。我其实是博盲，我不知道怎么发表博文，但有朋友一看到我的文字出来，就帮我登上博客。有一些文字在《南方都市报》中登出来了，有的文字没有登出来，但所有文字都在博客上登出来了。当《唐山大地震》2006年再版的时候没有引起多大的反响，但是这次在博客上登出这本书的时候，引起了网民朋友们强烈反响，很多的讨论都围绕书中记述的一些内容展开。“天涯”的人告诉我，每天的点击量、阅读量非常大，点击量达到100多万。这个是非常奇特的，他们不光看，而且讨论，这些都是出乎我意料的，造成了一个我没有遇到的传播效应。传播速度非常快，想说什么话都说出来了。而且竟然也都过关了。

李：您觉得32年前您在抗震救灾以及采访中的经验在今天的适用度如何？

钱：从适用度上来讲，很多经验肯定要大量地去更新，因为发展到现在，技术水平已经更新换代了好多，技术上当然要更新，这是其一。其二，记者有一些不变的东西。当时有短处也有长处。当时的短处是信息不发达，因此没有人去抢新闻，没有抢新闻的必要。反而是我这样一个不带功利目的的人，以救灾队员身份在唐山的人，后来又以唐山家人的身份——像唐山人的孩子一样——在那边待了3个月。这样的现象现在又不容易了。当然现在报社能赋予记者这样的使命的话就更好了，但现在不容易了，更多地是要抢，抢新闻。

李：从这个意义上来讲，您有点像最早进行公民新闻写作的人。

钱：先不说公民新闻写作，今天如果是跑到灾区的，能够住下半个月的都不多。

李：今天的公民有新闻写作这个意识，但是未必有这个资源。因为您这样的身份，使得您能够采访当时的一些官员还有灾民，能上直升机。今天的媒体能上直升机，但它又不是独立的公民新闻了。

钱：当时我没有上飞机，在上海上不了飞机，我是坐火车去。我比较奇特的经历是由于我住在管救灾的民政局长的家里。所以他把很多救灾的事情都让我去做了，我护送孤儿到孤儿院，我去采访盲人、残疾人，都是他给我的机会。这些事情都非常有利于我日后的报道。我还是觉得，今天的快和以前的慢都是需要的。今天快的都出来了，但如果说要对灾区有一个持续关怀的话，将来还是要有人进行慢的工作。

李：所以您刚才说以前的短处是不能够抢新闻，长处就是可以待久。

钱：可以打深井。我当时待的3个月不说，后来在长达将近10年里，我多次去唐山，这样就可以进行一定的考订。还有一个就是你要相信，调查报告是短时间内很难做的，现在可以看出我当时3个月内做的那个大震前后国家地震局的预报只是一个雏形，这是要花时间的，短时间内做不到。

李：对现在很多记者临时带本书上飞机，上前线恶补地震方面的知识，您会不会觉得记者在地震知识传播和科学方面有真空？

钱：有真空，但这是很无情的一个事实。20世纪80年代由于“文革”的信息封闭，导致地震10年之后我的书才出来，这被人们当作新闻来看。当时的报告文学家就有一个评判，把它称为“冰冻文学的解冻效应”。当时解放军公布的，我们解放军就印了68万册。其实我知道很多盗版就印了四五百万册，机器都印坏了。但是“U”字形低端到来的时候，这本书又被忘掉了，以致于连我儿子都没有看过我的书。这期间当中有很大的断层，导致地震知识传播不力。

李：您觉得这个断层的主要原因是什么？特别是我们进入20世纪90年代以后，好像我们把地震都遗忘了。

钱：在中国东部地区，没有发生过7级以上的地震，已经很多年了。如果我没有记错的话，唐山以后就没有发生过。这次发生在东西交界线上，东西交界是从黑龙江的黑河划到云南的腾冲，这条线你一画就知道，今天的汶川正好在这条线上。这条线以东是财富、经济更加密集的地区，一直没有发生大地震，西部也没有在人口密集的地方发生。只有在青藏高原上面发生过一次，但完全没有人口伤亡。丽江地震已经算比较大的了。地震局反复说地震高潮期会到来，但高潮期并没有到来，只是这次地震以后人们才意识到高潮期有可能到来了。

李：您认为这次事件是否有可能导致以后科技记者增多？

钱：一定会的。可能不光是地震，也许在科学、救灾、防范、医疗方面的记者都会增多。

李：就采访本身的体验，您觉得在唐山地震的时候，面对着那些现场的冲击，心理的调节有问题么？

钱：现在想起来比较含糊，但当时一定是有的，特别是看到解放军戴着防毒面具在运尸体，当时我自己拿着喷药罐喷着药，但记忆有点模糊了。我特别感觉到，这一次因为媒体报道特别快，让好多人巨细无遗的感情表达第一时间公之于众了。当年因为没有这些东西，事后采访慢慢讲述出来是很不同的。所以在大家印象中，当年唐山大地震的人民好像比现在的人坚强，或者说麻木，这也可能一部分是媒体传播放大效应的原因，这次会放大很多东西。

李：您做了那么多后期跟踪的采访、访谈、挖掘，这对汶川地震之后的3年、5年、10年都是很宝贵的经验，您觉得有什么可以传递下来的吗？

钱：我就是特别希望他们去做，比较纯粹地去做。我比较担心的就是两种驱动力——政治的驱动力和资本的驱动力。如果驱动力没有了可能就不会有报道了。政治的驱动力很简单，它有时候希望你去报道某一个事件，你就拼命去报道，但是政治驱动力是会转移的，过些天它又可能希望让你去报道另外的一些事件，那就不是媒体所赋予你的任务了。资本的驱动力则是，现在这样做可以增加媒体的影响力、发行量、点击率和收视率，但是过一段时间就可能没有了。那还会不会去做呢？这两点如果都撇开，那就必须要有一种极大的对人道主义的关怀、对灾区的关怀，才可能推动你三年、五年不断地做下去。

李：比如说更细的采访技巧，受难者心理伤口在愈合的时候，您会怎样打开他们的心扉，不让他们在接受采访的时候更加痛苦？

钱：这里面有两类不同的人。一类人是比较坚强的，跟这些人打交道相对来讲比较容易。对这些人我对他们的采访跟新闻记者通常的快速的采访是不同的。比如我采访的那个13天后才被挖出来的老妈妈，当年我见到她的时候一句话都没说过，只是看着她挂盐水。过了8年后再去找她，我是从公安局卡片中大海捞针，从6个同姓名的人中找出这个老妈妈。然后我再见到她的时候一见如故，像成了她儿子一样，我甚至在她家包饺子、吃饭。当然这里面也有一个美丽的误解，她认为我就是当时救她的那个解放军战士。这个里面有很多拉近距离的方法。我跟很多唐山人都有非常密切的关系，他们对我都非常好。因为我花了比较多的时间，不是像现在的记者，拿着录音机、采访本去采访和记录。我后来都是追记的，都不需要记录。很有意思的是，我在8年以后采访、10年以后写出来的东西，到了地震30年之后，2006年全国有很多媒体进行了追访，他们把我里面提供的线索又都搜寻了一遍，你会发现，他们说了很多和我一样的话。所以真的不要以为技巧是太重要的东西，要把自己当作普通的人。他们更多把我当作救灾队员。如果你是来救过灾的人，他们心理上有亲近感。唐山人对解放军是特别有感情的，当年解放军特别好，因为我也是一名解放军，所以他们也就对我像对待亲人一样。比如我和矿工聊天的时候，就是坐在炕上和他们一宿一宿地聊。他们叫“唠嗑”。慢慢地就唠出了很多细节、很多故事。

李：如果您今天还是一个媒体的领导，派记者出去，您是否会面临这样的矛盾：一方面您希望记者很快地出稿填充版面，一方面又希望他们能做得深入？

钱：我想这个问题是媒体第一需要和第二需要的问题。第一需要是媒体需要把灾难事实、救灾抗灾的第一现场的情况在最快的时间之内报道出来，用媒体参与救灾。这个时候你不能提出纵深的要求。如果要把一位大娘的心理描写出来，那是过分的要求，而且没有必要，不合时宜。所以第一时间能做的就是现在媒体在做的事情。然后就是第二需要、纵深方面的问题，是日后一个持续的关怀，需要更加从容、有耐心的采访。现在如果我是媒体领导的话，我就会让记者去抓灾区真相，像《南方周末》一样，报告和再报告。我不会让他们像我10年前一样，那个可能还是错误的。现在让记者坐在炕上和灾民唠嗑，不一定是正确的。

李：为什么会是错误的呢？

钱：因为时机和心境不一定是最佳的时候。现在如果你有能力在旁边观察，静静记录是最好的。随着伤口的愈合，灾民慢慢有自己的感受，那时候你再慢慢地进入，关心他们的问题，那个采访时机是最好的。什么事情最关键的都是要抓住最佳时机。

李：您当时在唐山采访的时候有什么装备或者其他物品准备吗？

钱：大蒜、黄连素，仅有的一瓶椰子糖，椰子糖比较有营养，到了灾区的第一天就被发放完了。简单的笔和本是有的，那时候我是个文学青年。但没有录音的设备。我是解放军，有一些战备意识。

李：那个时候进入唐山需要什么证件吗？

钱：我的介绍信是上海人民出版社的介绍信，一定要有介绍信。后来因为我的蒋叔叔是民政局长，他给我开了很多绿灯。

李：您是否同意有些记者的想法，认为救人比写报道更重要？特别是第一批进入的记者，惨状还在面前、呼救声还在耳边。

钱：我同意。但记者的能力是有限的，如果你没有专业救援知识的话，得考虑怎样合理地和专业人员结合在一起来做这个事情。如果有人需要搭你的车的话，肯定应该让灾民上车。

李：您对这次报道的主题，传达出来的东西有什么评价吗？

钱：就大方面来说，这次以生命为核心是对的。我统计了唐山地震和这次地震的头10天《人民日报》的报道。唐山地震中，头10天，《人民日报》中出现“生命”这个字眼的文章只有7篇，但是这次就有149篇。所以你也能理解，充斥在耳边全是“生命、生命”，这是好的。但这次也不是没有值得反思、检讨的报道。我最担心的是媒体把“奇迹”报道得太多，干扰了救人。所以我在《最后一搏！为生命不为奇迹》的文章中就是表达了这样一种态度。

李：这次您在文章中提出的观点也有人反驳。您当时说面对这样的大灾难，质疑在当时是不合时宜的，应该全力以赴地去救人，但是针对这个也有人如张晓舟，提出了不同的观点，认为面对真相的质疑永远不会不合时宜，您对这个问题怎么看待？

钱：我说的是现在不是时候，文章的标题是《现在是解民于倒悬的关键三天》，事实上不用我回答，大家做的都是救人。你看72小时里面，所有媒体，不要说想不想质疑和反思，到了前线想的都是去救人。我说的质疑不合适是说那个时候谈大的面上的东西、搞深沉不合时宜。

李：但像《亚洲周刊》主编邱立本也谈到他们质疑了建筑质量，他觉得挺骄傲于这一点，因为他在地震第二、第三天就写出了那篇文章。您是否觉得这种观点也是救灾的一种杂音呢？

钱：我不认为这个是杂音，我不支持的“反思”有特指。当时地震发生的当天下午就有人邀请我去广州参加一个反思会，我说我不参加，我说现在不是反思的时候，我现在全部想的就是穷尽所有办法，包括喷水、送风，把废墟中的人挖出来，而且我认为这是现在最应该做的。看过我写的全文的人不至于产生误会。我说你们要做的这些都是应该的，只是现在不是时候，现在是解民于倒悬的关键时刻。

李：另外一个比较现实的事情是，当时如果做反思的话还可能可以做成，因为当时没有禁令。

钱：那是另外一回事。在说真话的时候不会考虑是否我的话跟别人说得一样。政府是从控制的角度不让你反思，我是从救人的角度不支持反思，如果两者有重合，那没有问题。有人是偏要和政府反着干，政府不让你反思的时候偏要反思，我认为这样没有必要，这是我个人的观点。头三天让我去参加反思会，我绝不会去参加。至于说别人要反思，别人有反思的自由，我只是说不是时候，要玩深沉更不合适。所谓玩深沉还有一个含义，我拒绝了很多人第一时间要把我带到现场的建议，这是作秀，他想抢一个别的媒体没有的角度。让我现在就去谈历史上怎样怎样，我不会去作这个秀。

李：这次意见这么多，另一个驱动力也是网民比较敏感，反应也比较激烈，您怎么看待网民的意见？

钱：网民的意见我们择善而从。网民的意见如果跟你的见解不同，你让它们和你的意见独立存在，可以是一个并存的关系，这个没有问题。一个知识分子不应该去利用网民意见，更不应该让自己受网民意见的左右，或者为了迎合网民而说一些话。如果我的话有些触怒了网民，冒犯就冒犯了，那别无选择。因为你是一个诚实的人，而且你也可以不说。

李：您有没有想接下来为四川、为地震报道做点什么？

钱：因为我现在还在香港做研究，我是为一线记者服务的，我自己是不可能做汶川的报道的，我愿意为真正的反思提供建议。比如大家想反思地震预报，我首先讲地震的资料应该善保勿失，我可以告诉大家资料在哪里，而且我列出了几条必要的资料。第一条就是历年全国地震趋势会商会。它对于龙门山断裂、龙门山构造的判断是怎样的。从 1976 年松潘平武地震以后，历年四川地震资料在哪里，那么多观测点的观测数据在哪里。因为我在地震局工作过，我可以提供给媒体人一些可供参考的资料，他们不会是从零开始。我希望看到的是切实的反思，不是情绪化的责骂。骂人不是反思。①

包括豆腐渣工程，如果你已经看到了跟坟墓一样的学校，你说它是豆腐渣工程就不是什么新鲜的了。如果你要说周围 10 万平方公里全部的学校都是豆腐渣，需要证据，你要让我们看到证据。

我说的意思是，不要让豆腐渣工程的罪魁祸首——黑心的建筑商，有逃脱的可能性。四川全省的地震裂度是 7 度，设防就只设定到 7 度。如果真的是黑心建筑商，只要在四川境内倒塌的校内，没有被你看到铅丝一样的钢筋，就有逃脱的可能性。记者的责任就是不冤枉好人，也不放过坏人。我们这次都知道刘汉中学做得很好，但是我就没有看到报道中说刘汉中学地震是几度，是极震区吗？如果刘汉中学所处的地区是 11 级的极震区而它还没有倒，那么它就是奇迹。它为什么没有倒，那就是它做得和防原子弹一样牢固了。但在中国的设防是不可能把所有民用建筑做成军用建筑的。首先现在是市场经济，我可以做出能防原子弹的房子，但是你买不买呢？老百姓要买他们买得起的房子，它一定只能是某种程度的平衡。

所以这次，我觉得信息不明确，什么叫 10 万平方公里呢？什么叫破坏最严重的地方达到 10 万平方公里？没有人告诉我们这个概念。我能够猜测的，10 万平方公里是 7 度区的概念，就是地震 7 度裂度区的概念，从这个意义上讲，这次大地震才是大过唐山地震的。在这个区域里，我希望出现一流的记者，去调查哪些校舍应该是牢固的。同样在 8 度区，当然承包商是按照 7 度裂度去设防的，学校也是按照这个标准设防的，

---

① 汶川地震后不久，从 6 月开始，钱钢即闭门查阅史料，思考地震预警问题。香港中文大学《二十一世纪》杂志在 8 月号“地震反思”专栏刊登了钱钢的长篇论文《地震预警问题初探》。

但是为什么周围的房子没有倒呢？

还有一个维修的责任。有些房子是因为多年失修而倒的，还有的学生不是因为豆腐渣工程而受灾的，豆腐渣只是其中的一个符号。青川木鱼镇的学校怕学生中午去打游戏，把学生锁在里面，逃不出来的。这是人为的一些不合理的规定。我希望记者现在去补充这种知识。比如地震设防的标准是大震不倒，中震不坏，小震可修。大震不倒就是房子坏了，不可修了，但不至于死这么多人。所以现在让我来表达一下的话，当然应该开始反思，但我希望这个反思建立在优良的新闻专业主义水准之上。我们应该把最近10年以来，中国调查报道记者已经积累的最好的品质、最重要的经验进行充分地发挥。我们不要简单地抱怨说政府不让我们反思。我们如果做得好的话一定有机会的，政府会改变的。

李：您有没有想过做一些培训？

钱：我在香港做了一些，在香港房屋署讲了一些。当然现在确实需要对地震方面有一定知识的人去进行宣传。这需要有一些积累。有积累的人还应该去考虑救灾预警机制的问题。

李：您有没有想过利用你所有的平台帮助中国记者提高水平，甚至说让有些人专门做一些项目，达到您刚刚提到的独立、细致和深入地观察？

钱：我现在觉得不只是豆腐渣工程、救灾反应、地震预报这3个问题，应该还有别的问题。有时候不只是政府做得不好，还有的是政府努力做了，比如堰塞湖问题。还有一种中性的调查，着眼于未来的对策、应对，这方面也特别有意义。

李：您觉得这次事件对于中国新闻史的突破和意义在哪里？

钱：突破是一个证明，包括我们之前说的以人为本。第一是它让人们看到了知情权的进步，它提供更多信息让你来获取；第二是表达权，它让你有可能去表达了。这两点都要进步，而不要退步。我希望能够巩固。

李：您看好媒体环境的继续良性发展吗？

钱：审慎乐观，我并不兴奋，而且有进两步、退一步的思想准备。我特别想说，媒体人是共同体，我们都希望公开开放，如果每个人都把自己的挫折放大，生活会充满了抱怨。我们要做的应该是相互打气、舔舐伤口。“你也太CCTV了吧。”这样的话很不利于媒体作为一个共同体。这种非黑即白，媒体里面把自己人围地划线是一种旧时代的思维，不利于今天的进步。在这个时候我觉得媒体之间不要竞争，要团结，我在汕头大学 2005 年举行的海啸研讨会上也说过这样的话："一篇好的报道，传得越广越好，为什么不可以让其他媒体来用呢？这个时候生命比任何职业荣誉都更重要。"

李：您觉得这次地震之后，大家对于中国媒体的发展会有一些乐观的想法吗？会不会精神焕发，不至于死气沉沉？

钱：不同的人会有不同的感受。主流媒体中突破了过去的禁区和樊篱，会有一些记者比较昂扬；但稿子被毙、节目被撤的记者可能会比较灰暗。我想说的是，希望两种人都看到事情的另外一面。比较昂扬的人要看到同伴的种种委屈；这次心情比较灰暗的同仁们也要看到毕竟还是有进步的一面。我还是持有一种比较中性的看法。

第二篇　美国的灾难报道经验

>>导言

在这一篇，我们提供了来自美国德特灾难新闻研究中心（Dart Center）的一些材料。第一章是记者在灾难现场的采访指南，包括如何快速反应，如何迅速找到你所需要的联系人，如何和受难者本人或者受难者亲属交流等。第二章是记者如何保护自己，如何修复自己的心理创伤，如何处理与家庭的关系。

德特灾难新闻中心于1999年在美国西雅图的华盛顿大学成立。他们关注全球各地发生的重大灾难以及新闻记者对之进行的新闻报道，成立了由灾难报道领域顶尖记者组成的执行委员会，并每年为全球的灾难报道记者提供培训及奖学金。目前的执行总监是Bruce Shapiro。

为新闻工作与精神创伤设立的德特中心是一个新闻记者、新闻教育工作者和健康专家的全球网络。旨在提高关于创伤、冲突和悲剧事件的新闻报道水平。中心还致力于研究相关的新闻报道对新闻从业人员的影响。中心的主要职能是：

提倡合乎职业道德的精神创伤报道，提倡新闻记者对受害者和幸存者的灵活的、专业化的采访，提倡媒介组织充分了解创伤报道对新闻记者和新闻受众的影响。

教育新闻从业人员掌握关于创伤的科学和心理学知识，通过网站、学术研究、研讨班、工作坊和培训，使他们了解创伤报道的言外之意。

作为平面媒体、广播媒体和网络媒体从业人员的一个平台提供服务，帮助他们分析问题、交流思想、改善关于暴力和灾难性压力的报道策略。开创和维护一种在媒体从业人员、临床医学家以及其他与精神创伤有关的人员之间的伙伴关系。培育新闻从业人员之间的朋友支持。

美国德特灾难新闻研究中心网址：Http：//www. dartcenter. org.

第一章　记者采访报道指南

一、如何应对灾后第一个24小时

一个创伤新闻事件发生后24小时内，记者在专业和个人方面，面临相当大的挑战和机遇。在创伤事件发生后，极力搜集事实和在截止期限压力下写作的要求对身体和心理的压力，通常会被最大程度地扩大，特别是出现大量的死者或严重伤者的时候。如果事件牵涉许多受害人，现场可能很混乱。

迅速查清究竟发生了什么混乱与冲突，寻找合适采访对象的难度和尽快挖掘新闻的竞争，是创伤事件报道的主要压力。次生创伤的影响，比如通过他人的精神创伤痛苦从而间接体验创伤压力，也会对记者造成影响。

本节的目标是探讨灾害事件发生后24小时以内通常出现的问题、困难和应对策略。当然，细节和具体的经验因事件场合和涉及人群的不同而不同。

第一部分描述一些实际创伤新闻事件，分析灾后24小时内的新闻报导。

（一）现场

在科罗拉多州利特尔顿，爆发了美国历史上最残酷的校园枪杀案。枪杀的谣言蔓延开来，但起初没有人知道伤亡的程度。

记者开始一路前往哥伦拜恩中学（Columbine High School），这里是枪杀案最初发生的地方。很快，他们意识到情况的严重以及得到准确信息的困难。紧急救援工作人员、学校官员、新闻媒体、家长、好奇的旁观者和其他人聚集在现场。许多人记得一些早期的报道错误地估计有25名学生死亡。这表明即使是来自警察或政府发言人等的官方数据，在惊慌和混乱情况下也可能出现差错。

梅格·莫里兹（Meg Moritz），57分钟纪录片《报道哥伦拜恩》的制片人，调查了枪杀案对记者、学生、家庭成员等人的影响。枪杀案对那些幸存的学生、他们的家庭和社区来说是一次毛骨悚然的经历，对报道这次事件的新闻记者来说，也是一次精神创伤，特别是那些本身还是哥伦拜恩社区成员的记者。

纪录片中，记者从自身和专业上谈论报道该事件的难度。一个记者说："我和成千上万人一样，回到家里就大哭起来。"另一个记者实际上在飞机上已经垮掉，在枪杀现场时，他说自己为人父母，看着其他家长在那儿非常痛苦，自己也感到非常痛苦。一些摄影师和图片编辑谈起这些可怕的图片，说他们选择不予使用，因为照片过于形象，对受害者家庭会带来极大的痛苦。他们选择一些可以反映悲剧，而不至于过于煽动的照片。

记者同时也谈论了搜集真实材料的重要性，特别是考虑到哥伦拜恩社区的需要。"那些家长需要信息"，一个记者认为这是促使她在枪杀案发生后第一时间就报道的动机。

并不是所有报道哥伦拜恩的记者都采取道德的方式，特别是那些没有太强社区联系的人。违反职业道德准则的事情，在不惜代价报道新闻时也会发生。关于哥伦拜恩社区的错误信息被刊登出来之后，社区居民对新闻媒体感到厌倦和鄙视。有时候，不道德地搜取信息的方法也会被运用。但当这些恶劣的新闻手段被运用的时候，所有的记者都要为此付出代价。一段时间后，媒体记者在哥伦拜恩都普遍感受到人们对新闻媒体持消极的态度，许多人不想再被打扰。

然而，莫里兹的纪录片显示出良好的新闻操作。在枪杀案过后痛苦的几天时间里，当地的新闻媒体开始出现了一定程度的反省，这在追踪枪击案的狂热新闻媒体中是少有的。

科罗拉多州利特尔顿校园枪杀案只是创伤事件的一个例子，它要求新闻记者到达犯罪现场，搜集事件真相。不幸的是，这只是过去 10 年里发生在校园里的一连串枪杀事件之一，也是大量的精神创伤事件中，引起当地和全国媒体关注的仅有的一次。

新闻记者和分配任务的编辑通常用不同的方法寻求突发新闻。有时候，他们接到一个目击者的电话。有时候，他们在电视上看到一个新闻或听到收音机里的新闻报道，比如一起人质事件，一次枪杀事件，已有其他媒体率先报道。有时候记者可能恰好就在事故现场，如突然发生的袭击或其他暴力行为。通常，分派任务的编辑还会偶尔收听到警察仪器的调度，提醒他们可能会有一场危机。

无论采取何种方式，新闻记者找到的突发事故新闻都与创伤有关，如果事故很大，他们最终会赶去现场。

《纽约时报》记者里克·布拉格 2000 年写了一篇文章，探讨他如何在突发新闻中穿插讲故事。1995 年，布拉格在俄克拉荷马州发生爆炸案后很快赶到现场。在毁灭的现场，他有两个小时讲述发生的一切。“当我在那里坐在笔记本电脑前，”布拉格写道，“我没有时间运用漂亮的段落。我必须得进入我的思绪，写下所看到的悲伤和现场情况的残酷。”

布拉格在悲伤和残酷中写出了那令人难以忘怀、充满信息量的文章，他后来因此出名。在导语中他写道：

“俄克拉荷马州——尘土和愤怒还来不及停留，冷颤的雨开始跌落到爆炸后剩下的残骸上，这里曾经是政府办公大楼。寒冷的雨滴落在一小群警察、消防人员、医疗技术员的肩膀上，他们围拢在大楼旁。”

然后，布拉格讲述了他在俄克拉荷马州看到的情景，他说营救人员一下子难以适应如此大规模的悲剧灾难。他采访了给一个头部严重受伤的男孩做外科手术的医学专家。他描写了现场的震惊和愤怒。

之后，布拉格分析他的写作过程：“我甚至不知道那是否适合作纯粹叙述，但这是我所能做到最好的。我发现了图像、细节、残酷的黑色，它们恰好是硬新闻报道的一部分。”

布拉格在俄克拉荷马报道了另一故事：丹佛陪审团正在判决蒂莫西·马克维格案。蒂莫西·马克维格被认为要对俄克拉荷马爆炸案负责。布拉格在一间旅馆里等候陪审团的判决：

“我报道了近半辈子的突发新闻，不会轻易就能震惊。但是那个时候我很紧张，因为这故事极其重要。他就是那个毁了一个城市，毁了无数生命的人。我的故事必须报道这层重要性。否则，它就失败了。但是我不想写得过多，在一个本身就离奇的故事上添加戏剧性色彩。如果那样，就好比在一个本来就非常丑陋的脸上再安上一个可怕的面罩。”

并不是所有的现场都像俄克拉荷马、哥伦拜恩或世贸中心一样布满死亡和毁灭。有时候，一次糟糕的汽车碰撞也可能导致死亡。有时候，飓风、龙卷风等自然灾害也可能导致大量死亡和受伤，以及大面积的物质破坏，比如房屋损失。除此之外，一个新闻记者（包括摄影记者）也可能遭受精神创伤——人们遭受了巨大的情感伤害，他们是新闻故事的一部分，记者要他们回答人物、事件、时间、地点和原因（最后一个问题有时很难回答)。

科特和辛普森在他们的著作《报道暴力：报道受害者和精神创伤道德指南》(2000 年)中提供了一些报道的技巧，因为到达现场可能是个挑战。比如，在哥伦拜恩中学校园枪杀案后，一个记者这么描述现场："现场完全混乱，陷入疯狂。"通常，在大灾难过后记者进入现场都会碰到类似这种情形。所以，到达现场的记者应立刻评估他们周围的环境："这里有受伤和死亡吗？伤害面积多大？我将需要找到紧急救援人员和警察人员，他们可能在稍后才得到可靠消息。确定其他人们需要检查的地方，譬如医院急诊室和野战医院，临时太平间以及公共信息代办处。最后，当急救工作进行时，让开路，并同你的编辑协商。"

书中还提供了一些其他提示：

1. 作好人员拥挤的准备——许多人通过步行、乘车或其他交通工具迅速到达现场。来到和离开，这种物理运动可能给现场造成混乱。

2. 作好通信拥挤的准备。当大量关于灾难事件的信息流传时，媒体设备和技术也聚集到一块了。

3. 作好应付旁观者的准备。旁观者可能跟这一精神创伤事件毫无瓜葛，只是想来看看。这些人可能会给已经很嘈杂的现场增添混乱。

4. 这里可能会有指挥机构管理人群、媒体和营救行动。可能会竖起边界线，将非急救人员隔离在外。通常会有一个公共信息官员接受媒体采访。尽快查清楚该人的身份。

5. 灾难现场会有大量组织，譬如红十字会，这将有助于了解信息和接触可能愿意同媒体谈话的受害人。

6. 预测官方对媒体报道的控制，以及如何应对官方或非官方要求限制媒体报道的请求。

7. 记住受害者会用多种方式对精神创伤事件作出反应：他们可能还在震惊中，可能看起来极度活跃，可能非常情绪化，可能一概否决，可能会把事情处理得井井有条。不要对人的本性妄加揣测，要对采访对象保持注意和敏感。

新闻记者采访饱受精神创伤压力的人群有下面一些重要的报道技巧：

1. 尊重他人在可怕经历后为寻求心理平衡的努力。

为采访对象提供尽可能多的帮助。建议他邀请朋友、邻居或亲戚在场，这样可能使他安心，也有助于你们更有成效地谈话。

2. 注意自己的言辞。

这个时候，你的语言很有分量。它可能为你赢得受害者的信任。向对方保证你是记者，也乐意做他的朋友……你的态度和开场白将决定对方是否信任你。第一印象会决定你是否有机会对他再次采访。

3. 作好采访准备。

你开头的提问会给你带来信息。对方对现场情形知晓的程度会有助于你了解所发生的情况……随着你不断说话，你开始了解对方的信息量有多大以及是否愿意与你谈话。

4. 解释基本准则。

解释你来的原因，你将报道什么样的故事，什么时候会报道出来，为什么你要跟他谈话。不要对不能保证的事情轻易允诺。还有，要清楚你打算记下或录下的评论可能不会被刊登或播报出来。

5. 与采访对象分享。

一个受到事件影响的人，可能需要（也非常感激）能有机会去确定接受采访时的条件。他想坐着还是站着？他想有人在场吗？

6. 对情绪回应作好预期。

正如精神专家弗兰克·奥兹博格所说："当幸存者在采访中哭泣时，他们并不是不愿意继续。他们可能沟通上有些困难，但通常他们想讲述自己的故事。打断他们可能会被当作是以恩人自居或是拒绝他人的澄清机会。记住，如果你由于感到烦闷或错误地判断对方想停止，而单方面终止谈话，你可能使受害者再次受害。"

7. 倾听。

良好的倾听不仅需要倾听对方的话语，理解他们，还要注意对方的手势、面部表情、情绪、身体语言。将对方完全考虑进来，然后听他讲述自己的所见所闻。

对你所听到的，与采访对象再次核对。核对事实时，重新读一遍你可能想引用的语句，然后安排索取照片、继续采访或核实其他信息。

8. 对你的所见所闻加以思考。

你刚完成的采访不是例行公事。应该思考怎样使它与众不同。与你谈话的采访对象经历了一生中最煎熬的日子。这种采访能够改变许多记者最初对采访对象的假设。这类采访最容易产生信任、伤害、责任问题，这是其他采访难以相比的。你应该抽出时间反思你的所见所闻。

（二）人

在为《基督教科学箴言报》写的文章中，记者威廉·鲍伯回顾了《华尔街日报》记者丹尼尔·珀尔的死亡。珀尔在《华尔街日报》的老板要求记者尊重珀尔的家庭隐私，并允许他的家庭成员的悲伤不被公开。鲍伯写道，他能理解被媒体关注的心情，他的兄弟1967年在纽约城做福利工人时被人谋杀，那时他和他的家庭不得不跟一再打来电话的媒体打交道。

“一天早晨，”鲍伯回忆说，“当第五个问我感觉如何的电话打来时，我在电话里大叫，我问那个记者他认为我是什么感觉。”

然而，数年之后，鲍伯自己成了一名记者，他不得不极力去寻找受害人家庭成员，搜集引语和照片。

鲍伯写道，那些竭力追逐新闻的记者，在他们成为其他记者采访的对象时，常能不同地看问题。

“这个完全不同，”鲍伯写道，“当你备受关注时，就截然不同了。”

在重大精神创伤事件中被牵涉的人，有一整套的社会和政府关系。在事件的现场，会有受害者、受害者的朋友和受害者家属以及一些好奇的旁观者（其中一些是很重要的目击者，而有些人渴望得到媒体的采访，却没有多少实在的信息可以提供）。哪怕目击者非常乐意，他们有时候也会提供一些错误的信息。反复确认和核实证人的话，能够让记者报道事实。

一同出现在现场的还有消防人员、警察、医务人员，根据事件性质不同，可能还有联邦特工，以及酒精、烟草、火制武器和炸药官员等。当出现飞机失事时，还可能有国家安全运输委员会成员、联邦航空管理局以及波音等公司专家。联邦紧急管理办公室、美国红十字会和其他组织都将前来协助救灾和人员转移等。所有与这些组织相关的人都是潜在的信息来源，但通常这些组织会安排具体的人来应付新闻媒体。这些发言人是这些信息网的重要来源。

政府官员（当选的和未当选的）高调出现在重大灾难现场并不罕见。他们的到场可能有助于道德上支持营救人员、受害者家庭成员。如果他们的随员制造后勤问题或使人分心的话，他们可能会给抢救工作带来障碍。他们会制造我们先前提到的人员拥挤现象。

在事件现场外，新闻工作者还有许多要采访的人：受害者的朋友、家庭，现在或以前的同学、老师、邻居、同事等等。与这些人联系时，应该保持关心。有的家庭成员可能仍不知道他们亲人的情况，直到电视或收音机报道出来。家庭成员死去或严重受伤，可能对潜在的采访对象有精神伤害。

由于受伤的幸存者将被送到医院，医院经常成为新闻媒体搜寻信息的地方。医院为搜寻幸存者信息的新闻工作者带来特殊挑战。家庭成员和医疗人员可能不会欣然接受采访，新闻记者即使没有受到干预，也不被鼓励直接地接近这些人。在这些有限条件下，医院发言人对搜集信息者来说也是一个重要“同犯”。

西雅图哈伯威尔医疗中心为邻近4个州唯一一家一级精神创伤医院，该中心前媒介关系协调员拉里·查林在突发新闻事件首席发言人岗位上工作了10年。他拥有与平面媒体和广播电视记者打交道的丰富经验，为采访医院新闻的媒体记者提供了一些技巧：

问：医院发言人的工作是什么？他在新闻记者到达的灾后24小时，特别是涉及精神创伤事件采访时如何开展工作？

查林：任何一家大型医院，都会有发言人，他们履行责任回答记者对涉及医院的有价值新闻的提问。发言人可以是一个全职公关人员（在正常工作时间上班），或者是一个护士部门主管（傍晚、晚上和周末上班）。

问：你能为想跟医院发言人建立良好关系的记者提供一些技巧吗？你对记者想跟你联系有哪些看法？哪些东西你不喜欢？

查林：长期来看，那些尊重并理解发言人角色的记者，比那些想通过威吓发言人来得到消息的记者更好一些。后者通常在制造麻烦。我不希望护士告诉我，有一个记者未经允许就跑进病人房间，并惹恼病人和家属。

我理解记者的工作和他们的需要，我也知道跟他们维持良好的关系对医院有利。当然，跟那些理解我们角色的人合作也很轻松。我会尽力对所有记者保持公平。

他们得意识到有些信息不能发布。你可以问，但是当我拒绝回答你问的那个司机是否醉酒或那个小孩是否在吸毒的问题时，请不要抱怨。

我不喜欢的是那些通过竭力盘问医院职员、病人及家属来疯狂抢新闻（打败其他报纸、电台）的记者。

问：如果一个记者想要采访一个精神创伤受害人或者他们在医院的家属，你有什么建议？你有更有效地完成任务，而不对刚遭受精神创伤的受害者造成危害的方法吗？

查林：一旦采访确定（我指医院护士说病人身体状况可以接受采访，并且病人同意了请求），我会试着告诉记者，他进入病房前需要知道什么。大多数采访者采用这些礼节建议，采访进展得很好。

记者应该向病人表现出关心。一点点的感情不碍事。（譬如：“我感同身受，我儿子曾经住过院。”）我在现场可能有助于保持平静。

问：许多人认为记者是在侵犯受害人的隐私。有受害人或他们家属主动跟记者谈话这种情况吗？

查林：有的，受害人和他们的家属主动谈话有几个原因。他们想让犯罪者知道他造成了多大的伤害。可能犯罪者还在潜逃，这时受害人家庭可能想要他人告知犯罪者的信息，这样可以逮捕到他。大体而言，这些采访是跟那些已经在恢复的受害人交谈。对那些还未康复的受害者进行采访，我认为受害者主动的情况很少。犯罪事件刚过后在医院里对他们进行简短的采访，显得太快。

问：依你的经历，一个医院发言人最困难的是什么？

查林：我感到要保护病人和他们的家庭，但同时我要尽量理解记者也是在做工作。医院有一些工作人员对记者有偏见，所以我得在他们和记者之间建立好的关系。我得不时地考虑每个人的立场，这不是件容易的事。

医院发言人的角色，或者总体而言，任何组织发言人的角色都不能低估。事实上，这些人都是信息专家，与他们各自部门有很紧密的联系。适当时候，他们能提供信息、文件和背景资料以及其他材料和服务的来源，这对促进记者的工作十分重要。在很多方面，他们也想被看作是记者关注的人和事的看门人。不论喜欢与否，发言人和记者都有一种共生关系，有时会很有建设性，有时候却很令人沮丧。最好的情况是，他们互相帮助，尽可能找出最精确、公平和平衡的报道。

（三）新闻记者的压力

创伤事件发生后 24 小时可能是现场每个人——受害者、他们的家人、抢救人员、医疗职员——心理压力最大的时候。通常，报道这些受害人的是新闻记者，他们在现场目击了创伤事件，然后发表出来，给那些不在现场的读者身临其境的感觉，从而对社会产生影响。人们常说新闻工作者是社会的眼睛和耳朵。要扮演这一角色，新闻记者在身体和精神上都会受到影响。

有大量的证据和越来越多的经验研究显示，记者同其他首先到达现场的灾难救援者一样，非常容易遭受精神混乱的威胁。

一旦新闻工作者要长时间报道精神创伤事件，他们得注意遭受次生精神创伤、因同情带来的压力、精神疲劳、间接的精神障碍等问题。

在冲突地区进行报道因为要承受巨大压力而需要格外关注。那些战地记者或身处冲突地区的记者的回忆文章具有指导意义。新闻记者目击暴力所受到的短期和长期影响的课题还没有得到很好的研究，但正在起步。

新闻工作者要在灾后24小时内报道，会面临一定的压力，这里有一些来自曾经报道过创伤事件的记者的技巧，适用于灾难管理或减轻灾难压力。这些建议并不能代替转移压力的医疗，只是作为非正常讨论，在压力影响个人精神和身体健康之前，来认识、管理和减轻压力。

心理压力并不都是有害的。有时候，它还可以拯救你的生命，或促进你的工作。《为什么斑马不得胃溃疡》（1998年）一书作者罗伯特·沙波斯基（Robert M. Sapolsky），写了一篇关于压力和回应压力的文章。他写道，当紧急事故发生时，个人身体的压力反应立刻动员起来，减低了许多消耗功能（如消化、成长和再生），所以身体功能会集中在生存上。对疼痛可能感觉迟钝，但感知能力更强烈。这些反应有助于人和动物立即进入战斗或逃跑状态。短期来说，压力反应是身体对可察觉的压力或危险的反应。

沙波斯基警告说，当压力反应过于持久或成为慢性反应时，也可能对人体有害。你可能进入一种疲惫状态，感觉很累，易受疾病侵袭。“压力增加了你生病的危险，”沙波斯基写道，“如果你得了这种疾病，压力就会增加你受疾病影响的抵御风险。”显然，长期的压力应该避免。

在报道创伤事件后24小时内，记者可能需要时间进行自我评估压力的等级。当处理危机和急切搜集信息时，压力很容易被忽略。拿出时间搜寻不同的信息，这是自我护理的重要部分，特别是个人的身体反馈。

压力专家研究出一些压力症状，新闻记者应该对此有所认识，花些时间倾听自己的身体。国际危急事故压力基金会在它的网站上提供了一系列有关压力迹象和症状的说明，希望能帮助人们减轻和避免压力。网页地址是：www.icisf.org。

国际危急事故压力基金会同时推荐以下几种减轻压力的方法：

1. 在灾后24～48小时内，采取适当的体力运动，减轻身体压力。

2. 规划好你的事情，保持忙碌。

3. 你是正常人，有正常的反应。不要把自己当成有问题的人。

4. 和他人交谈，交谈是最有效的治疗。

5. 提防过度用药和酗酒来麻木疼痛。你不需要通过自虐来增添麻烦。

6. 多交往，人们非常关心你。

7. 尽力保持日常时间规划。

8. 花时间和他人一起相处。

9. 尽力帮助同事，分享情感，了解他们目前的情况。

10. 允许自己感到虚弱，与他人分享情绪。

11. 写日记，写下你如何度过那些失眠的时刻。

12. 做任何喜欢做的事。

13. 了解自己也有压力。

14. 不要对自己生活作大的变动。

15. 尽力作好日常决定，这会给你控制自己生活的感觉。如果有人问你需要吃什么，即使不确定也回答他们。

16. 充分休息。

17. 反复想事、做梦、闪回是正常的。不要试图抑制，随着时间进展，它们会自动减轻，不会那么疼痛。

18. 良好的饮食（除非你不喜欢）。

（四）如何减轻创伤压力对记者的影响

新闻记者应该对压力混乱保持清醒。严重创伤后遗症（PTSD）全国中心，提供了关于缓减创伤压力对记者影响的建议。

《俄克拉荷马人日报》前记者彭尼·欧文，写了一篇名为“处理这些记忆：通过现场记者的眼睛”的文章。欧文是报道联邦大楼爆炸案的主力记者之一。在反思文章中，她用亲身经历给报道世贸中心恐怖袭击的记者提供建议：“报道‘9·11’的记者在从事一项非常厉害的工作，我相信他们中很多人感觉身心疲惫。我建议他们与其他记者交流，在感到疲倦之前，与他人交谈。在我们终于停顿下来时，每个人都厌烦了爆炸案，不愿意再谈，这是我的一大遗憾。事后，我感到难受。尽力让自己处于忙碌事情中。做一个桑拿，休息一天去购物等等，任何减压的方法，只要有用，都可以。”

沙波斯基列出了5件会使压力更加难以处理的事情：失去控制能力，失去预测能力，失去释放沮丧情感的能力，失去资源支持以及失去对正在恶化的事情的洞察力。相反，如果人们感到他们的控制能力、预测能力、释放沮丧情感的能力、资源支持和洞察力正在好转，就能够减轻压力所带来的破坏影响。（当然，不是每个人对压力的反应都相同，个人性格、过去的经历影响本人的压力反应。）

知道在灾害现场会发生什么，有助于处理可以预测的因素。任何书面的文字都难以全面提供创伤现场的事实，但提供总比没有好。记者还可以通过确保释放情绪，来作好准备。正如沙波斯基推荐的“猛踢墙壁，跑跑步，在兴趣中找到安慰”。

重要的是，舒缓精神和视觉压力在减轻压力上有重要作用。沙波斯基写道：“我们这么聪明，可以想象释放压力……”这是学习沉思、冥想、太极、瑜珈等等平静技法的好证据。朋友、家庭以及乐观的态度对于减轻消极的压力有帮助。

灾害新闻事件发生后24小时内，需要大量的精神和体力能量。由于事件性质不同，新闻记者自己经历后可能导致不同的心理和身体问题。本节的目的不是治疗精神疾病，只是为减轻压力症状提供建议。如果问题严重，建议立即去看外科医生和精神病专家。

二、灾难报道指南

在全世界范围内，越来越多的执法和救援部门都把新闻记者归于第一批到达悲剧和暴行现场的人，无论是凶杀、自然灾害，还是重大事故或恐怖袭击现场。

新闻记者知道自己该干什么是最重要的，他们的目的就是阻止灾害进一步危及受害者或记者自己。上级编辑应该考虑员工的福利，这也十分重要。这里提供一些处理这类报道的指南。

（一）报道受害者指南

“……一位男士开始朝我吼叫：‘现在不是采访时间，难道你们这些人不会做点什么好事吗?’……大家都很震动，他们目光呆滞，眼泪从脸颊滚下来，其他人则控制不住地呜咽。我知道我需要作更多的采访，但是我呆在那里发愣，不知道下一步应该怎么做。我试着从新闻课堂学到的东西和先前的采访经验中吸取教训，但没有答案。我从未那么孤独过……那里有无数个要讲述的故事。”

——《报道浩劫：广播新闻工作者报道“9·11”》，Eileen Lehpamer（纽约 Win-Am 电台自由职业记者）

多数受害者或受害者的亲属在目睹死亡悲剧或灾害后，沉浸于悲哀之中。这一情绪使得他们除了关心干扰他们生活的东西外，对其他漠不关心。他们看不见过去，也不在乎未来，他们只知道现在的痛苦。这个时候记者接近他们，就侵犯了他们悲伤的空间。

你应该做的是：

1. 在接近受害者之前使自己平静下来。保持安静和低声讲话。紧张和喘着气可能会进一步搅乱受害者的情绪。

2. 必须意识到，当你接近受害者时，他们也许正处于震惊或是严重受伤状态。镇静地自我介绍，然后问他们是否需要医疗帮助。如果他们需要，立刻寻找医疗帮助。

3. 如果你判断采访可以进行，询问他们是否愿意回答几个问题。如果受害者说不，那就尊重他们的决定。如果他们接受并准备谈话，向他们解释你在作一个关于发生事件的报道，并告知他们所提供的信息可能会被怎样使用。

4. 对受害者保持尊重和礼貌，如同你自己在相似场合渴望被尊重。新闻工作者常常采访幸存者，但是应该保持谨慎，知道该在何时何种情况下撤退。

5. 清楚地表明自己的身份，如“我是《俄克拉荷马州人》（*The Oklahoman*）的记者乔·海特（Joe Hight），我正在作有关杰西卡（Jessica）生活的报道”。如果采访对象特别是孩童受害者的家长，起初脸色难看，不必感到奇怪。而且，不要以同样的脸色回敬他们。

6. 你可以说，你对某人的逝去感到遗憾，但千万不要说“我理解了”、“我理解你的心情”。在报道政治暴力的时候，如果有人对你的歉意回答说：“遗憾是不够的。”也不要感到奇怪，继续保持尊重。

7. 不要一开头就提最难的问题。以“你能说说一些杰瑞（Jerry）的生活情况吗?”、“杰瑞喜欢什么呢? 他有什么爱好?”这样的方式开头，然后倾听。一个记者最糟糕的就是话过多。

8. 在采访失踪事件幸存者的时候，应倍加小心，尽力表明你想了解他们失踪前的生活，而不是写他们的讣告。如果你联系不到受害者或其他幸存者，试着打电话给他的亲人或者殡仪馆，提出采访或者评论的请求。如果对方反应难堪，留下你的电话号码或名片，并解释幸存者想谈话时可以打电话。这样常常能写到很棒的故事。

9. 不要咄咄逼人，不要有言辞挑衅或任何形式的指责。尊重事实与理性，而非情绪与感性。永远不要说“你感觉如何?”，而是应该问“发生了什么?”、“你是怎么经历的?”或者“之后你看到什么，听到什么?”。

10. 如果对方对你不客气地回应，你不要针锋相对。（注意：照相机可能会引起特殊的尖锐反应。）请再说：“我为发生在您身上的事再次表示抱歉。”留下你的名片，并说如果他晚些和你联系，你非常感谢。然后离去。

11. 如果受害者没有跟你联系，考虑次日再打电话问他。但作好准备，礼貌地接受拒绝答复。如果你决定接近受害者或幸存者的家庭成员或朋友，保持关心、尊敬和诚实。

12. 设法不要打搅私人的悲伤空间，闯入私宅，或在受害者明显很悲伤时干扰他们。保持耐心，在你接近之前，让受害者与你用眼神交流。

13. 细节对任何一个故事都是重要的，但要确定譬如发现尸体残肢等是否过于血腥，是否恰当，是否过于耸人听闻。

14. 一旦完成了你的采访，礼貌地问晚些时候联系他们，核实一些事实或不清晰的引语是否恰当，并且记录下对方的联络方式。如果你借用了相片，告诉受害者，你会及时退回给他们，并询问何时方便。然后道谢，并询问受害者是否需要帮助或通知家人。

15. 如果受害者看起来似乎吓坏了或严重受伤，和他待在一起直到帮助到达。（这不是你的角色，但如果对方生命处于危险之中，你应该担当紧急救援人员的角色。）

（二）记者指南

“记住，没有任何故事价值比一个记者的生命更重要。一位死去的记者什么都报道不了。”

——霍华德·泰纳，先驱集团出版部门编辑副总裁

首先，确保你自身的安全。不论故事多么吸引人，都不要冒可能危及你自身安全或超出你工作能力的险。并且记住，有时候亲眼目睹却不能够提供帮助是非常痛苦的，除非某人的生命处于危险之中，否则你不能充当救援人员的角色。

你应该做的是：

1. 到达现场后，首先调查周围环境。

（1）罪犯是否仍然在现场。在家庭矛盾或人数众多的暴力情形下，你可能成为袭击目标。

（2）暴力威胁是否仍在继续或有危险靠近。例如，大厦上摇晃的混凝土块、矿井或未爆炸的装置。

（3）在生化攻击下，该区域是否仍处于污染中。当心受污染的水、血液或可疑物质，避免与它们接触。

（4）一个次要设备或人可能瞄准你和其他人。注意在恐怖分子袭击或自杀性爆炸情况下，恐怖分子有时会用次要炸弹袭击首先到达现场的

救援人员和媒体人员。如果你意识到潜在危险，立刻离开该区域。（遵从执法人员和救援人员的指示。）

（5）带好水、防晒霜、雨衣、雨靴、帽子、备用电池等必备东西，如果你是执法记者或全职摄影记者，更应该如此。你可能在现场延长时间。

（6）如果你目击了一个特别可怕的场面，在完成工作后与一个可信任的倾听者聊天。记住，在目睹悲剧或精神创伤之后，为家人和自己的安全而哭泣或考虑是合理的。

（7）如果你因长时间经历精神创伤现场，反复做恶梦，变得非常沮丧，或者经常在与家人或朋友相处时变得孤僻内向，请向专业人员寻求心理咨询服务。

2. 采写故事须知。

（1）报道个人的生活。找出这个人的特别所在：个性、信仰、环境（周围情况、家庭和朋友）、爱好和忌讳。认真对待采访对象，就像摄影师在照相取景时那么细致认真。

（2）保持精确。向受害者或受害者代表核查，证实姓名的拼写、事实和引用情况。原因是当你首次同受害者交流时，他可能会困惑或心烦意乱，再次核查能够确保准确。这还可能给你提供更多的信息和可使用的引语。

（3）尽量运用有关的细节，这会帮助描述他们的生活，提供他们生活的形象。例如："约翰喜欢在晚上弹吉他，娱乐全家人，这也帮助他减轻作为州长代表的工作压力。"

（4）避免关于受害者死亡的过于血腥的细节。在俄克拉荷马州发生爆炸案后，一些记者选择不报道联邦大楼旁树木上散乱摇晃的尸体残肢。记者应该询问自己，这些形象是否合适，是否会对读者或观众造成不必要的伤害。

（5）运用受害者亲属朋友的引语和趣事来描述这个人的生活。特别是那些有关这个人战胜困难的故事。搜寻受害者现在的照片（但要尽快归还）。这样，你就可以知道这个人生活中是什么样的。

（三）摄影师报道灾难指南

你应该做的是：

1. 你得清楚你可能是第一个到达现场的人。你可能面临危险和来自执法部门、公众的强烈反应。要始终保持镇静和注意。你必须清楚，照相机并不能保证你不受伤害。如果太危险，不要犹豫，立刻离开现场。任何上级或编辑都应该明白，一个人的生命远比一张照片来得更重要。

2. 对任何一个悲剧中可能接触的受害者，保持理性、礼貌和尊敬。对他人的反应，你不要有难堪的反应。在开始询问前，礼貌地表明自己的身份。

3. 你将记录许多血腥的场景。问自己这些场景对历史是否重要，或者对读者、观众来说是否过于形象。

4. 尽可能避免触犯个人的私人悲痛。这并不意味着你不该记录公共现场的情感画面。但是，不要介入私人财产或正在悲痛中的受害者。

5. 你应该意识到你也需要照顾自己的情感，承认自己的情感。与你信任的朋友、配偶交谈。将自己的想法写出来。用积极的印象代替消极的印象。建立一个健康的日常规范。临床心理专家伊拉娜·纽曼博士（Dr. Elana Newman）对800名摄影师作了一项调查，他在一次报社摄影记者联合会上发言说："现场目击死亡和受伤的可能占多数，且越来越多。摄影记者从事的报道越多，他们越有可能经受心理影响。"如果你的问题很严重，不要犹豫，找专业人士咨询。

（四）管理人员指南

"每个人照顾好自己，我们互相照顾。"

——亨利·弗雷曼，纽约《杂志新闻》记者

你的第一想法应该是重视你的职员的福利和他们的生活，特别是在一个重大悲剧或灾害的报道中。你的职员将需要友好的、亲切的和清晰的管理和团队支持。当记者从赤裸裸的悲剧现场回来时，来自管理层和同事的小手势和友好可能使他们感觉很特别。

你应该做的是：

1. 记住，新闻工作室里的每个人都可能受到不同的影响。有些人可能立即受影响，其他人可能数天数周甚至几年之后，才出现反应。那些声称或看起来最不受事件影响的记者，实际上可能是受影响最严重的人。其他人可能已经建立防御机制来处理悲剧事故，所以他们受到的影响最小。

2. 个人的问题可能加剧他的反应。比如，一个将要离婚的记者可能比其他人受影响更大。

3. 当记者受到特别影响时，症状可能会显示出来。疲惫不堪、容易发怒和急匆匆是3种常见症状，无论在新闻室里还是室外。鼓励上级和同事注意倾听和关注他们。

4. 派遣记者到悲剧现场时，建议他们照顾好自己，不要冒任何多余的风险。风险可能是情感上的，也可能是身体上的。（派遣记者或帮助同事去一个冲突区域完成任务时，为他提供适当的适应惨烈环境的培训是需要的。）

5. 在派遣记者去报道一个暴力或悲剧故事时，保持谨慎。要了解清楚该记者或他的家庭成员最近是否也遭受了相似的悲剧，或者因其他原因显得脆弱。这可能激化记者的反应或煎熬。

6. 如果你知道你的记者将长时间在事故现场，提醒他们带好水、防晒霜和帽子或任何必要的安全设备。如果他们没有必要的设备，派人给他们送去。

7. 要求被派遣的记者在某一时间点同你联系。那样，你就能估计情况和他的安全。你还可以询问他们是否需要返回编辑部或减轻压力。（如果一段时间以后，你没收到他的消息，你可能得派他人前往核查，或通知执法人员去核查该记者的人身安全。）

8. 一旦该同事回来，及时表达你的关心。“最近怎么样?”向职员表达人道关怀是合宜的。在你得到一个积极的回复后，可以跟他谈谈报道或照片。如果你得到否定的答复，问问“我可以为你做什么吗?”、“发生了什么?”，然后倾听。这种倾听可能给你的记者很大帮助。

9. 对长期受悲剧影响或长时间暴露在精神创伤中的同事保持关注。这些迹象包括疲倦、脾气火爆、不合情理地发怒、无缘由地工作迟到或个性的变动。如果你注意到这些，不要有严厉的反应。简单地倾听，表达对该同事的关心。如果症状没有改善，你可以建议他考虑专业帮助。（在灾害和大悲剧发生后，管理人员应该准备好心理咨询服务。）

10. 缺乏经验的记者在采访生平第一起灾难报道，或长期报道犯罪、法院条线时，尤其会受影响。请务必留心他们的需要。至于广播电台里那些老练和富有经验的记者，请注意精神创伤报道可能造成的更深层的问题（如麻木、酗酒、人际关系紧张）。

11. 为那些有需要的新闻工作者，提供专业和保密的心理咨询。

12. 提供电子邮箱或备忘录，上面应该有鼓励、感谢、暗示、时间、减轻压力的窍门和积极的信，来自读者的表扬信。

13. 鼓励员工做能帮助自己的事情。在公告板上、备忘录和电子邮箱里贴上小提示。

14. 鼓励同伴倾诉。记者同警察、急救人员一样，在朋友面前比在陌生人面前更显自然。咖啡店或酒吧可能是最适合的场所，有助于同事聊天和互相倾诉工作中的情绪。真诚的倾诉，不需要演技，正如人类学家、《战争故事：驻外记者的文化》一书作者马克·佩德利（Mark Pedelty）所说的："这是记者根深蒂固的文化。"

必须意识到一场校园枪杀或者世贸中心袭击过后，开一个倾诉研讨会或提供情绪倾吐的机会是必需的，这并不意味着像许多记者所认为的是一种软弱的行为。相反，举办成功的话，倾诉会产生更多的动力。书写、画画、聊天或叫喊等行为可以改变头脑中创伤的记忆，就好比把存储从这个硬盘移动到另一个硬盘。危地马拉和波斯尼亚幸存的孩童通过画画或给图像添加色彩，帮助自身康复。特别是触及悲恸时，倾诉常常能释放悲剧事件的情绪，使当事人在将来回忆的时候少些疼痛或不再疼痛。

记者常常通过撰写和制作报道来实现目标，但是也有一些"不能放在报道中的东西，因为它过于可恶或者其他原因"，《俄克拉荷马州人》记者佩妮·欧文说："（在俄克拉荷马州爆炸案后）我真正需要的是和同事在一起待一会儿，聊聊发生的所有事情。"但是，她继续说道："在我们慢下来之前，每个人都很劳累，以至于我们从未考虑过开一个紧急会议。"

和每个经历过疼痛的人一样，新闻工作者也是人，也能感受到灾难。将它束之高阁只会延长危害，将来只会变得更糟。报道完大型悲剧后的倾诉是必要的，如果有付费顾问倾听就更好。雇主应该为新闻工作者提供专业倾诉服务，因为新闻业十分敏感，且竞争激烈。记者、自由撰稿人应该寻求和运用机会向朋友和专业人士倾诉。

第二章　记者的自我保护

一、记者的自我保护

任何经常接触精神方面受过严重创伤者的记者，他自己的精神状态也容易受到影响。如果你曾目睹痛彻心扉的悲惨场景或倾听过他人特别不幸的遭遇，一定要在近日内想方设法放松一下自己。如果你有自己喜欢的放松方式，一定要去放松。体育锻炼、瑜珈或欣赏艺术等都是很好的放松方法。

和与你有相同经历的记者交流你的所见所闻，也不失为一个减轻压力的好方法。

很多记者认为多关注社会的真善美，将会让他们从中受益，因为正面报道的采访和写作有利于他们精神压力的缓解和紧张情绪的释放。

在亲眼目击悲剧事件之后，记者通常需要经历数周的压抑状态才能从中恢复过来，这是一种很常见的现象。但过了一段时间之后，如果这种压抑状态还不能结束的话，就要考虑寻求专业人士的帮助了。

像英国广播公司和路透社这样的新闻机构，都已逐渐地认识到了为在工作中经常接触悲惨事件的记者和其他工作人员提供心理支持和应急培训的重要意义，因为这些人在工作中最易受到精神压力的影响。

下面的记录是根据一系列新闻从业人员精神健康问题讨论会的基本内容整理的。这几次会议是分别在伦敦和美国召开的，由欧美新闻界记者与精神创伤速成培训中心的分支机构主办。

（一）什么是精神创伤

精神创伤是人类生活状态的一个组成部分。这一点很早就有文献记载。《荷马史诗》——西方文学中最古老的教材——对于战争所造成的心理创伤曾经进行了图示式的描述。塞缪尔、佩皮斯在日记中记述的那场可怕的伦敦大火和参加过一战的士兵对炮火轰鸣的战争场面的心理体验都在正式的文件中有着详尽的记载。

然而，直到最近这几年，人们才对精神创伤给人带来的心理和生理的重大的毁灭性影响给予充分的关注与理解。

事实上，精神创伤远比人们想像的要严重得多。

一般情况下，人们是这样给精神创伤下定义的："超过个人通常体验之外的，并可能对个人造成潜在的生理伤害的任何事件。"

职业创伤与压力过大所造成的严重创伤后遗症（Post Trauma Stress Disorder，简称 PTSD）是一种很危险的状况。在这种情形下，很容易发生轻生或精神崩溃的危险。前期诊治可采用专门的鸡尾酒疗法，这可缓解早期（不超过一个月）的一些发病症状。

PTSD 是美国精神病学家在越战后才正式予以定义的一种疾病。最初是用来描述很多军队老兵的心理状态。但是，不只是战争和激烈的冲突才会造成这种伤害，那些经历过车祸、暴力或重大疾病的幸存者也会产生同样的问题。

记者也是如此。因此说忽略自我心理保护是十分危险的。

精神创伤也是一种损伤，它不同于肉体的损伤，它能突破人身体的防线。"精神创伤"这个词最早来源于希腊语，原意是指身体和精神遭受伤害时的反应症状。

创伤的愈合需要时日，记者也不例外。所以要让他们感知到这种创伤的客观存在，并给予他们时间和空间去寻找并接受治愈创伤的帮助。

《精神错乱症（DSM IV）》这本基础课教材对精神创伤是这样定义的："可以导致岗位性的精神错乱的事件，如面临死亡、死亡威胁或其他严重伤害，自己或他人肢体伤残等情况。"作为个体的人都有可能经历极度恐惧和无助等状况，这种精神创伤的表象会对一个人肉体和精神方面潜存的恐惧意识具有很大的暗示作用，它可决定以何种方式把这种可怕的体验储存在人的身体与心灵的记忆之中。

最新研究表明，类似 PTSD 的症状在一个人长期面对其他种类的痛苦时可能会产生，不管这种痛苦是身体的还是精神的，或者是两方面的。

大多数人在经历精神创伤后会自行康复，但这取决于他们先前的个人体验，他们情感的迁移能力及这种精神创伤本身的性质，也有相当一部分人面临发展到精神系统紊乱的危险。作为记者明白一件事是很重要的，那就是，随着时间的推移，精神创伤是可以慢慢累积的，并且记者内心的矛盾冲突可能会被毫不知情、感觉迟钝的编辑或上司所忽略。尽管这种情况在文献中没有记载，但我们必须给予足够的重视。

精神创伤是人类社会的一种准自然状态，在西方社会尤其如此。每个人一生平均要经历 20 次左右的精神创伤事件。

正确理解精神创伤并了解它在个体和群体行为方面的产生机制，也是解释国家、种族、团体、家庭或个人发生矛盾冲突的重要方法。

回顾德国20世纪20至30年代这段历史，我们不难发现，正是在第一次世界大战中受挫的特殊精神创伤背景才使得纳粹主义操纵了整个德国，并把犹太人看成了万恶之源。

今日中东的现状也同样证明了这一点。在激烈的暴力冲突发生的地方，精神创伤在犹太人和巴勒斯坦人之间有着悠久的历史并且每天都在加剧。

再看看我们身边的各种暴力冲突，我们就不难得出结论：旧日的精神创伤，不管它是个体的还是群体的，今天正继续在我们的身边上演。

而此时，大多数媒体对这种冲突的深层次的心理驱动原因的报道却是少之又少。

（二）PTSD主要症状

1. 重复体验：悲惨事件的阴影难以抹去，常受噩梦困扰，脑中时常浮现曾经历的悲惨画面，对稍有联系的景象、声音和气味都会产生连锁反应，仿在眼前。举例说，车灯的反光都会使一个人吓得跑起来，因为他以为那是炮火。

2. 回避、麻木：对过去曾经历过的精神创伤或刺激性的回忆持回避态度。他们生活的圈子在缩小，越发空虚，情感麻木、冷漠。有时无法继续从前正常的生活或人际关系。

3. 过度警觉：长期处于紧张和激动的状态之中，好像危险随时会发生。

对PTSD患者来讲，各种症状至少持续一个多月并伴有强烈的痛苦或官能紊乱现象。如果症状已近3个月之久，医学上称为急性PTSD。如果超过3个月或时间更长，则被称为慢性PTSD 。如果症状超过半年，精神病学家称之为延迟性PTSD（Delayed Onset PTSD）。它的主要症状如下：

1. 睡眠困难、做噩梦、幻想；
2. 有疲惫性攻击行为、愤恨、生气；
3. 丧失交际能力；
4. 焦虑、恐惧、自闭；
5. 酗酒、吸毒麻痹自己；
6. 悲伤的犬儒主义性格；
7. 惊愕、过度警觉；

8. 羞愧、丧失自尊；

9. 失去对生活的希望；

10. 头疼、周身疼痛等肢体症状；

11. 焦虑、惊慌、担惊受怕；

12. 悲观绝望、魂不守舍。

另外，周年纪念日对经历过精神创伤的人来说是一个特别困难的时刻。这个日子来临时，要当心激动、焦虑、噩梦增多、萎靡不振等现象发生。

我们要认真对待 PTSD，很多在 1982 年参加过福克兰群岛战役的英国老兵一直受此经历折磨，一个不容忽视的现象是，这些老兵死于自杀的和当年阵亡的人数已经相当。

（三）记者需要重视精神创伤问题

正如消防队员、士兵或搜救工作人员一样，有时侯亲临体验一些悲惨事件并感受那种切肤之痛是记者的一种职业需要。

精神创伤事件具体有：

1. 军事斗争；

2. 自然灾害；

3. 车祸、空难等；

4. 骚乱；

5. 被拘留，被扣作人质；

6. 恐怖事件；

7. 事故，如交通事故等；

8. 暗杀，受到审判；

9. 受到人身攻击或侵犯。

精神创伤事件报道是新闻材料之一，它的目的可能是为了唤醒人们大脑皮层中对于潜在危险的防范意识。

在历史上，记者或许是需要最先赶赴悲剧或冲突发生的现场的。记者已经继承了我们人类社会所谓的强者文化传统，下面这些假设可能会给予一些佐证：

1. 我们不是悲惨事件的亲历者，我们不会受影响；

2. 我们接受过职业训练，会与它们保持一定的距离，我们只不过是在报道事实而已，我们不会被感染或震撼；

3. 如果我们被所采访的不幸事件或人物所影响，那将是不适宜的、自私的和软弱的；

4. 如果我们承认具有其中任何一项弱点，我们将会面临断送职业生涯的危险。

记者可能都认为自己是超人，不会受外界影响。然而，最新研究表明，在精神创伤方面，记者并不能置身事外。这实际上不足为奇。

加拿大精神病学家安东尼·费恩斯坦曾进行过一次对 160 名战地记者、制片人和摄影师的调查。其中约有 1/4 的人有职业精神创伤的临床症兆，如社会生活困难、抑郁、人际交往障碍和酗酒（具此症状者有 50%的人是单身），还有很多人遭受噩梦、幻想、易怒、注意力无法集中和神经质等症状的折磨。

政府的紧急情况服务措施已把应对精神创伤问题纳入其中，并成立了相应的服务组织。警察家属联络官员已把这项工作网络化，而英国皇家海军已在所属各单位实施了他们所谓的抗精神创伤培训计划。

在美国，应对精神创伤中心特地为记者们开设了专门应对精神创伤的网站，并在网站上储存了大量信息。该中心在近几年来做了大量工作，提高了各新闻传播机构对精神创伤问题的重视。它在欧洲资助了一个姊妹项目（www. darteurope. org）并得到了 BBC 和其他新闻传媒机构的赞助。BBC 是第一家为新闻从业人员提供正式的精神创伤培训服务的新闻机构。

二、如何选择心理辅导师——以美国为例

（一）在开始之前，你应该自问的问题

你的保险方案中覆盖了心理健康方面吗？如果有，那一部分的比例是多少？有限制（一些保险计划只覆盖有限次数的心理辅导）吗？对心理辅导者的类型有规定（有些计划只提供心理辅导师，而另一些则可以包括心理学家）吗？你是如何寻找心理辅导的？需要经过初级诊断吗？

在选择心理辅导师上，他的性别、种族、语言对你来说重要吗？你对他的宗教信仰有要求吗？是否需要他的对你的职业特点有所了解？当然，这些不一定要全部考虑在内，但是，当你在与别人进行沟通的时候，先了解他的一些偏好能够帮助你确定好交流方式。但是，一定要记住，心理辅导师的能力才应该是你最重要的选择标准。

你能够付得起哪一位心理辅导师的费用？就像所有的专业人士一样，心理辅导师也需要生活而不是免费服务的。当然，有的会按级别收取费

用。首先要看一下你的经济状况才能决定你能付得起哪一种档次的心理辅导师的费用。

你愿意为了免费咨询而以填写一大堆表格作为代价吗？有些医疗中心会进行现场试验来比较心理辅导的效果，有时是为了找出能够完善治疗的方法。这也是你可以考虑的。但是一定要确定你不会被分到效果不好的咨询治疗中。在国家心理健康学会，你会找到那些得到严格科学性和道德性把关的、有基金支持的研究项目。

（二）针对心理创伤的治疗种类

一项有效的咨询治疗不会对所有人都有效，而要寻找对自己有效的则需要花费很多时间。一个有经验的咨询师会找出你的特殊需求，并辅以相应治疗。

对于创伤后应激障碍的治疗，已经作过足够研究的方法是认知性行为治疗（针对想法和信仰）、伤痛揭露法（在获得安全之后，面对经历过的事情，回顾所经历的伤痛），另外还有一些抑制伤痛的药物。当然，这并不意味着其他方法不奏效。

对长期存在的心理创伤造成的人际交流困难，通常治疗的内容包括帮助患者了解事件性质及这些事件是如何影响到他的人际关系和心理预期。这样的治疗会帮助患者了解现在的生活状态和以前的创伤经历有关系。还有的疗程集中在建立人际关系的能力，对情感波动的包容性以及自我恢复这几个内容上面。对于这种方法，一些临床医生使用的术语叫行为性治疗。

心理咨询会使人感到痛苦，你必须对疗程中可能会出现的困难期有心理准备，尤其对针对心理创伤的治疗。

（三）寻找治疗师

你可以在你的保险计划目录里寻找，保险计划通常有一个在线目录，里面有着所有取得执照的专业人士列表，或者可以去国家的专门机构（如美国心理协会、美国精神病理协会等等）查询。

如果你不介意的话，可以询问同事或者朋友，有没有可以推荐或者一定不能选择的人选。如果你的供职单位有员工辅助计划而你又相信的话，也可以接受。

（四）如何评价心理辅导师的能力与资格

每个人都可以称自己为心理辅导师，所以辨识心理辅导师的专业能力很重要。建议选择具有该专业学位或者证书（像博士，医师，从业资格，心理医生等），同时具有国家颁发的执照，或拥有心理咨询业的专业委员会的认证的辅导师。从业许可和学术培训能保证该辅导师达到行业标准并且能够在他所受过训练的领域从业，而执照和委员会认证通常表示此人通过当地关于心理康复的法律及职业道德的考核，而且他的证书也证实他取得了信誉良好的项目培训。这些证书的合法性能够通过与颁发组织的核实查询出来。

这两个标准只是第一步，一个好的心理辅导师能够将知识运用于不同的患者身上，能够与患者换位思考，从而更好地与患者进行交流。

（五）当你第一次与某个辅导师通话或面谈时你要问一下的问题

1. 你（指辅导师）有什么证书？你受过什么培训？

2. 你从业多久了？

3. 你的专业领域是什么？

4. 你是否属于一个强大的监督机构？你与别人交流时对于我的情况你会透露多少？

5. 你从事个人咨询还是团体咨询？

如果你是一个会经常接到任务，时间表排得很紧的记者，你要选择能够根据你的时间约定治疗的医师，保证你不会错过某个疗程。这一点是记者经常苦恼的，所以在确定医师之前要讨论这个问题。

如果你对自己想要的咨询完全清楚，那你可以试着面试两位咨询师，然后根据自己对两个人的感觉作出选择，选择让你感觉舒适并且合拍的那一位。

心理辅导师的风格应该适应患者。这是必须衡量出来的，因为被咨询者必须相信咨询师的保密能力和业务能力。

大多数咨询师能够对付多重文化，并且会为了更好地治疗而去了解一些人群。如果你很想知道这个咨询师是否已经熟悉某个文化，或者某个领域，你可以直接向他提出来。一个有经验的心理辅导师是能够用令你喜欢的方法来解决这个问题的。

（六）你应该询问该医师在心理创伤辅导方面受到的训练和观点

1. 你上一次参加心理创伤辅导方面的训练是什么时候？

2. 你受到的训练是什么类型的？

3. 你对灾难幸存者和心理创伤受害者采用怎样的治疗方式？

4. 你的患者通常适用哪一种治疗法，你认为对我会起效吗？

5. 你的治疗法科学可行吗？你是否会对患者采用一种惯常的方法？〔如果他只用一种方法，那是值得怀疑的；如果他对所有的患者都采用一种方法（如沙盘法），那他可能不如那些将委员会的理论性方法（如认知行为方法、人际交往方法）改良适用在不同的患者身上的人。〕

6. 你属于某个专业组织吗？（你可能希望这个人属于专攻心理创伤的组织，像创伤研究国际协会，美国防止虐待儿童研究协会。）

7. 你读哪一些专业期刊？（像《创伤后应激研究日报》、《人际暴力研究日报·创伤研究》之类的报纸。）

（七）当你选择了某个心理辅导师之后

尽管一些辅导师可能会需要在几次预约之后才能对你有所了解并且为你制订细节完善的治疗计划，但在开始阶段，你还是要弄清楚一些基本方案、费用、预约取消规定、保密规定等等。

你也需要知道辅导师对他们的患者的状况或诊断的看法，或者他们对治疗方案的建议以及决定治疗方案的初期诊断。

你应该对你的疗程的时间有一个大致了解，或至少能够和辅导师讨论一下结束时间。

好的辅导师通常能够涉及到某个疗法的优缺点，并会和你讨论有可能的替换方法。通常他们会以书面形式写下来，这样你会有机会回顾并提出疑问。

（八）如何从一项辅导取得最大的收获

你在心理辅导时想问什么问题？你有哪些困难需要得到帮助？你有没有想要讨论但又感到矛盾的问题？你回顾自己的生活时，有没有发现它其实可以更好？

准备好与你的咨询师在第一次访问时就讨论这些问题，这样你们能够一起找到咨询要达到的效果。

在治疗之前就作好准备并考虑好一些问题。

对你自己，对咨询师都诚实一些。把所有需要问的问题都提出来，你要让咨询师知道你对治疗的反应如何。

（九）另外要记住的一些问题

患者与辅导师之间任何形式的性关系都是不合适而且不道德的。

不要拜访同时是你的好朋友，或与你的好朋友关系亲密的辅导师。（事实上，在许多领域这都是不道德的。）但是，如果你在一个小的社区生活，这也许是无法避免的。这样的话，向你的辅导师提出所有你关心的问题。

尽管你希望你的咨询师与你有很强的互动并给你很多信息，但要小心他过多谈论他的个人生活。

如果治疗之后你感觉不好，并且没有看到任何进展（有时你会感到比治疗之前更差），要与你的辅导师讨论一下，看看有没有别的办法。不幸的是，处理心理创伤是件很困难的工作，而且会让人感到难过。

一个疗法并不适用于每个人，为某个人选择合适的疗法是需要时间的。所以当某一个方法不起效时，不要轻易放弃。

三、关于精神创伤的一些贴士

（一）哪些人处于危险之中

现在人们知道精神创伤的影响是波状的。那些面临 PTSD 症状的人当然就是那些马上就被影响的人，不管他是当事者还是旁观者。然而，任何从事精神创伤性报道或相关工作的人都必须准备应对精神创伤性冲突和考验，或者准备承担患上精神创伤性疾病的风险。

可能受到精神创伤威胁的工作范畴如下，当然这不是绝对的，所列举的也并非全部。

从事灾难报道工作的相关人员：

1. （战地）通信记者；
2. 摄影人员；
3. 制作人；
4. 中介人；
5. 特约记者；
6. 后勤保障人员；
7. 技术人员、录音师、工程师；
8. 经理、编辑、部门负责人；
9. 导演工作联络人员；
10. 台词经理人、分派编辑；
11. 后期制作人；
12. 美术编辑、制片人、BBC 监视人。

别忘了他们家里这些人：他们的配偶、合作伙伴、孩子。

（二）如何判断是否得了精神创伤性方面的疾病

下面列出一些方法可供判断一个人是否患有精神创伤性问题，同时也可说明它的严重程度如何。一般情况下，6 个或以上的肯定回答表明症状较重。

1. 是否对不顺心的事耿耿于怀，难以忘却；
2. 是否常在梦中受这些不顺心事的困扰；
3. 是否在行动和感觉方面常觉得那些不顺心的事还会发生；
4. 是否一提到这些不顺心的事就心烦意乱；
5. 是否有较重的肢体反应，如：心跳加快、胃不舒服、盗汗、晕眩；
6. 是否有睡眠障碍；
7. 是否易激动、突然发火；
8. 是否注意力难以集中；
9. 是否对自己或他人可能面临的危险过度敏感；
10. 是否对出乎意料的事情常感到惊愕，有神经质反应。

（三）需要给予特殊关怀的对象

下面汇总的案例来源于最近欧洲速成研讨会上的几次讨论发言，与会者一致认为具有下列情况的人需要给予特殊关照。

1. 那些非常渴望做出业绩的年轻记者。由于在工作方面缺乏经验，可能会给自己或他人带来不必要的危险。

2. 单独工作的记者，还有其他单独工作的人，如自由撰稿人和排版印刷人员等。因为技术的不断发展，人与人之间的沟通越来越少，这种孤独感会使人容易患上职业性精神创伤性方面的疾病。

3. 摄影人员。摄影师在拍摄完之后通常独立工作，看上去要比处理胶片人员患病风险小一点，因为他们没有机会再回顾他们所看到的东西。

4. 不能出外工作的一些人员——本地记者、特约记者、中介人、翻译等，他们一般不能离开工作的地区。

5. 自我保护意识不强的人。这就使得他们面临各种挑战，这类人可能会察觉到潜在的危险，但很难发现他们自身的问题。

6. 那些缺乏家庭密切支持的人。有很多人不同意这种说法，但如能长期维持较好的伙伴关系对记者的工作有利，而这类人通常是男性，女性很难做到这一点。无论对男人还是对女人来说，友谊都是非常重要的。

7. 患上PTSD时和爱人或搭档分手可能会加重病情。一个人如果觉得自己经历的某事仿佛就像在梦中一样，或眼前有某种飘动的感觉，就有可能呈现早期的PTSD症状。

8. 那些属于工作狂型的记者可能会有一些特殊的麻烦。他们就好像上足了劲的发条不知什么时候会崩断一样。他们也有可能伤害到他们的同事。

9. 精神创伤事件可以激发一些旧症甚至是童年时未被人所知的病情，也可能导致精神压力的累积或职业性精神创伤紊乱症。

（四）康复要点

强调情感反映对精神创伤性压力的影响总是重要的。然而减压也绝对是身体系统在受到伤害后试图恢复健康状态的正常行为。就像断腿一样，断骨需要时间才能愈合，精神创伤也需要细心的呵护与支持。

几周后仍然带有精神创伤症状并非是脆弱的表现。不同的人用不同的方法与精神创伤作斗争。艰难地接受所发生的一切是需要时日的，并且要根据所发生事情的性质来决定这个时间的长短。

正确的理解、倾听和支持可以调整正在经历精神创伤事件或面临严重精神压力的人的情感。帮助一个人了解他所经历的精神创伤的前因后果，并认识到受这种影响之后去寻求并接受帮助是正常的。

（五）最基本的该做和不该做的事情

如果你或你的同事已经有过精神创伤经历，下面专业人员提供的建议会给你一些帮助。

1. 应该做的事：

（1）尽可能让生活正常化；

（2）倾诉你的事情和感受；

（3）做一些放松性的运动；

（4）有规律地进食和锻炼；

（5）有可能的话，回到事故发生地看一下；

（6）回到单位去工作；

（7）和医生谈一下，看有什么好建议。

2. 不该做的事：

（1）自我孤立；

（2）封闭自己的情感；

(3) 过量饮酒；

(4) 过度疲劳；

(5) 不正常进餐；

(6) 休假或自行休息。

（六）同事之间也可互相支援

1. 要耐心倾听有精神创伤的同事诉说他们的遭遇；

2. 问开放性的问题，不要带着你个人的体验去打断他们的倾诉；

3. 不要忘记告诉他们，你知道他们的感受；

4. 不要轻视他们的感受，或流露出在他们需要大家齐心协力时，别人可能爱莫能助的意思。

大多数人都能从精神创伤中恢复过来，生活当然也就能按预想的那样恢复正常了，精神创伤的阴影也会慢慢地褪去。当记忆恢复正常时，精神创伤也就治愈了。

把自己不幸的经历写出来有助于加速治愈的进程。

随着时间的推移，精神创伤会慢慢地成为过去时。潜意识中引起痛苦反应的因素在慢慢地消失，人们会把精神创伤事件当成生活中的一种经历并从中学到一些东西。

第三篇　南亚海啸中的媒体操作实录

灾难如何报道

>>导言

南亚海啸发生于2004年12月圣诞节期间。巨大的灾难震惊了世界。有一批中国记者尝试着走出国门，去报道发生在千里之外的重大灾难。那是中国媒体第一次集体报道异国的灾难，也因之有了第一次的体验，包括收获和教训。

第一次的新鲜感觉是值得总结的。2005年3月，汕头大学长江新闻与传播学院举办了南亚海啸学术研讨会。在会上，亲身参与了海啸报道的各家中外媒体踊跃发言，总结经验教训。

部分发言实录整理在本书这一篇之中。在里面，你可以看到：

时任《南方周末》驻京科学记者李虎军，如何两度进入印尼班达亚齐灾区，如何克服语言交流、恶劣环境等障碍，完成第一次异国的灾难报道。

时任《中国新闻周刊》记者朱雨晨，如何结合中国媒体的现实条件，克服签证、语言、前后方交流等困难，探讨中国市场化媒体国际灾难报道的突破和不足。

时任《南方都市报》区域新闻部记者陈实，如何进行海啸报道的专题策划，展现出中国媒体在国际重大灾难中发出自己声音的潜力。

时任《21世纪经济报道》香港新闻中心记者罗绮萍，如何利用她少有的国际化优势，采用国际通行的记者证为自己取得更多采访机会和便利。

时任《三联生活周刊》副主编李鸿谷，如何从中国媒体的角度思考谁是灾难报道的主角，思考作为一个中国刊物报道国际灾难的定位和报道核心。

时任《南方周末》天下版编辑史哲，如何在新闻操作中选择柔和的东方视角，以区别于其他国际媒体，找到自己独特的定位和报道风格。

时任《中国新闻周刊》主笔、时政部主任唐建光，如何处理前方与后方、计划与变化、宏观与微观的关系，以确保万无一失地作出精彩的报道。

时任《瞭望东方新闻周刊》总编辑助理聂晓阳，如何从国际政治主题的变迁角度来看待海啸，并组织海啸报道。

时任凤凰卫视驻北京首席记者闾丘露薇，如何通过海啸报道进一步确立凤凰卫视在国际报道中的重要地位。

时任《时代》周刊高级编辑左赫·阿布多尔卡里姆，讲述《时代》周刊如何迅速进行全球调度，进行全景式的海啸报道。

时任日本龙谷大学新闻学教授小黑纯，讲述日本媒体如何进行海啸报道，他们采用怎样有别于中国媒体的视角。

时任《雅加达邮报》驻班达亚齐省记者及摄影师纳尼·阿弗雷德，如何从印尼本地媒体的视角来看待海啸灾难，讲述如何处理与受害者的关系。

时任印尼 Aechkita.com 总编辑丹迪·拉克松诺，带来了震央的现场报道。那些真实的图景在今天看来仍然触目惊心。

这些宝贵的发言记录在时隔 4 年的今天仍然具有巨大的价值。这是中国媒体在国际灾难报道中初试啼声。因为稚嫩，所以才有值得总结的余地。而外国同行提供的视角，同样是宝贵的。

李虎军：二赴班达亚齐灾区

李虎军：时任《南方周末》驻京科学记者。

2004年12月27日，印度洋发生海啸的次日，《南方周末》编辑部果断派出4名记者分赴海啸灾区采访：周俊和王铁庶（摄影记者）去泰国，刘鉴强去斯里兰卡，我去印尼。在《南方周末》20年历史中，恐怕这是第一次同时派出数名记者采访国际突发事件。

这不是我第一次在国外采访。我在麻省理工学院进修科学新闻期间，也曾采访过美国科学促进会在西雅图举行的学术年会。但出国采访突发事件对我来说还是第一次，心里不免有些忐忑。

12月28日下午，我在印尼驻北京使馆拿到签证，同时碰上了《三联生活周刊》的记者吴琪，此后便结伴同行。29日傍晚，我和吴琪抵达印尼外交部，新闻司的Irzani女士为我们办理了采访证。30日中午，我俩赶到海啸重灾区——亚齐省首府班达亚齐。后来听几位国内同行说，我俩是从内地出发的最早到达印尼灾区的中国记者。

感受死亡之城班达亚齐

去班达亚齐之前，我给正在棉兰采访的新华社雅加达分社记者余谦梁打电话了解灾区情况。余谦梁说，班达亚齐很不安全，而且燃料极度短缺，很有可能找不到车去市区。

但无论如何，记者一定要去灾难现场。

在印尼采访，语言是一个很大的障碍，因为很多当地人不会讲英语。在班达亚齐机场候机时，我和吴琪四处搭讪，认识了家庭妇女 Ayu 和她妹妹。她们都会讲英语，妹妹已经在悉尼上了半年的酒店管理学校，英文说得更好。她们的一个表姐 Isriani 在海啸中遭遇了不测。她们这次是带着大米、面条、药品等生活必需品，去看望幸存的亲人。

一到班达亚齐机场，情况果然如余谦梁所说，很难找到车去市区。还好，Ayu 家里有人来接她们，并且同意我们搭便车进城。进入市区，我们面对的简直就是一座死亡之城。

虽然已是灾后第四天，但眼前的景象依然让人感到极度震撼。

在 Isriani 家，我采访了她 18 岁的女儿 Miranda。Miranda 是班达亚齐 Syiah Kuala 大学经济系的学生，英语也讲得不错。她讲述了海啸如何卷走母亲以及她和弟弟死里逃生的故事。

后来，编辑部提出了“海啸后的东方式拯救”策划案。编辑部的想法是，《南方周末》在 12 月 30 日那期报纸中已经通过资料的整合，刊发了大量描述灾难现场的报道。那么，接下来一期（2005 年 1 月 6 日）的报道应该具有独特视角，希望我们前方 3 位文字记者分别讲述一个人物或者一个家庭的故事，并且要体现出宗教和家庭在灾难拯救中的色彩。

我收到编辑部的这个策划案时，已经离开班达亚齐去了棉兰。而我采访 Miranda 时，恰恰没有去仔细了解宗教和家庭在灾难之后所起的作用。看来只能追加采访了。几天后，Miranda 和她的家人随 Ayu 逃离班达亚齐到了雅加达，我在那里对 Miranda 进行第二次采访。那时，Miranda 她们已经把我当作朋友，我顺利地完成了编辑部布置的首要任务。

从一份报纸中寻找故事

在异国他乡采访，往往是单兵作战。线索从哪里来？当地报纸无疑是一个很好的消息来源。印尼的中文报纸整体水平不高，没有多大的参考价值，雅加达的英文报纸《雅加达邮报》就成了我主要的参考读物。

去印尼之前，我就从《雅加达邮报》的网站上得知，在海啸中，班达亚齐唯一的日报 *Serambi Indonesia* 在海啸中消失了。该报在班达亚齐的办公楼、印刷厂被彻底夷为平地，许多员工遭遇不幸，其中 80 名记者几乎全部失踪。然而，仅仅过了6天，也就是2005年的第一天，这份报纸就重新出现在了班达亚齐。

编辑史哲觉得这个点不错，希望我写写这份报纸。由于通信和交通的问题，我在班达亚齐时无法联系到*Serambi Indonesia*幸存的记者。编辑就在MSN上建议我采访*Serambi Indonesia*在雅加达的工作人员，尽量还原这份报纸重生的轨迹。

*Serambi Indonesia*由总部位于雅加达的Kompas集团出版。我查酒店的电话薄，翻到Kompas的联系电话，猛打一通，终于找到了合适的采访对象。最后呈现出来的报道在报社内部获得了好评，但同时也受到了批评，因为没有采访到该报亲历海啸的记者，故事缺少细节，不能不说是一个遗憾。

在采访过程中，Kompas集团地方报系采访主任Achmad的一段话给我留下了深刻印象："1992年印尼弗洛瑞斯岛发生海啸时国际社会也给予了援助，但有官员公然将大量衣物和药品等私下出售，因此，重新出版*Serambi Indonesia*的另一个使命在于，它可以监督救援物资和资金的使用。"

尤连安老人

离开班达亚齐后，我和吴琪去了最大的难民集中地——棉兰。我们在棉兰采访的基本上都是华人。语言交流的顺畅，以及同为华人的亲近感，应该是我们作出这种选择的主要原因。印尼的华人和一些华人团体也为我们的采访提供了极大的帮助。

在棉兰最大的华人难民营美德村，我们见到了62岁的尤连安老人。老人一直生活在班达亚齐市郊的亚齐河边上，他一家9口人，只有他在与巨浪的抗争中奇迹般地活了下来。

接下来的3天时间里，老人在发臭变形的死人堆里拼命寻找他的亲人。他说，不管亲人是否还在人世，他都要见到他们。即使是第一次掀开尸体遮盖物的时候，老人也一点都不害怕，他只是一心一意想要找到自己的亲人。老人找遍了班达亚齐，检查了1000多具尸体，但始终没有发现自己的亲人。

报社一位同事后来读到尤连安老人的故事时，说了这么一句："我是看了这样的故事才愿意给海啸灾区捐款的。"

在印尼采访期间，像这种撼动人心的故事，我听了许多，眼泪也不只一次地掉了下来。

2005年1月6日晚上，我离开雅加达，返回北京。我的这些见闻和感受，后来以记者手记的形式发表在《南方周末》。

二进亚齐

1月16日，我又坐上了北京飞往印尼的航班。编辑部让我重返亚齐，报道灾后重建的故事。

此时，海啸报道的热度已经迅速冷却，但编辑部经过反复讨论，觉得还是可以派记者前去，写一篇特稿，勾勒出亚齐重建的艰难。

这一次去亚齐，我找到了一个组织——中国国际救援队，他们帮我联系到了华人陈贻华。陈先生让我在他们家族开的旅店里面免费住了一个星期。酒店没有水，没有食物。酒店后面有陈先生他们从废墟中挖掘出来的3具尸体，尸体陪伴了我3天才被收走。

本来，特稿编辑张捷希望我连续跟踪几个人物和家庭。不过，语言是一个拦路虎。第一次到班达亚齐，我还能碰到会说英语的Ayu她们，而这一次，除了在班达亚齐新闻中心采访的亚齐救灾总指挥Budi先生，我几乎没有撞上英语不错的当地人。只能找当地华人做翻译了。但是，班达亚齐很多的华人仍然滞留在棉兰，极少数回到班达亚齐或者留守的华人，要么忙着清理自己的房屋，要么中文说得很不好。国内一些同行显然是有先见之明的，有媒体从棉兰或者雅加达带来翻译，广西电视台甚至请到了国内的一位印尼老华侨做向导。而我呢，没有办法找到一位固定的、中文不错的翻译，每一天都要为找翻译而发愁，跟踪几个人物和家庭也就成了难以完成的任务。

好在班达亚齐的通信已经恢复，我在电话里和编辑商量了几个新的角度。其一，1月21日是穆斯林传统节日古尔邦节，又称宰牲节，它的隆重程度相当于汉族等民族的春节，我可以记录难民营里的新年；其二，1月26日是印尼政府规定的亚齐灾区重新开学的日子，这也是难民营里最被关心的问题，人们期盼琅琅的读书声再次响起；其三，班达亚齐的华人大多仍滞留在棉兰，而班达亚齐的华人社团天益社负责人吴瑞华先生希望大家都回来，这样热闹一点，城市也才会有希望，我可以通过记录吴先生的努力，来反映华人的回归之路。

最后，我总算是不辱使命，完成了这几个角度的采访，形成特稿《亚齐：艰难的重建》。

朱雨晨：
市场化媒体灾难报道的突破与不足

朱雨晨：时任《中国新闻周刊》记者。

从某种意义上来说，在海啸报道之前，大陆市场化媒体在灾难报道方面已经有长足的进步。新华社说什么就是什么的规律已经被默默打破，尤其是在这次海啸报道中，在新华社、人民日报、中央电视台等官方媒体还是恪守“中国”、“中国救援队”、“中国援助”概念的时候，市场化媒体已经试图突进到纵深，全方位、全景式报道海啸灾难。

问题在于，当市场化媒体在这次报道中，几乎完全突破了官方宣传的瓶颈之后，却遇到一些未曾预料的问题。

时机和推进速度

第一是时间和推进能力。没有官方媒体的官方背景（比如加入中国救援队直接进入灾区），市场化媒体的反应速度和推进速度都非常缓慢，甚至此前的决策都显得缓慢、仓促和缺乏经验。

以《中国新闻周刊》为例，确定派人进入海啸灾区是在海啸发生两天之后，当时确定的落点是斯里兰卡，因为斯里兰卡对中国落地签证。可当我们发现重灾区在印尼，并确定加大兵力进入印尼时，已经是12月

30 日——海啸发生后的第五天。此时从已经派往全国各地的记者中确定人选，筛选一遍（条件是有护照、基本英语能力等），最后确定通知我立即返京，又是一天。那时又恰逢元旦，无法办理签证。等到办完一切手续，以最快速度赶到雅加达时，已经是第二年 1 月 5 日。

中国媒体记者到达印尼大致都是这个时间，即 2005 年 1 月 6 日海啸峰会召开前后。此时距离海啸发生已经整整 11 天。灾区情况日新月异，此时记者只能得到灾难的第二落点。

在此之前赶到印尼的内地记者，可能只有《南方周末》的李虎军和《三联生活周刊》的吴琪等少数人，也只有他们在正确的时间赶到现场，可以进行现场描述。

我是 1 月 6 日赶到没有受灾的棉兰，1 月 8 日才推进到班达亚齐。我个人认为，此时再进行现场描述，尤其是灾难现场描述而不是救援现场描述是不成立的。此时，国内受众在这方面的信息需求也进入了低谷。

必须对海啸的发生机制、救援机制等纵深进行解构，尤其对于讲究深度的周刊周报而言。

语言与综合素质

推进到现场之后，遇到的第二个问题就是语言。

国内市场化媒体分工非常清晰，甚至有些刻板，没有轮岗，而且并没有针对记者的综合素养和能力的培养机制。就我所知的几个媒体而言，记者都分属不同的部门，国际部和社会新闻部几乎没有合作和联系。而且人才选定都有很大差异，国际部的记者往往是英语好的女性居多，较少外出采访。而社会新闻部的记者大都是如我这般身体健康、能吃苦、善于突破的男性，但英语能力往往都很糟糕。此次海啸报道需要的恰恰是素质全面、能吃苦、英语能力强的通才。

我曾和同事冯亦斐谈到这个问题，为什么会选定刚到周刊不过 3 个月的我。冯亦斐说这次确定一定要派社会部的记者，排了一下，我的英语能力是最强的，而且有护照。事实却是，我在班达亚齐，语言能力能够帮助生存，但是不能进行采访和获得线索等进一步交流。

另外，我发现我自己的语言还存在这样一个问题，可能是英语教学的原因——和白种人交流可以比较顺畅，甚至可以谈得很深入，但是和口音很重的印尼人很难交流。

在语言不通的情况下，能够获取信息的工具就只有眼睛。发自班达亚齐的稿件，大都是眼睛看到的，和嘴巴无关。在这种情况下，社会记者具有较大优势。

财力和人力支持

国内媒体在财力上的突破，表现在能够派大批记者出境报道。但是出境之后更加复杂的财力支持，往往难以为继。比如海事卫星，市场化媒体记者几乎没有人配备，因此当发稿时间逼近的时候，没法解决问题。尤其是在米拉务这样没有新闻中心的灾区。

除了硬件条件，我非常羡慕外国记者的生存能力。1 月 10 日，我曾经遇到一个法国记者，一个人扛着摄像机。他告诉我他已经进入班达亚齐整整 11 天，就住在新闻中心内自己搭的帐篷里面。

生存方面缺乏训练，硬件上的支持不足，表现为记者往往只能在灾区中快进快出，浅尝辄止。

《新京报》的张涛、谢兰等都带了帐篷睡袋，但是实际并没有用上，因为对于哪里需要使用缺乏经验进行预测判断。两人去米拉务一天，居然没有带任何装备，结果当天只能央求新加坡军方把他们带回。而央视的汪飞舟只带了两瓶水和一点干粮进入灾区，这种应对如何能够适应？

编辑方向和位置

近几年来，市场化媒体，尤其是周报周刊的概念先行特色越来越明显。这种方式的优点，我理解为易于控制成本、采访节奏、方向和规模，尤其在时效过去之后的第二落点中可以做到“手中有粮，心里不慌”。问题在于这类重大灾难问题能否适用这种方式。

《南方周末》此次使用的概念先前是有争议的。而《中国新闻周刊》事先没有确定概念，到了现场才确定了概念，相对而言在文本上比较成功，可是时效太差。作为日报，《东方早报》、《新京报》、《南方都市报》都在印尼配备了一名文字记者加一名摄影记者，效果相对较好。

《中国新闻周刊》有 4 名记者齐赴印尼，两人一组前后方配合，相对而言较好。但相互的配合仍然受制于通信能力，最后是后方为前方提供了预案才使报道得以完成。

此次《中国新闻周刊》在文本上的突破，关键点是大编辑前移。如果唐建光不到印尼灾区，我和郑萍萍在前方冲杀，冯亦斐作为一个国际记者可能无法从海量信息中发掘这个很有难度和亮点的新闻落点。如果没有我在前方的受阻，也不会让唐建光等在后方切身感受到救援系统的作用。唐建光最后说，如果他没有去米拉务亲身观察米拉务的实际灾情，他甚至会怀疑我在前方的描述是否正确——因为米拉务的灾情远比想象中的要轻。

在编辑的位置讨论中，还有一个问题可以商榷，那就是事先的准备。此次《中国新闻周刊》的事先准备实在太过仓促。相比之下，《21世纪环球报道》在伊拉克战争报道之前的准备就完备得多。当时以连清川、李戎为首，所有参与伊拉克报道的记者和编辑在出发之前，开了一个全体大会，确定了每天的联络方式、时间，并确定了一对一的管理模式和对象，包括前方记者的指挥权。假如之后没有停刊，伊拉克报道的效果和节奏应该会很不错。

陈实：
《南方都市报》的海啸报道策划

陈实：时任《南方都市报》区域新闻部记者。

由于签证的困难，在决定远赴印尼采访时，我们很犹豫。

海啸发生后，作为记者，我们预感到了事件的严重性。死亡者的数字可能远比各国官方目前公布的多，影响到底有多严重也很难预测。南方都市报社领导的意见是让我们随时作好准备。在这种情况下，我们开始通过新华社和网站了解有关东南亚一带的情况。

都市报的部门之间有具体的区域细分。报社的领导在作决定之前，遇到了一个难题：到底是派具有很强外语优势和国际新闻经验的国际版编辑担当此次采访工作，还是派出具有一定社会新闻和灾难新闻采访经验的机动记者前往东南亚灾害一线？两者之间，优势和劣势都相当明显。同时，由于受灾国家的数量不少，去哪里？大多数中国媒体把国人遇灾较多的泰国放到新闻报道的核心地位进行处理。报社领导则认为，印尼作为死亡人数最多的区域，必须投入更多的关注目光。

对我而言，语言障碍所造成的困惑并没有让我寝食难安。更大的问题来自签证，尽管印尼驻广州的领事对我们的采访请求表达了充分的理解，但我们必须通过印尼驻北京领事馆来办理签证。这样一来，所需要的时间将成倍增加。遇难死亡的人数成几何倍数上升，西方的通讯社和媒体所关注的焦点新闻已经落到第二点或第三点，总结性的全面报道接连出笼，深度分析也越来越多。在此前提下，由于签证的原因，我对远赴印尼的采访不抱太大的希望。

《南方都市报》8年庆典在即，大家在关注印尼海啸资讯的同时，也在忙碌地准备着社庆的一系列活动。就在这个时候，采访的转机出现了。前往泰国的同事潘劲松和钟跃东顺利办妥了签证，出发在即。中国救援队也接纳了另一名前往泰国的同事肖小冰随队采访。

东盟海啸峰会举行在即，为了谋求更多的国家援助，印尼领事馆发出了采访邀请。印尼外交部同意为我们办理落地签证。这个信息让我们喜出望外。国内众多的媒体也因此派出了大规模的记者采访队伍前往印尼。很庆幸，我和摄影记者刘可在没有外语优势的情况下得到报社领导的信任，获得了这次难得的采访学习机会。

留给我们准备的时间只有12个小时，对于东南亚沿海各国的情况我们知道得并不充分。因此，前期的准备工作相当繁杂。编辑和我们事前有一个交流，但报道的主要策划和方案暂时还来不及充分讨论。记者和编辑对于境外采访的经验是缺乏的，大家只能在一个范围内展开一些具体的沟通，比如发稿问题、比如每天的交流如何进行等等。对于出国后将会遇到怎样的状况，谁的心里都没有底。此外，我们还通过报社和朋友，获得了一些在印尼的人脉资源，这对于我们很重要。

在国际部编辑的协助下，我们顺利抵达了印尼雅加达国际机场。

我的国际会议新闻采访经验比较贫瘠。第一次采访东盟会议，我和刘可的情绪比较兴奋。按照报社最初的设想，对这次东盟峰会的新闻，我们不仅仅要采写有关会议的主要内容，对会场上的一些动态、场景、气氛也是要关注的。中国领导人，我们的总理温家宝专机抵达，并运来了救援物资。中国的态度和立场是其中比较重要的新闻点。报社要求我们务必要重点采访并理解一些标志事件的政治含义。

抵达棉兰之前，与澳门捐款社团工作人员的相遇帮助我们打开了通往难民营和灾区的大门。在此之前，我们获得的消息并不容乐观。棉兰机场的各国驻军忙忙碌碌，这使我们初次触摸到了灾区分秒必争拯救生命的脉搏。第一次与军方的合作因为救援物资更重要而失败了。幸好棉兰当地的华人领袖和华人群众为我们提供了帮助。

由于华人在组织参与难民工作上比较有经验，我们有些欣慰。初次接触地震海啸的罹难者家属、幸存者、义工和各种国际NGO组织的成员，面对这场世纪灾难，一种心灵深层的触动开始萌发。

这个时候，我接到了报社的报道策划方案，大致如下：

编辑的理念是，这场史无前例的人类灾难让全世界的人民陷入悲痛，也让人类表现出非凡的张力，世界各国抛开歧见，开展了声势浩大的救援。人类在自然面前是如此卑微，又如此坚韧。灾难给人类带来悲痛，又让人类警醒，更让人类互相关爱。无论是国家间的援助行动，公众间的“去伪”表达，还是那些在废墟上不弃不离的正气和爱心，都一再证明，最悲哀的时刻，通过理性和感性的连接，可以创造最大的共鸣，这样的共鸣对实现人类永恒的和平主题，包括和谐社会的理想，是不可或缺的推动力。

灾难发生近两周来，死亡曲线日日攀升，救援行动节节升温，本报4路特派记者赶赴重灾区印度尼西亚、泰国、马来西亚和马尔代夫，发回来自灾难前线的直击报道。痛与爱是灾难最直接、最核心、最感性的表达。《南方都市报》拟借此推出特别报道《痛·爱》，全方位记录这场世纪大灾难。特刊形式：16版，全彩印刷，拟用《地球周刊》操作，周一推出。

最初的设想是这样的：

特刊构成：除封面、封底外，拟定为4个篇章：“伊甸园”、“失乐园”、“诺亚方舟”、“启示录”，每一篇章以《圣经》中的一段引言带出主题。

第一部分：封面、封底连通，封底配发灾难国地图。

第二部分：“伊甸园”2版，灾难发生地的概述，以及灾难前“人间天堂”的照片。

第三部分：“失乐园”，3～11版。

3版：灾情总览——对世纪灾难进行全面回顾。可配发《华盛顿邮报》灾区卫星图片。图片与2版要形成强烈对比。2版、3版可以约写一条稿：“从天堂到地狱”。

4～11版：建议4路特派记者围绕灾难对一个国家社会、经济、人文的冲击，幸存者的故事，罹难者的故事以及救援者的故事4个主题，以深度大特写的形式予以展开。强调故事性，以事感人。

建议分工方案1：

“天堂另一端”：幸存者的故事，马尔代夫，记者商琪。

“失落的灵魂”：罹难者的故事，印尼，记者陈实、刘可。

“天使在人间”：救援者的故事，泰国，记者肖小冰、钟跃东、潘劲松。

“飘摇的国度”：灾难对一个国家社会、经济、人文的冲击，马来西亚，记者范舟波。

以上为最佳状态，存在操作难度：一是马来西亚没有文字记者；二是陈实7日才进入亚齐灾区，发稿估计有难度；三是商琪10日才出发。如果按此方案执行估计要推迟出片时间。

建议分工方案2：

“天堂另一端”：幸存者的故事，泰国，记者钟跃东、潘劲松。

除了回述灾难，还要结合灾难对人类精神、生活的冲击展开，主题偏正面、积极。

“失落的灵魂”：罹难者的故事，印尼，记者陈实、刘可。

如有发稿困难，编辑可结合国际通讯社稿件充实。由幸存者回述罹难者的故事，为避免主题与前一个有重复，建议主题是离别与伤痛。

“天使在人间”：救援者的故事，泰国，记者肖小冰、潘劲松。

以点及面，主要围绕广东救援队展开。

“飘摇的国度”：灾难对一个国家社会、经济、人文的冲击、改变以及重建，斯里兰卡、马尔代夫，请国际编辑约稿。

第四部分：“诺亚方舟”，12～13版。

“海啸之悲”已由最初的灾难事件衍变出以“共同承担”为主题的一幕幕人间共性，这种共性超越了一般意义上的人间真情，并因国家、民族和人类的感官共振，而出现了国际事务中一段最和谐的时期，可谓是“冬天里的春天”。以评述的形式撰写国际救援大行动以及灾难、救援对世界政局带来的影响。链接各大捐款途径、电话等服务类信息。

配发救援图片，请国际编辑约稿。

第五部分：“启示录”，14～15版。

结合世界重大灾难阐述人与自然的关系，探讨在自然面前人类可以做些什么。请国际编辑约稿。配发人类百年十大天灾以及带来的改变。

面对后方编辑的策划方案，我最初是有困惑的。在这份策划案中，我需要投入精力的采访内容是罹难者的故事。

我和策划方案的编辑赵莹、徐诗进行了广泛的沟通交流。对罹难者，如果从人物的角度着手操作，存在时间紧、沟通有障碍、文化背景有差异、生存环境有差异、社会环境有差异等问题，操作的结果可能和预想有一定的差距。如果单纯从遇难来操作又过于肤浅。我坦承了自己在灾区最直观、最一线的感受。经过协商，编辑对我和刘可给予了较大的自由度。两位美女编辑最终决定以特别报道的形式，对印尼班达亚齐的情况进行场景式白描。

在班达亚齐，我们所看到、听到的一切震撼了我们的心灵。

英语很重要。但语言不能决定一切，它只是记者的工具之一。合作很重要，尤其在异国他乡。

对于自己的工作，事后我进行了反思。

首先，对这场灾难的全景式描绘，自己的工作做得还不够深，铺开的面还不够广。因此投机取巧，截选了一个侧面来展开描述灾难所造成的严重后果。另外，我对印尼官方的采访有缺失，对一些敏感问题的采访没能突破。在这个问题上，印尼本地媒体和西方通讯社等机构的经验和成果值得我们学习。

其次身处异国他乡，最临近灾难现场，恰恰面临一个信息的真空。忙碌的日常采访使我全面详细地获取有关资讯的时间极其匮乏，反而不如身处国内的后方编辑看得更清楚。因此，采访后期，我对采访报道的方向和深入的程度有些想当然，尽管头脑冷静清醒，但对这一事件的全盘把握就显得力不从心。

最后，我的技巧和采访手段还很单一，没能将自己在国内熟练掌握的各种技巧和方法使用出来。因此，在采访过程中，我感觉压力比较大，对于一些事件背后的深层次含义没能够展开讨论，浅尝辄止。采访后期，我摒弃了日常性的消息报道。对于日报来说，这无法满足读者的阅读需求。另外，采取的报道手段还不够丰富，没能利用组合式报道可以使用的各种手段来展示身处一线所接触到的全面资讯。

罗绮萍：国际记者证的重要性

罗绮萍：时任《21世纪经济报道》香港新闻中心记者。

我在记者行业已有16年的经验。以前做政治和社会新闻，后来改成财经新闻。

《21世纪经济报道》是一个财经媒体，我原来跑东盟方面的新闻。去印尼主要是为了2005年1月6日东盟海啸灾后会议。我比内地记者有两个方面的优势：一是不用办签证；二是在采访国际会议中，语言方面比较好。我出发之前带了10件东西，有一件跟内地记者一定不一样的，就是国际记者证。国际记者证（International Federation of Journalists，简称IFJ）是总部在布鲁塞尔的国际记者协会发的一个证件。每一个国家或地区，如有一个独立的新闻媒体组织，国际记者协会承认它为会员的，会员自动交手续费，就可以申请国际记者证。很可惜两岸三地只有香港记者协会被IFJ承认是一个独立的新闻工作者机构。内地没有，台湾也没有。我因为是香港记者协会的会员，所以有这个证件。所以，你们同行应该顶住压力，成立一个独立新闻协会，以便得到这个证件。不单为了这个证件，每一个行业、每一个新闻组织都应该独立，不受政府影响。新闻组织对大家共同关心的问题，通过集体交流，提出看法。

我拿的证件的封面上写着“International Pass Card”，这样拿出来可以说明“我是一个记者”，里面有几个国家的文字，以前是9个，现在变成7个，可能是俄文、希腊文、阿拉伯语等。就是说，你碰到麻烦，碰到不懂英文的人，都可以证明你是一个专业的记者，有一个名片，有一个你的联系方式、编号。这个记者证有一个有效期，一次是两年，我每两年更新一次。到外国的时候就带着这个证，其实这个证对大家还是有点帮助的。

就好像那次灾区峰会，会发一个记者证给你，虽然那个证件是1月6日的，但我在整个灾区采访都会带在身上。那是一个官方的证明，也是“我是一个记者”的证明。所以在这种情况下，我建议各位把可以证明你身份的东西放在最显眼的地方。这样，你可以得到很多帮助。正如钱钢老师讲的，他不管你是哪里的记者，只要知道你是一个记者，他都愿意给你提供帮助，给你提供信息。

另外，中国驻印尼大使卢树民先生是我的第一个采访对象。我千方百计要采访到他，首先，这是一个新闻点，那时候传闻印尼排华，到底印尼是否有排华情况，我要请教大使；其次，还有一个窍门，给大使作了采访，大使知道你的存在，以后万一你需要什么帮助，又万一你不幸遭遇到什么问题，你就会是一个比较受注意的人。如果真出了什么事的话，大使会说“罗小姐，我见过”，那么救援人员也卖力一点。幸亏我还用不上这张王牌。

在会议上，我发觉内地同行只是跑中国代表团，当然这个很重要，但忽略了一个从不同角度看问题的好机会。因为我有一直跑国际会议的经验，所以我除了中国外还选了两个重点：一个是欧盟，一个是联合国。我去之前作了一些资料准备，美国原来在救灾上，要跟日本争取一个主导地位。欧盟跟联合国的态度很有影响。最后以联合国为主导。所以我其中一篇文章的重点，写联合国把主导权拿了回来，欧盟也出手了。

对我的一个最大挑战就是，一个人既要跑现场又要跑宏观的题目。很多题目我写过，可是没有更深入跟踪下去，我又换了一个题目，然后又跑去棉兰避难所。所以我有个遗憾，就是每个点铺开了，可是没有深入。

我很幸运，我在香港已经联系到当地《国际商报》的董事长熊德龙先生，然后他带我去了1月7日的华侨联会的大会。商务部长冯惠兰也出现在大会上，所以我有采访到华侨联会和官员的机会。最后，我还在会上认识了在棉兰灾区负责华商的代表，他为我买到了去班达亚齐的机票，我就不用那么辛苦去找机票了。

后来我在飞机上碰到了澳门红十字会的人。因为他是带着捐款来的，所以我跟上他就可以第一时间采访到苏北省的副省长。然后他就带我去难民营。难民营的情况我就跳过不说了。

后来我就去了班达亚齐，我去的时候当地情况已经比较好了，所以我没有在班达亚齐待太多时间。采访了中国救灾队队长和女队员。因为中国第一次派出女救灾队员，比较敏感，而我是女性，所以采访女队员，采访她们在生活上不同的要求。

然后我就去了美军基地。我原以为美军会把我送到米拉务去，可是他们不理我，用背对着我。我只能找马来西亚那个负责人，他就是负责所有要去米拉务的记者登记的。我看了登记，有42个人在我前面，我要等到什么时候呢？所以我必须要一下手段。我看到了新加坡的机师，我就喊他："Frank!"然后他说："我认识你吗?"我说："不是，因为你的名字绣在你的衣服上。"然后我就跟他说："我只有一个人，只有三公斤的行李。"在收拾之前我只带了一升水和一盒饼干，很少东西。因为海啸已经过了十一二天，我就冒了一个险，也没有带帐篷，我估计我一个人，能找到住的地方。所以我就告诉他只有三公斤的东西，我知道他要把物资运到米拉务，所以东西越轻越好。

最后终于登上飞机，在空中看到班达亚齐的情况时，非常震撼，这是陆上看不到的，整个班达亚齐都被淹没了。一个小时后，看到的米拉务的情况就更糟糕了，连屋顶都看不见了，全是一片汪洋。开始我以为委拉乌情况很差，80%的人死掉，但去了之后，我觉得我们在20%的地方还是可以生存的，有水有食物。那里的环境很差，只剩下清真寺。有一个共同点，每个地方的清真寺还能保留下来，宗教的力量真是很难想像的。我也看见了部分的尸体，但那不是我的重点，我真的受不了。

我想谈一谈，所谓的二次伤害，这是我在采访中比较有感触的。有位女士，我不知道她是受灾者，本来采访还好好的，我就问她当时的情况。她说着说着就哭起来，原来她27岁的儿子和4岁的孙女都在灾难中死去了。她原来很冷静，但我的问题把她的伤心事再勾起，让她哭了起来。一种二次伤害的内疚感，让我很不舒服，但我只能告诉她，告诉我自己，这是我必须要做的事。

最后，我要谈一个单身女记者有"危"有"机"的问题。我在米拉务没有地方住，只能跟10个男义工住一块。你看他们的样子就知道很高兴，但我有点不高兴。我很无奈。坦率地说，我觉得有点危险。但最后我在我的文章中也写了，我的担心是有点多余的了。在这种困难的情况之下，这些义工是非常善良的，他们是世界上最好的人，我应该不用担心自己的安全的。

李鸿谷：谁是海啸的新闻主角

李鸿谷：时任《三联生活周刊》副主编。

对我这一代记者而言，我们对灾难和灾难新闻的理解是来自《唐山大地震》的启蒙。那么我想说的就是，我们的经验和知识，是积累而来的，我们不要忘记引路人。

其次，对《三联生活周刊》而言，我们有过4次境外的采访的经历：第一次是韩国釜山空难；第二次是印尼巴厘岛大爆炸；第三次是海啸之前我们有两个记者去到了巴基斯坦，采访中国人质之死；第四次就是这次的海啸。所以，对我们自己而言，也有一个杂志本身的经验积累过程。

我想下面讲的相对枯燥一些。如果说我们的经验和知识是积累而成，那么简单地看，一个灾害或者说一个灾害的新闻，它可能的边界在哪里，由哪些要素构成一个灾害的新闻？我认为下面一些要素构成了灾害新闻的基本信息框架。

第一个要素，灾害的形状，这可能就是灾害新闻的第一要素。你到现场干嘛？去追寻灾害的形状啊。

第二个要素，这场灾害，究竟是天灾还是人祸？很多媒体把它当成一个人祸，这是我们国内灾害出现后，多数媒体报道的一个通行意识形态。但我个人认为，它更可能是一个天灾。

第三个要素，一个灾害对人群、对国家的影响。以海啸为例，它可能对旅游业，对保险业，对中国经济或者美国经济，对东南亚地区可能都有影响，我们姑且把它称为灾害经济。

第四个要素，是灾害里面的人的命运，这是一个很重要的要素。如果我们回头再谈钱钢的《唐山大地震》，他的故事里全是人的命运。

那么第五个要素是什么？救助背后包含的要素可能非常之多，我们到达现场之后，那个现场是需要记者开掘别人的记忆去复原的现场，而不是记者直接面对的真实现场——客观地说，那是我们已经错过的现场。这就是现实，我们没有办法，这个职业没有办法。当你听到这个消息时，这个消息已经发生了，已经过去了，你要去寻找经历者再现这个现场。

救助则是我们可以参与观察的一个领域。救助包含很多要素，其一，受灾国家之间的关系。它们可以因为一个灾害形成一种新的关系，或者敌对的变友好了，或者友好的变敌对了。其二，受灾国家内部的关系。比如斯里兰卡泰米尔猛虎组织和政府的关系，会不会因为这场灾害而变化？这是需要考察的。前面说到的两部分，还都属于自救范畴里面的关系。除了自救，还有他救。比如说，早上的记者发言，讲到去采访温总理，要回答两个问题，中国给多少钱是合适的？美国为什么给那么少？——这就是他救的范畴。这种救助，它背后又包含什么关系？救助关系背后的地缘政治。如果说我们前面谈到的对人群和国家的影响，也包含灾害经济，那么我们这个救助包含的是什么？包含的是灾害政治。

第六个要素是灾后的重建。

一个灾害可能包含这六个要素。那么对《三联生活周刊》而言，作为周刊跟很多媒体竞争，简单地说，深入的报道是我们的追求。深入的报道，意味着选择，而不是通吃。有所选择，你就必须把你选择的那一个方向，做到最充分。比如我前面说的六个方面，你可以选择一个或者两个，或者选择四个，但你不可能把六个方面通吃，你没有能力，没有条件与环境，当然也没有人力资源。对我们而言，选择做什么，是最为核心的问题。当你选择你的报道的方向之后，必须把你选择报道的方向做到最为充分，最为全面与完整，让它形成一个自我的因果关系链，形成一个整体。如果一个周刊没有选择的话，就可能跟报纸一样。报纸是一个碎片式的——每天有信息，很及时，却也零碎——它希望读者自己通过这些信息碎片去整合一个完整的空间，但这是不可能的。

当时我们有一个两难的选择，有两个选项：一个是灾害，一个是命运。是灾害为主角，还是命运为主角？我今天演讲的题目：海啸，谁是新闻的主角？我要解释为什么我们会选择灾害的形状作为报道的主角。

面对一个新闻，特别是像海啸这样重大的新闻，我个人的惯例是问自己："谁是新闻的核心？谁是新闻的核心故事？谁是新闻的灵魂？"这一系列问题，在现实操作层面上，已经简化为新闻的核心是灾害的形状还是灾害下人的命运。

我们后来选择了灾害的形状。它是《三联生活周刊》报道海啸的新闻核心。

理由有三个。第一个，如果选择人物的命运作为主角，我们去到一个陌生的地方，很难相信记者能够找到如诺亚方舟般传奇的命运与传奇的故事。如果找不到这样的故事，人的命运故事同样是碎片式的，那么信息是没有方向与指向的。第二个，我们在决定这个封面的时候，我们的信息并不充分，那么只能按一个我们可以获得最大的效益的那种方向作决定，灾害就是我们认为的这样一个方向。第三个，为什么选择灾害的形状为主角？因为当一场灾害的结果是20多万人失去生命时，那么所有的生命，事实上，冷静残酷地说，它烘托的是一个主角——海啸。分析这场灾害，它是什么？它不是火山，不是洪水，不是别的东西，它是我们过去只听说过的海啸。所以，海啸之后，海洋是我们要面对的主角。

这些内容可能就是我前面说的，是一个枯燥的分析。枯燥的分析是决定我们作出决定的一个内在的能力，它是你的潜意识与你的知识智慧的修炼。

如果我们要回归现场，回到《三联生活周刊》的现场，当时我面临这个新闻事实有三个疑问，就是这三个问题促使我们作一个决定，作一个报道。

第一个疑问，海啸为什么会让人类显得这么无助？我们为什么在一个灾害面前这么无力？科学家为什么没有帮助我们？

第二个疑问，海啸这样一个陌生的灾害，它到底是一个什么样的东西，也就是说海啸的形状究竟是什么样的？

第三个疑问，真实的灾害，真实的海啸，跟我们想像的，我们在电影里看到的，我们在小说里读到的，别人给我们描述的为什么不一样？

关于第一个疑问，当时有媒体报道说，如果印尼加入了什么体系——可惜他们贫穷没有加入——就可能避免如此大规模的伤亡。这个报道的方向很简单，这场灾害有50%的可能是人祸。果真如此？现在看来，这是中国记者为不自觉的意识形态所害。即使是天灾，也一定要找到人为的因素，或者说中国记者对人为的因素过于敏感——中国经验在海啸灾害上成立吗？我需要我们的记者公允地进行采访调查。《三联生活周刊》的第一篇文章解答了这个问题，我们用了一个非常严密的采访来解答为什么人类是无助的。

如果灾害是我们的主角，那么，是否有人祸，显然就是重要问题。但是，我们不可以把一场造成如此众多伤亡的大灾害，仅仅当作一个科学报道啊！海啸是什么？不应当是一个“科学的”答案。我们必须描绘海啸的形状，这才是真正的核心。我们怎样来完成呢？最初我希望有4个记者到现场，后来因为成本的考虑，去了两个记者。两个记者，只有两个点，而4个记者有可能形成面，这是我们的不足。但没有办法，这就是现实。

两个记者到现场前，我无须重复当时的讨论与要求，因为我们的记者作过很多灾害报道——爆炸、矿难、洪水——都有经验，所以我们不讨论细节。我对他们去的现场感到好奇。比如吴琪去到印尼，重灾区亚齐，那里是一个海边的穆斯林，我的好奇心是什么？在我们的想像中，穆斯林是带黑纱的，是身着长袍的保守的样子，那么海边的穆斯林是什么样子？这是我们的疑问。

那么，斯里兰卡呢？我们刚才说到了，那里有泰米尔猛虎组织，在一个可能形成对峙分裂，甚至战争状态的国家里面，在海啸面前，他们会有什么样的选择？

去追寻、去描摹一个海啸的形状，你能选择的方式，必须放在一个个特殊的场景里——国家、人群、信仰的环境下，他们眼里的海啸，可能是不同的。只有将这些不同、这些零碎的信息收集起来，你才能描绘一个海啸的形状，描绘灾难的形状。而这种灾害形状又是通过人反映出来的。所以，命运是主角，还是海啸是主角，它不是一个对立的，而是混合在一起的问题。

我们的两个记者去到现场，他们去描绘海啸的形状，我觉得基本上完成了编辑部的要求。在这里，我需要强调的是，海啸形状的描绘一定是要寻找特殊性，寻找个性，而不是寻找共性。在一个灾害面前，无论黑人、白人、亚洲人，伊斯兰教、佛教，都是悲痛、恐惧的，这个我不要。我要的是这个具体的人，这个海边的穆斯林，这个猛虎组织，他们在这个时候的特殊的反应，这才能够获取很多的细节，来构成海啸的形状。

我们的计划是4个记者，后来只去了两个，补救的办法是我们安排了一个后方记者，他的任务是，电话采访我们的记者没有去到的国家，获得一些信息；同时，他也整合一些资源，如法新社、美联社、新华社以及国外一些媒体的资源，然后用他寻找的和前方记者采访的信息描述一个海啸什么时候发生，第一个到哪里，第二个到哪里，怎样一步一步完成它自身的破坏历程，这是一个现实的补救办法。如果 4 个记者去到现场，去到实地描绘这个灾害——就以我们目前两个记者的文章来看，我相信能够完成这个工作。唉，现在的结果是，那个海啸，我们的报道，只有轮廓，没有形状。这就是我们的遗憾与问题。

回到我们最后的新闻产品——《三联生活周刊》的海啸报道，由 4 个板块构成：

第一个是导读，我们解释科学家或科学在灾害面前的无助，并且回答为什么是无助的；

第二个就是我们的现场，就是海啸的形状，或者海啸的轮廓；

第三个解释海啸是什么，是海啸的科学分析报道；

第四个，也即回答我最初的疑问之一——我们脑子里的海啸和真实的海啸差别在哪里？

我个人现在回过头来总结这组报道，比较遗憾的是，我们希望描绘的海啸形状——这个主角，它只有轮廓，没有形状。

再说一点，为什么我反复强调灾害是我们选择的新闻主角，它源自我个人内心的一种游离或质疑。无论是我们，一个正在现代化过程中的国家公民，还是经历过现代化之后的国家，欧洲人、美国人，其实我们人类，都有一个奇怪的自信，相信人类是老大，是牛的，但这场海啸，证明事实不是这样子的。如果我们能够接近真实地把海啸的形状描绘出来，相信能给人类的自大一点点警醒。

我个人内心深处的念头是，这个灾害的形状，如果描绘出来，或许能够让我们反省自我，反省我们对自己、对自然的认识。这可能是我的一个企图。

在这个企图之下，我还想要说的是，经常有人跟我讨论，你这是不是新闻？你这是不是新闻的方式？——什么是新闻？我想告诉大家，新闻的边界在哪里。在我们每个记者的创造之中，在我们的寻找之中，你创造出多大的空间，新闻的边界就在那里。

史哲：选择柔和的东方视角

史哲：时任《南方周末》天下版编辑。

《南方周末》策划和报道此次海啸，因为是第一次就如此重大和突发性的国际性事件作追踪式的报道，所以可以吸取的经验教训很多。坦率地说，我们在一开始的时候对这场海啸的心理准备并不充分，没有估计到海啸所造成的后果和影响。更何况，每年年终的时候，《南方周末》一般会调用所有的编辑记者筹备新年特刊，所以2004年12月26日知道海啸的时候，我们甚至没有考虑应调动编辑和记者进行报道。因为从编辑部的经验来说，南亚似乎10多年前就发生过海啸，如果没有特别之处，周报是可以放弃这个选题的。

但是12月27日，通过我们掌握的信息，编辑部认定这是一场全人类的灾难，是一个不容回避的事件，不容回避的新闻，所以我们临时调派了三个文字记者和一个摄影记者进入现场。因为，无论如何都应该忠实地记录下这场灾难，灾难中的土地和人们。

原来设想在印度、斯里兰卡、印尼、泰国这四个国家力保每个国家有一个文字记者，然后摄影记者机动，根据现场反馈的信息决定摄影记者去哪一个位置。也许是因为我们第一次进行这样的跨国报道，而作为执行编辑又没有在这样一个范围内调派的经验，报社也从无面对这样的突发事件的准备，所以在签证、对当地环境的设想上遇到了很多麻烦。

简单地说，最初的目标就是记录这场灾难。但是如何入手，没有向记者给出明确的方向。一是从我们当时能看到的国内外信息上，海啸的本身是支离破碎的；二是我们无法预测真实的现场以及现场哪些信息可以构成新闻真正的兴奋点；三是我们没有指望我们的记者能在 3 天之内办完所有的手续赶到现场。因此，外派记者的任务，放到了 2005 年 1 月 6 日。12 月 30 日那期的专题策划，则立足于国内实现。

灾难，对于报道来说首要因素就是反应速度。尽管在座的有来自杂志的编辑认为应避免全景式的描述，但是我们认为如果你能够赶上这一波，你的反应足够迅速，不妨守拙。这样的海啸，也许一百年也只能遇到一两次，一个人一生也许就那么一次体验。多少年后，如果有人必须回顾这场灾难的时候，他应该能够通过一份当年的报道，知道这场灾难是如何发生的，了解到灾难的瞬间、灾难的影响和后果。

12 月 30 日的专题，我们采取了守拙的策略，就是还原灾难的瞬间，给一个全景描述。之所以决定这么做，还有一个原因是没有人比我们更早这么做。我们当时调看了我国香港的《南华早报》、《明报》，美国的《华盛顿邮报》、《纽约时报》，新加坡的《海峡时报》等等关于海啸的报道，我们发现他们的报道中，引发海啸的地震震级、海啸发生的时间、抵达不同国家的时间、造成的伤亡的人数……很多信息是相互冲突的，而国内网站和日报的报道由于少有自己的一线记者，所以多引自各自渠道，对灾难的呈现也是支离破碎、相互冲突的。所以作为一家以“记录时代进程”为宗旨的周报，对一起这么重大的事件，我们必须尽可能地还原一个最真实的现场，还原一个真实的全景。我们希望能够给我们的读者——他们远离现场，甚至从来不知道海啸——这样一个印象：你站在海边，遥远的天边有一带海水远远袭来，靠近海岸的时候，它仿佛突然站立起来，从你的身边咆哮而过。就是希望有这样一个印象，因为并不是每一个读者都有亲临现场的机会。中国读者最初看到那些支离破碎的消息的时候，可能依然无法知道海啸是怎样一个灾难。海啸不是好莱坞电影特技中超过 100 米、200 米的滔天大浪，不是的，这次海啸最高的只有 10 多米，这样的浪在大洋上甚至无法撼动一艘渔船，但在陆地上制造了这样的灾难，我们就是要告诉读者这样的灾难是如何造成的，它的来龙去脉，给读者一个切实的体验。我们在 12 月 30 日推出第一个专题的时候，头版封面选择了黑色，代表我们的心情，我们对这场灾难的态度，因为它毕竟是一场很大的悲剧。我们所采取的方式，跟《时代周刊·亚洲版》不谋而合。封面是一篇评论。2版是海啸瞬间的回放，因为在后方整合资料，显然比到前方做这个会更迅速，关键在于信息要准确翔实。3版是海啸发生时不同国家的人的亲身经历，包括死里逃生的中国人，这会让2版的全景更加生动。4版是记者发回的关于灾难现场的报道。5版是中国有关部门在海啸发生后3天内的反应。6版是关于海啸的科学解释。7版、8版是海啸的资料梳理和一些旧事。

可以说，这组专题容量非常大，不亚于一份杂志的报道量。这样的一个专题从策划到面世仅用了不到3天时间，可以说非常快。但由于图片资源的限制，图片方面十分遗憾。

如果说第一个专题我们可以利用国内同类媒体措手不及来守拙的话，那么第二个专题的策划，我们选择的是取巧。但这种取巧的方式，事后看来有许多值得商榷的地方。我们当时判断，再次出报已是海啸发生后的第十一二天，所有的同行都会齐头并进了。关于灾后现场的呈现，一定是汗牛充栋，涉及方方面面。我们必须寻找到新的切入点，一种新的呈现方式。信息本身纷繁复杂，但关键在于，从众多的信息中找到脉络，给读者提供一种思考视角，避免陷入信息的堆积或者简单的灾难展现之中。当时我们是这么考虑的：大灾之后首推拯救，也就是李鸿谷所说的第六个视点。之所以选择拯救，是因为我们觉得灾难是对这些处于不同发展程度的国家现代化努力的一种综合检验。我们知道，海啸袭击的这些国家并不是世界最落后的国家，它们此前都经历过经济的高速增长和社会进步，甚至有一些国家被作为一时的典范。它们所奉行、坚持的模式，包括经济的、政治的，更加被视为区别于先发国家的一种独特的后发模式。我们考虑，一场这样的灾难，才是对这些国家发展成果、现代化水准的最好检验。

它们在地缘上属于东方，他们的模式甚至也被冠上了东方之名。灾难本身无所谓东西方，但灾难中国民的心态、他们的期待、政府对这种期待的满足程度和应对是不同的。从某种意义上说，人类往往在最无助的时候，才能流露出最内在的东西。国家也不例外。那么这样一场灾难中，到底能够验证多少属于东方的特质？

事实上，从来没有人能够给出一个明确的关于东方的界定，现在关于东方的讨论更多采用描述的方式。我们就是希望通过这样的一场灾难来审视东方——一个已经被现代化浸润了许久的东方，究竟还保留了哪些属于东方的内核。许多社会学家、政治学家曾经思考、调查，希望加以归纳的东西，我们希望我们的记者在现场观察中，能够有所发现，并以新闻的方式呈现出来。

文化相对来说是一个比较玄的东西，也就是说东方经历的灾难含有东方的文化、东方的人情世故。我们不考虑这样大的灾难是否有人祸，比如说经济发展水平仍然不那么高、行政效率低下、国内的动乱等等原因，我们关注的是一些属于习惯性的传统、思维、心理、行为，它们在灾难中，在这些国家现有的政治、经济环境中发挥作用的渠道与模式。它们过去向来掩盖在所谓的经济的、政治的、社会的文明之下，而容易被人们忽视。发生海啸的这样一些国家提供了相对完整的东方样本，所以我希望通过我们的记者，通过他们的观察和感觉来探索这样一种无形的力量发挥作用的渠道和模式。这是一种记录的方式，这是我们希望在第二期也就是1月6日专题中呈现的一个主稿。另一方面，我们希望我们的记者还原现场，但这种还原不再是简单的全景式的扫描，比如说灾民的惨状、各国如何救灾等等，而是灾难中弥足珍贵的镜头、情感和故事，我们希望记者能够捕捉到这些。当时编辑部也确定了几个选题，包括发生在两代华人难民间的一些故事；斯里兰卡造成将近1000人死亡的死亡列车；印尼那份被海啸摧毁的报纸；在斯里兰卡、印度、印尼、泰国都存在一些民族、宗教的分裂势力，灾难是否能超越政见的分歧，它会有怎样的呈现，诸如此类。

事实上因为我们的记者介入比较早，灾区所有的通信都没有恢复，所以我们的记者在现场没有获得编辑部的策划案。他们进入现场之后，在现场接触到的东西，完全没有办法跟编辑部沟通，导致编辑部根本无法掌握他们的行程。报纸的截稿时间是1月4日，但那天记者刚刚从灾区返回到各所在国的首都，时间非常仓促。当记者把他们手中采访到的一些东西发回来的时候，就出现一个很尴尬的情况，我们的策划中想要体现的要素，记者没有拿到，而记者提出的一些非常好的东西，没有办法安插到稿件中去，导致了1月6日这期的主稿，成为一个概念化的解析，新闻呈现的力度远远不足。作为拯救的一个组成部分，我们采访了4个受灾国的驻华使节，这个部分基本上是在一天之内实现的。另外就是一组图片报道，但由于我们的摄影记者没能到亚齐，所以照片中呈现的泰国就显得边缘化了。

这就是我们的策划过程，有很多的经验和教训可以总结。其实，这也可以算是我们探索属于自己的国际报道模式的一种尝试。

国内的国际报道常见的有两种模式。一种是西方的模式，这种模式带有普世的道德倾向，他们在看待亚洲、非西方的事物时，往往有一种居高临下的优越感。也许他们能够在对事实的记录上足够客观，但中间总是有一种对后发国家的不信任。比如说我们在看西方的报道，关于西方的捐款是如何到达东方国家的灾民手中的时候，我们可以看到他们的意图非常清楚，他们想知道捐款中间经过哪些流程，他们要告诉他们的国民，大家的捐款是通过怎样的渠道，一步一步到达受灾者的手中的。其中当然蕴含着道德的优越感。另一种方式就是新华体，中国早期的国际报道只有新华社、《人民日报》等可以做，这种报道具有非常强的意识形态色彩。

我希望中国的记者，能够有一个平视的视角，或者说一个柔和的东方视角来描述东方以及那些国家在发展中面临的问题。这个相对于西方的东方概念，如何通过新闻的方式来加以呈现，我们不是道德权威，不承担说教，只需要真实地、简单地还原。这就是我的想法。

唐建光：
灾难发生在哪里，新闻就在哪里

唐建光：时任《中国新闻周刊》主笔、时政部主任。

我在印尼总共待了15天，但真正到灾区现场不超过24小时。我回到北京之后，很多同行和朋友，问我是不是在印尼看到堆积如山的尸体，我说一具都没看到。当我到达米拉务的时候，海啸已过去10多天，尸体早就被打扫干净了。因此我必须解释，我为什么要到印尼去，但又花了很少的时间在灾区。

与此相似，2003年12月重庆开县井喷，我和一个记者到了重庆。我们在开县采访了3天，那位记者去了现场两次，但是我从来没有进入现场，而是在离井喷现场几十公里的县城待着，跟政府官员或是专家聊，获取信息和线索。

为什么我到了事件发生地，却不去现场？这就要回答这样的问题：灾难发生在什么地方？新闻发生在什么地方？灾害发生地区很明确，但是新闻并不仅仅发生在灾难发生的地方。比如伊拉克战争，第一个新闻点无疑是在伊拉克境内的战场上，但这并不是全部。新闻同时也发生在作为战争策源地的华盛顿，发生在作为美军后援基地的沙特，甚至发生在对战争作出各种反应的全世界的各个地方。

同样，对于印尼海啸，我个人是这样认为的：虽然灾情发生在亚齐，新闻发生在亚齐，但也发生在作为救援基地和指挥中枢的棉兰，也发生在作为全球救援协调中心和最高指挥中心的雅加达。所以，我们要去掌握发生了什么事，一定要到灾区去，但是要掌握整个事情的全貌和来龙去脉，包括灾难为什么会发生，下一步怎么发展，不一定仅仅是在现场才能得到。好在《中国新闻周刊》是去了4名记者，包括特约摄影记者郑萍萍，能够分成两组进行采访。其中朱雨晨与郑萍萍一直奔波在前线，从班达亚齐到米拉务；而我和国际部记者冯亦斐大多数的时间在雅加达和棉兰，要么在酒店，要么在去酒店的路上。我首先回答第一个问题，作为编辑，我为什么要去印尼。在中国媒体派往灾区的人员中，我可能是其中不多的编辑。坦率地说，我如果作为记者到灾区，由于英语很差，大概起的作用不会超过一个普通记者。在此前的突发事件报道中，我们也经常发现编辑和记者沟通的障碍。编辑在千里之外有一套计划和想法让记者去实施，但肯定是计划不如变化快，预定的计划前方记者不一定能执行，或者执行下来效果不一定好。编辑和记者的矛盾经常由此发生。而这一次，我们尝试将编辑派到前线，就是我们所称的编辑平台前移。对于这样的模式，我觉得有一点像空军作战的预警机，它本身不直接参与作战，但是可以以它为中枢来搜集信息，并指挥战斗机群作战。由此，《中国新闻周刊》派往印尼的记者成了一个以编辑为核心的团队。作这样的安排，我们要考虑几个关系：

第一组关系是前方与后方。我们在雅加达和棉兰做了什么呢？

第一，资讯的搜集。灾区情况瞬息万变，如果编辑不能充分掌握信息，就可能出现报道方向失误；如果记者不能及时掌握信息，则会事倍功半。因此我们需要在雅加达和棉兰搜集信息，一方面供决策指挥之用，另一方面传递给前方的记者。而进行异地采访，当地的媒体显然永远比你知道得多，我们必须获得当地媒体的帮助。所以我们当时买了一套当地发行量最大的英文报纸《雅加达邮报》，天天看电视，并且跟当地一些大的电视台和报纸取得联系，从他们那里获取信息，寻求采访便利和采访线索。第二，在灾区采访需考虑人员备份。当时灾区信息不明，食物和饮水缺乏，通信中断，如果4名记者一起进入，一旦出现意外，如陷入困境、无法发稿或体力不支，则报道可能全军覆没。因此，如果有两组人互为备份，一组人遭遇障碍，第二组人可以进行应急救援或跟进采访，既能保证人员安全，也能保证报道完成。

第二组关系是计划和变化。作为杂志进行报道，一定要有计划和预案。灾难的发生变化有一定规律，如发生了什么事，为什么会发生，发生之后怎么办。再结合自己特有的风格和思路，媒体的报道计划作由此作出。我和朱雨晨是1月5日到达雅加达，冯亦斐和郑萍萍于1月6日结束了在斯里兰卡的报道后转到雅加达。这个时候，“发生了什么”和“为什么发生”这两个问题都已不是主要疑问，那么我们的报道对象就只能是“发生之后怎么办”。因此编辑在制订计划时一定要有提前量，即预估记者介入和发稿之时，事件发展到哪一步，哪些事情最重要或最为人所关注。我们在出发之前是没有什么预案的，在飞机上拟出了一个报道提纲，后来大概有60%得以实现，其余都随着事情的变化而变化了。比如说，当时我们有一个很宏大的计划，追问这个事情为什么会发生，包括事先已有科学家发出警报，为什么警报没能够及时送达；地震发生后海啸发生前，还有两个半小时的预警时间，其间政府和科学界做了什么事情。这些东西也许是最有震撼力的，但是到了印尼，我们发现根本无法实现，事情的全部因果链涉及印度洋沿岸那么多国家，甚至从美国到日本的政府和科学界，短时间内是无法弄清的。计划必须跟着变化走，所以这个计划就被放弃了。而计划的变化，需要编辑到现场才能根据情况进行调整。

第三组关系是宏观与微观。在我们的报道中讲到了一个岛屿，叫锡默卢。这个岛屿平常有三四万人，每年采丁香的时候这里有五六万人。海啸发生时，印尼官员乘飞机考察后宣布这个岛屿已经消失了，再无人烟。但后来在棉兰一位华侨告诉我们，这个岛已经被找到了。他在这个岛上有一个私人农场，通过短波电台，他与留守农场的人取得了联系，得知岛上大部分人得以幸存，但缺少粮食。我们当时就有一个设想，要跟随棉兰派出的送粮队到这个岛上去。这也是源于我们在预案中的一个计划，海啸过后交通中断，我们要跟随一支救援队伍前往一个被隔离的或是处于绝境中的村落或岛屿。锡默卢是符合这个设想的，但非常遗憾的是，当时已没有时间做了，只能大概讲述了一下。这是我们考虑的一个微观故事，即关于一个大事件的宏大叙事，一定要落实到一个故事和一些细节去讲述。

但在另一方面也可以讲，细节和故事也必须放到大事件和大背景中去观照。所以我们选择了棉兰的救援指挥中心的运转作为我们报道的主体，进述它们如何把来自全世界的数以百万吨计的物资，送到分布在灾区各地的数百万灾民手中。既要讲故事、讲细节，又要跳出来讲整个事件的脉络和趋势，这可能是周刊与日报、电视台不太一样的地方。在采访快要结束的时候，我和朱雨晨跟随返乡的华人灾民，坐了20个小时的中巴客车，到达了受灾最重的米拉务。一是作为编辑实地了解情况，以对整个报道有一个感性的把握；二也是了一个进入灾区之愿。

聂晓阳：
做有思想的灾难新闻

聂晓阳：时任《瞭望东方新闻周刊》总编辑助理。

《瞭望东方新闻周刊》是新华社首次进行新闻事业改革，引入社会资本创办的，一本面向市场的新闻周刊。创刊的目的，就是希望把那些在过去几年里陆续远离了传统主流报刊的读者，尤其是市场上一些新兴的人群，重新吸引到主流的时政新闻旗下，让他们不要疏远核心政治，而是靠近核心政治。

我看了一下参加研讨会的名单，再一次感觉到传统的诸多媒体被边缘化了，因为除了我自己还能代表半个新华社之外，没有像《人民日报》、《经济日报》、《光明日报》这样的过去传统意义上的中央大报大刊。实际上它们在这次海啸报道中也发挥了很大的作用。像新华社，从北京派去了大约 15 个人，我们在当地还有分社，每个分社都有 2～4 个人，他们长期住在灾难发生国，随时准备投入到这些突发事件的报道中。新华社总社还准备了 50 个人的后备队伍，从每一个分社抽一两个人，随时准备。我们这次海啸报道，就是借助了新华社巨大的前方资源。

星期一（12 月 27 日）上班之后，大家碰到一起的第一件事情，就是讨论海啸报道怎样做。年轻记者都想到前方去，编委和他们有过激烈的争论。我们想，如果从周刊的编辑部里面派人去前方，就要对他们负责任。这种责任不仅仅是人身安全责任，更重要的是，对他们的工作荣誉和职业精神负责任。新闻媒体之间是有分工的，现在这件事情刚发生，新闻还在进展中，我们觉得记录和报道的责任主要是通讯社、电视、电台和报纸的事情。对我们这样的新闻周刊来说，不能为了去前方而去前方，而是首先应该充分利用新华社内的资源，利用他们的前方记者来作为我们的前方记者。我们周刊自己的记者更擅长于深度报道。当时通信中断，各种条件都很困难，记者去了后能拿回来什么样的东西，我们并没有把握。做新闻的人永远都应该在第一时间去第一现场，但是现在毕竟时代不同了，我们完全可以更好地借助各种渠道的资讯，完成自己独到的报道。

我本身也曾是一个记者，曾经报道过 1998 年长江洪水，曾跟随国家北极考察队首次到冰雪覆盖的北极，我也是第一批到达张北地震灾区的记者之一，同时在过去几年里有 3 年的战地记者的经历。我深知到这种灾难、危乱甚至是冲突的地方采访，需要一个过程。你作为一个外国记者，而且是为周刊工作的，你不是采取一些新闻的片断，不是还原海啸是怎样发生的，不是还原故事和细节、重现一场灾难，而是要从这场灾难中跳出来，作有深度有高度的报道。

是的，我们《瞭望东方周刊》就是希望做这种有高度或者叫做有思想的新闻。所以当时，我们都倾向于首先依靠新华社的前方记者资源，我们自己利用编辑部内有限的兵力，主要研究通过什么样的角度，能够提炼出什么样的主题，进行什么样的多向度的拓展，同时我们应该站在什么样的高度，来看待 2004 年年末的这样一场人类共同的灾难。事实上，从最后的效果来看，我们报道的花色品种还是很多的。

灾难发生后，我们新华社驻印尼记者余谦良坐印尼副总统的飞机第一个抵达亚齐，我们有北京增援的记者，有驻当地的记者以及从海啸受害国的邻国临时调过去的记者，资源非常庞大。所以我们有独家的现场细节，我们也有比较完备的、资料性的、解读性的报道，我们有科学方面的、涉及到地震和海啸机制的报道，我们甚至还有幻想，幻想 100 年后会发生的事情……就是以这种方式，我们利用了资源，也做到了花色品种的丰富性，在所有中国媒体的新闻竞争中，发出了我们自己的声音。

刚才谈到了未来发生的事情，我们也把它放在新闻周刊作为一个专栏来报道，这就是我们对新闻的理解。新闻是什么？新闻是对新近发生的事情的报道，但不是说把新近发生的所有事情都罗列出来，我们进行报道就涉及取舍或是选择。

基于这样的认识，周刊的编辑部没有派记者到前方，我们发动所有人在中国做新闻。因为我想历史性的大灾难发生以后，海啸本身固然是新闻，但是它在所波及的各个国家（包括中国在内），社会各个层面，所引起的一系列反应、震动、思考，这些东西也是新近发生的社会现象，也是新闻的组成部分，是海啸新闻这个多面体的一个重要组成部分。所以我们在取舍的过程中，为了避免和同行产生同质化的报道，选择在国内做有思想的新闻。

我先介绍一下《瞭望东方周刊》封面报道的一贯思路。我们采取组合报道的方式，对一个我们认为可能做封面文章的重大报道，都是至少分为三组报道。第一组报道是基础的事实部分，基本的事件报道。我们选择的海啸中应该关注的新闻叫“海啸震动中国”，落点在中国，有一个动词叫“震动”。在这个基本事实的基础上，我们提炼主题进行挖掘和拓展。另外一组报道叫“中国能否准确预报地震”，这个可能是由地震引起海啸之后，中国人最为关心的一个问题，因为中国是一个多地震国家。最后一方面，我们想，这场海啸在中国产生的震动之一，就是大家想知道中国政府在干什么，我们现在处于一个什么样的安全状况。我们独家采访了民政部的官员，做了一个关于中国抗灾体系运作的内情报道，同时为了增加新闻的厚度，我们还杀了一个回马枪，对正好在整整一年前发生的伊朗巴姆大地震作了回访。

这样一个组合报道是 1 月 3 日面世的，应该说作这样有高度、有思想的深度报道，我们自己还是尽了很大的努力。

第二周，这个新闻还在发生，而且越来越大。2005 年第二期《瞭望东方周刊》作了一个“次封面报道”——后海啸世界的政治地图。我们觉得做新闻周刊，永远要领先读者一步，但是我们只要领先一步，不能做那种特别遥不可及的事情，不能做那种太前瞻的、读者不太理解的东西，但是我们是向前看的，所以我们提出一个概念，叫“后海啸世界”。海啸不光是像科学家讲的那样，改变一个区域的地图，改变一种自然的构造，我们觉得海啸对整个世界政治格局、亚洲意识的觉醒和各个国家的双边、多边关系的互动，都会造成一个改变，那是一个政治地图，所以从这个角度，我们做了一个后海啸世界的政治地图。

这里面我们也提出一些观点，首先在导语中使用了一个词“海啸政治”。这个词不是我们的发明，是美国媒体的发明，但是我们从中国的东方视角对它进行了分析。我们还提出灾难的阶级性，这个灾难有没有阶级性？穷人和富人、穷国和富国，在同一个灾难面前损失是大不一样的。

我们从海啸全球化的救援里面，包括中国规模空前的援助，提炼出一个国家意识、民族意识和地球意识的问题。

另外，我们提炼出一个主题——中国对外援助不再以意识形态划线。过去我们有过很多援助第三世界国家的铁路、基础设施、医疗甚至找水的外援项目，但是在很大程度上都是以意识形态划线的。而这次谁受灾最重我们就帮谁，甚至谁受灾我们就帮助谁，这应该是中国跨出的一大步，反映了时代的进步和政治格局的变化。

再者，从大国关系和区域地缘政治地图上，我们注意到一个现象，这是越战后美军在东亚最大规模的行动。在这样一个军事救援的背景下，西方军队首次出现在全世界最大的穆斯林国家，背后是什么？

还有一个小标题，叫“渐渐习惯中的日本自卫队出国”，日本自卫队也利用这种机会再次跨出国门，说明了什么？这样，我们提炼出一个个带有启发性的东西。

刚才谈到灾难的阶级性，穷国和富国是不一样的，那么我们就发问，为什么死这么多人？一个“9·11”改变了世界，那么这个海啸能不能改变世界？我们的结论是不能。“9·11”给世界重新设置了一个主流的政治话题，叫做反恐。海啸能不能改变这种国际话语权的趋势，能不能把发展——科学的发展观，人与自然和谐发展，包括防灾减灾——这样一个主题，放在世界各国政治家的议程的第一位？我们认为不能。所以我们提出一个观点，就是国际政治秩序不会有根本的改变。这样一个报道，我们认为在一定程度上还是体现了思想的高度，我们的报道没有停留在一场纯自然的、对新闻本身细节的还原上。我们不但给读者提供了新闻，还给读者提供了观念和思维、思考。

我们在同期的这个“次封面报道”中，还花很大的力气进行了调查，写了一篇报道《中国最大规模外援的背后》。从中国这次有史以来最大规模的外援上，谈到中国现在是一个什么样的国家，反映出一个什么问题，提出了国家走向责任政府，社会在走向公民社会这样一个思路。

第三期海啸报道中有两个主题。一个主题是这次海啸救援中印尼的媒体对我们有一个误解（说我们送去的是过期的食品），我们从中提出中国政府力破国际公关危机这样一个话题；另外就是从以官方救援为主，民间救援也多是官方组织的现象说起，提出一个主题——海啸催生中国的白求恩，就是加强民间NGO或者说加强国际志愿者的话题。当越来越多的中国白求恩出现在邻国的时候，我们提到一个概念，叫做“软实力”。中国的软实力在海啸灾难救援中会得到提升，我们可以做到很多用钱所办不到的事情。我想一篇报道如果能够把中国的外交，能够把一个普通的援助事件上升到国家软实力的认识高度，把志愿者行动不仅是作为慈善的人道主义，还作为国家软实力扩张的一个战略组成部分，这也是我们对社会的一点贡献。

我们认为，一本周刊的价值不但在于提供新闻，也在于给大家提供一种思想。这个思想不在于你提供了一个什么结论，更重要在于你提出了一个什么问题。

闾丘露薇：凤凰卫视的海啸报道运作

闾丘露薇：时任凤凰卫视驻北京首席记者。

凤凰卫视刚刚在地震海啸事件中参与了一些报道，我自己也去了印度尼西亚灾区，我可以在这里把我们公司还有香港媒体在这次海啸事件发生时，从知道这个消息，到随后一系列运作方面的过程，给大家介绍一下。

海啸发生之后，我们公司马上决定要派人到泰国，因为当时对海啸发生具体的内容大家知道得不多。到底有多少人死？死的人里面到底有没有中国人？这一点对我们来说是很实际的要考虑的问题。如果伤亡的人数不是太多，或者波及到的中国人不是太多，我们就要考虑是不是有需要派人到现场去。从成本和投入考虑，管理层就会想值不值得这样做。

这次事件发生之后就需要一个很快的判断，大家为什么会马上派人到现场去，很直觉的原因，因为普吉岛是一个旅游热点地区，在伤亡人员数字不清楚的情况下，我们有一个感觉——正好是旅游旺季，中国的旅行团包括香港的旅行团在当地会有很多。

派人过去之后，报道怎么做？新闻应该怎么发回来？这也是大家需要考虑的问题。

凤凰和香港其他媒体相比还是慢了一步，因为我们要考虑很多，除了记者之外，还要有摄影师，包括设备方方面面。凤凰的人手相对比较少，我们一共7个摄影师，记者也就七八个。所以在人手调配上一犹豫，时机就错过了，因为没航班了，这是一个很现实的问题，只能等到第二天。其他香港媒体都是当天晚上就有记者和摄影师到了泰国。我后来问他们，他们说当时还在公司做其他事情，什么行李也没拿，拿了一点点钱就走了。所以后来出现一个非常有趣的情况，在普吉岛的时候，排队领急救用品的大部分是香港记者，因为他们穿的衣服不对——当时香港特别冷——都排队领夏天衣服。

一开始所有媒体的焦点都是在泰国，凤凰为什么第一个到斯里兰卡？那是一个巧合，因为我们的凤凰号正好到了马尔代夫，我们的记者和摄影师带了海事卫星，这一点很重要，到斯里兰卡这样的地方，很难找当地的卫星线路来传送和作直播，因为成本太高，10分钟就是1000美元，所以我们的画面传送基本上都是通过网络。在斯里兰卡或者在灾区，不可能找到网吧、酒店，在这样的情况下即使拍到很多东西，传不回来也是白搭的。我们算是运气好的，正好有一套海事卫星视像系统在那里，所以在斯里兰卡的整个报道比较顺利。海事卫星只要找到一个空旷的地方，有电，就可以进行操作，所以在斯里兰卡的报道我们是所有华人媒体中最快的。对于电视媒体来说，光有声音，光告诉观众说他的记者到了现场，但是没有画面，是不行的。把画面传过来，或者让大家看到记者在现场，这是最重要的。中央电视台有很多的优势，比如他们应该是第一个抵达亚齐的华人电视媒体，因为他们是跟着救援队坐专机去班达亚齐的。我们一直在看中央台有没有画面出来，但是发现他们基本上都是电话报道。后来我到那里发现，他们去了两个人，但带的设备并不适用于传送画面，我觉得有点可惜。因为他们既然可以坐专机，就应该动用更多的人力、设备。我到亚齐第二天，CNN进去，带着自己非常完整的卫星发射系统。当然他们是依靠美国政府的帮助，动用航空母舰、军机，一般的媒体想把这么多的东西搬到一个交通不便的地方是不太可能的。但是我觉得媒体有这样的便利条件，如果当时利用得更好，把设施考虑得更周全，可能报道的效果就完全不一样了。

开始的两三天，大家的关注点全部在泰国，毕竟那里死去的人当中一半是外国游客，也涉及中国人。一开始大家都不太关注印尼，报道非常少，到第四天只有一个直升机上拍的班达亚齐的画面，或者是通过卫星图片看到海岸变化的图片。这说明大家还没有派人到班达亚齐一线去。到第五天有文字的媒体去了，AFP是最早到的，但是图片还是很少，后来偶尔有一两张照片。我想很大的原因是各大媒体对印尼不重视。虽然印尼的死亡数字在不断增加，但死亡的都是当地人，印尼以外的媒体会觉得不需要过去，因为不能确定观众对这些东西到底有没有兴趣。

凤凰决定到印尼也是戏剧性的过程。灾害发生后第四天，公司通知我到泰国普吉接替我们的同事，因为在那样的环境下，一位女同事在精神上、情绪上都受到一些波动。对很多记者来说，一下子面对1000多具尸体，如果没有足够的心理准备，受的刺激是很大的。我还记得这位同事在第一天作联线的时候就控制不住自己的情绪，有点泣不成声。对于一个记者来说，在工作的时候，这是不太适合的表现，还是应该表现出中立和冷静，应该把自己脱离开。如果平时没有培训的机会，就不会有很好的思想准备。比如我们这位去泰国的记者，她一直在跑香港本地的新闻，突发事件从来都没有涉及过，第一次碰到这么大的事件，对她也是一个考验。

本来我们公司希望我去接替她，当时判断大家对泰国的关注点会继续下去，毕竟那里有中国游客，有那么多香港人，香港政府还派人到当地进行找寻工作。此时，有一个传闻说印尼的死亡数字会达到4万，虽然这个数字还没有肯定，但我们资讯台的副台长觉得不管那里死的是不是当地人，这样一个数字绝对会构成很大的国际新闻。既然我们在采访涉及海啸的报道，如果没有去海啸的震中央，有点不太对劲。所以我们在香港准备登机的时候，公司领导打电话来说不去泰国了，马上买机票去印度尼西亚。

做突发事件新闻的时候经常会遇到很多想象不到的情况，作为记者也好，作为管理层也好，要马上作决定，这个决定要在一两分钟之内作出，如果他迟一点打电话，我已经登机去泰国了。他作的决定比较及时。

对记者来说，你要应对这种变化。我不去普吉了，我要去印尼。当时我的反应是如果我要去印度尼西亚，我要带的东西就不一样了。要带睡袋，因为那个地方没有地方住，要带海事卫星，但这个海事卫星在北京。我们到亚齐比预计晚了一天，因为我把海事卫星从北京带到香港之后，香港的同事一定要确保这套设备能用，要进行调试，所以没有搭上当天的航班。不过对一个成熟的媒体来说，是不应该有这样的调试时间的，每一个不同部门的员工，都应该有能力和把握在第一时间进行设备的操作。作突发报道总是希望很快到现场，但是总是有各种各样的事情把时间往后拖，有点无奈的感觉。

我们等同事都到齐时，发现飞亚齐的航班票根本买不到，因为民航的机票已经满得一塌糊涂。我算是比较幸运的，因为我的一些朋友告诉我香港红十字会有一个协调员到了棉兰，找一个熟悉当地情况的机构帮助你是非常有效的方法。我马上跟香港红十字会取得联系，因为那个协调员也是一个人，她希望我们传媒能够尽早进去，把他们在当地的工作情况传达出来，我们一拍即合。印尼红十字会给我们打了一个招呼，我们是坐澳大利亚的军机进去的。

1月2日我们终于进了亚齐，下飞机之后我们马上把海事卫星系统架起来，作视像联线。明明我们的技术人员和摄影记者在香港把这套设备使用得非常熟练，但是当真的要作直播的时候又不行了，这种情况是很难预估的。他们一边调，我一边用电话作现场报道。

这是非常遗憾的。我们记者已经到了，但是不能让大家看到现场的画面，不能让大家通过电视画面看到我们在现场。

到那里之后我们马上投入工作，因为你会发现周围发生的每一个画面、每一个动作、每一件事情都是新闻，都是你要采访的。美国的林肯号航空母舰刚刚到达，要把偏远地方的灾民救出来。

等我们忙完以后突然想起，晚上住在哪里？这又是一个问题。后来发现大家就住在飞机跑道旁边，有一些帐篷。香港红十字会有一个空的帐篷让给我们睡。这是我们准备不足的地方，大家都太匆忙，忘了带睡袋，只能够在地上铺一块借来的塑料布睡觉。我在临走的时候通知后到的同事一定要买足够吃的干粮，因为到了印度尼西亚之后就没有时间，也根本不知道到哪里买。我们的同事背了一袋的巧克力、饼干、方便面，后来发现方便面根本没用，热水都没有。

大家到一个突发事件的发生地，先要想清楚自己怎么安全地生存下来，如果连自己都搞不定，怎么去做采访呢？我们知道有一个内地同行，比我们早进亚齐两天，他在那儿待了4天，得了登革热，进了雅加达的医院。到一个灾害地，要先打预防针，我们在作突发事件报道的时候，明知道需要做一些措施，但由于各种安排实在是太突然，很难做到。如果是一个大公司，人手充足，应该有很好的第一线、第二线的队伍随时作好准备，或者是各种预案。第一批去的人没有做好准备工作，第二批去的人要做好更多的准备工作，马上去接替第一批人，这是非常有效的方法，但是这一点凤凰很难做到，因为我们的人手实在太少。

我们到达亚齐第二天，香港另外一家电视台来了5个人，因为他们出发比较迟，所以一路的安排反而更顺利。有的时候可能迟一两天，反而很多事情会顺利一点。他们带了足够的吃的，还带了SNG过来。当你要长时间在一个地方作报道，自己带一套SNG过来，成本会比租用卫星更便宜。我们那次回来就跟公司说，如果以后真的想成为华人先锋，在硬件上一定要跟上，记者跑得再快，脑子转得再快，没有一样东西可以传回去，我在那里干什么呢？

为什么我们在亚齐只是待了两天？遇到一个问题，我们的海事卫星用了两天之后就烧掉了。当你在很偏远的地方，什么事情都可能发生。烧掉之后怎么办呢？唯一可以做的就是到棉兰，用网络的方式传回来。等了一天的飞机之后，我们看到印尼一架军机在运送灾民，我们跑上去说是红十字会的，他们一听是红十字会的就让我们上了。大家在讲自己身份的时候要有一些考虑。

在亚齐，我们要报道什么？有一个很大的困难，拍到的东西不能用最快的速度传出来。比如我拍到美军救伤员的画面不能第一时间传出来，因为我带的海事卫星只能作视像联机，不能传送画面，当我们到了棉兰，传过来的时候，美联社等媒体已经发出来了。

这个时候你面临一个问题——怎么作出跟其他媒体不同的新闻报道，这很考验记者的判断。有一条很现实的，我作出镜就是为了告诉大家，我在这里。在挑选记者出镜的场景时，不能随便找一个普普通通的房屋、街道。我挑了两个地方，一个是印尼军人在后面抬尸体，我们戴着口罩。因为尸臭的关系，我们在整个拍摄过程中都戴着口罩。我当时心里很矛盾，出镜要不要戴口罩？戴口罩好像很过分。我又跟另外一位香港同行商量，大家觉得在这样特殊情况下应该可以戴着口罩作串场，让大家感受到现场。因为看电视不可能知道当时的气味，我最多在画面里跟你说这里有很难闻的气味，但是人家没有很深刻的认识，如果我戴着口罩说的话，大家的感觉会更加深刻一点。

另外还有一个串场的背景，我们找了一个废墟，让大家一看就知道是经过了摧残的建筑物。我们要求摄影师镜头要尽量远一点、大一点和长一点，能够让大家看到比较大的场景。这些都是属于电视的语言。电视一分多钟的新闻，就要尽量用好画面，尽量用好每一个镜头，考虑好讲的每一个字，这就是考验第一线记者的把握度。

接下来就是看报道深度。我们采访当地的救援人员，没有作灾民的访问，因为我当时想灾难已经过去五六天，灾民最多跟你讲当时的情况，但这些情况大家都非常清楚了。所以我们就把重点放在救援上，如疫病的防治、有没有流行病、物资怎么分配、会不会有军人贪污这类事情。我们觉得这些外国媒体还没有涉及到，当时所有进去的外国媒体几乎都是为美国政府服务，他们的重点都放在美国直升机怎么样运作上。如果美国直升机不进去，我相信美联社、CNN也不会进去，因为那里不会成为他们关注的热点，这也是很现实的，是配合政府形象的宣传。

还有访问中国的救援队，我觉得一定要做。如果我进了亚齐，没有找到中国救援队的人，那我是彻底失败的，因为我们毕竟是来自中国的媒体。虽然当时时间很紧，找他们很难，但是我们还是找时间去做，结果发现效果还是不错的。

另外，记者要胆大。有的记者没有经验，一直在报道街上平民等表层的东西，我自己感觉要找军方的，要关心别的国家怎么做，所以我作了一个澳大利亚总指挥官的访问。一般来说，在这种情况下大家都是很配合的。只是很多点子你有没有想到，你想不想做，并不是人家不让你做，这一点也是很考验记者的。

还有一点，前方的记者跟后方编辑部支持的问题，越在突发事件当中越凸显得非常重要。因为记者只是看到眼前的东西，整体的东西根本不知道。其实凤凰这一点做得不是太好，比如我怎么知道"林肯号"来了？没有人跟你说航空母舰来了，这些消息是我在跟台里作连线的时候，台里把我的耳机放到演播室，我在听前面两三条新闻的时候才知道原来有这样一件事情，我当时唯一能做的就是靠联线的时候听后方已经拿到的比较宏观的资料，再来决定接下来自己应该做什么。作为一个后方编辑部，要不停地通知前线记者，现在发生到什么地步了，我们掌握什么样的消息。其他的媒体经常是这样的，后方编辑打电话给前方的记者，告诉他们听说有一件什么事情，你去看看是不是真的，这都能帮助前线记者做好工作，沟通和支持是非常非常重要的。

香港其他的媒体有一个很好的机制，他们每次出去报道突发事件，都会有一个职位很高的编辑进行单线联系。突然遇到什么事情，可以直接打这个编辑的电话问他到底应该怎么做，到底是进去还是再等等，还是撤退。这个钱花不花。在我们台比较难，因为我们自己不太好意思直接打给负责的人。我干嘛越权打给你？我肯定打给我的头儿，我的头儿再打给他的头儿，这么转下去，就不知道该怎么办。经常会发生这样的情况。当有一个突发事件、重大事件出现的时候，其实在后方有一个能够直接联络的、能够作决策的人跟前方进行联络，这也是非常非常重要的。

做突发事件报道，有没有钱，投不投入，这一点也非常重要。设备是一个很大的原因，因为设备越好就做得越好，如果我们也有一套像

CNN一样的SNG，只要把东西搬到任何地方，马上就可以作一个很好的直播。另外钱也决定你能派多少人，我们这次去了3个人，因为还有一个同事要操作海事卫星，这是我进凤凰以来最好的待遇，终于可以有3个人出差，不单单是摄影师和我。但是你会发现在亚齐的其他媒体，尤其是海外媒体，两辆大货车，前面一辆警车，你会感觉这才是大台。可能他们比较资深的记者只有一个，但是后勤、操作、技术、联络人员一大帮，至少有5～10个人，可能还会有一个人专门负责机票、行程安排。如果有足够的财力，这些细节都要考虑进去，因为细节的东西处理得不好很可能就会把整个计划搞砸了。

在发生突发事件的时候，还是派有经验的记者到现场比较好。一些比较大的突发事件发生的时候，不是让你锻炼新手，而是要让你展现电视台的水平。一个比较有经验的记者会知道当大家都在这里做一件事情的时候，他应该怎么样做才可以跟别人不同，只有一个资深的记者才能在前方作出好的判断。

专业技术的培训也很重要。比如报道海啸、地震，至少要对地质知识、天文知识懂一点。如果进行报道的记者有这样的专业知识，报道起来会更加得心应手。作为一个媒体要有一些准备，有意识地挑选一些人进行培训，当有突发事件发生的时候，会做得比别人好很多。

这次内地去了很多记者，我觉得这是一个好事情。现在内地有很多媒体，即使是地方性的媒体，也派人关注国际重大事件。做重大突发新闻时效是最重要的，当你已经错过前面的时效，再去的话，可做的东西已经很有限。我后来跟一个美国同行聊，他说每一个媒体都应该为自己有一个记者在现场感到骄傲。这是作为一个媒体管理者的心理。当有突发事件发生，既然派人去，这个决策就要做快一点，因为像这种事件，过了时机就没有了。

阿布多尔卡里姆：*Time Magazine* 海啸报道的策划与运作

左赫·阿布多尔卡里姆（Zoher Abdoolcarim）：时任 *Time Magazine* 高级编辑。

我们 *Time Magazine* 是怎么报道这场人类历史上近几年来最大的灾难的？

2004 年 12 月 26 日是星期天，正好在圣诞节期间。我刚从台北回来，开车回到家的时候我的手机响了，收到一条来自我们一位记者的声音邮件，问："我们应该做什么。"他并没有说有巨大的灾难如海啸或是地震，只是很突兀地问一句"我们应该做什么"。我知道一定是发生什么大事了，打开 BBC，发现第一个报道就是有关地震和海啸的。最早的一些报道只是说有几百人死了，BBC 说在亚齐有 400 人死亡。这个时候 *Time Magazine* 亚洲版的高级编辑又跟我说，他正好在泰国离灾难现场很近的地方度假，他和家人虽然平安无事，但是另有我们在普吉岛的记者说那边情况非常严重。

我们所做的第一件事就是跟在泰国的同事打电话，确认他在泰国的安全，并且打电话确认其他地方的员工的安全，因为我们在印尼、泰国、斯里兰卡、印度都有记者。然后把平安的消息发给了在纽约的 *Time*

Magazine 总部。

同时，我们开始进行人员调度。有 12 个国家受到了灾难影响，我们要把人员部署到位，还要预计下一周的工作部署，因为这一周已经定稿排版了。那个时候，我们也不知道情况会变得多严重，所以开始只是把人员分派到各个不同的地点。整个报道团队有 15 个人，其中大约有 6 个摄影师。

很快，在新德里的一位记者到达了斯里兰卡，星期一两位在泰国曼谷的记者也到达了普吉岛。

从星期一晚上到星期二，又有几位记者被派驻到亚齐。到亚齐是非常困难的，这是灾难的第一中心，死亡人数也是最多的，当时亚齐的机场受破坏非常严重，飞机起降都成问题。

星期天下午，我们一知道灾难的波及面很广的时候，就马上召集在香港的首席摄影师、编辑和报道人员开始进行工作。我们下一期出版应该是 2005 年 1 月 1 日，星期一晚上我和位于普吉岛的记者联系之后，就考虑能不能在 12 月 28 日或者 29 日出一期特刊。

星期一早上，我们开了一个电视电话会议，把提前出版提上了议事日程。星期一听到的死亡人数是几千，就我们的判断来说，到 1 月 1 日新的一期出版时，死亡人数至少会上万。我们就考虑，如果到下周末按原计划出版新一期的时候，新闻吸引人的程度会不会减弱，因为报道的规模和整个灾难带来的毁灭性和死亡规模是相适应的。

在整个这一周，我们在香港、纽约及灾区各地的记者都非常努力地工作，其他都不管了，主要专注于对灾难的报道。他们都是非常有经验的，都是到过伊拉克和阿富汗的战地记者，也到过印尼进行种族冲突的报道，但是也对灾难现场的毁坏程度感到非常震惊，并且对看到的情景感到非常悲伤。我们一个姐妹机构把一个非常著名的主持人派到灾区，我们可以看到他在主持以及报道新闻的时候眼中是含着泪的。

那一周非常困难。到周末，亚齐与外界已经有因特网连接，所以到星期六晚上 11 点，我们在亚齐的一位记者通过因特网发出了他的第一份报道，但因为网络接入速度很慢，这个报道花了很长时间来传送。很多记者回到城市发送新闻报道，然后又回到沿海地区继续报道。举例说，我们的一位记者，回到斯里兰卡首都科伦坡发完报道后，又回到了东南海岸。最早的两个星期，他们睡得非常少。

我们最后采用的封面，上面就是“海啸”这个词，背景是黑色，因为我们知道黑色代表着悲剧，而这一次海啸的确是人类历史上一个非常大的灾难。当时我们也有很多照片可供选择，有的来自我们的记者，有的是来自新闻社、电讯社。我们在争论之后最后选择使用这一张照片，尽管不是我们的记者拍的。照片摄于2004年12月26日，我们也把这个日期印了出来。这张照片显示了受害者有多么的悲伤，她的悲伤也代表着整个地区所遭受的悲剧。2005年早些时候，这张照片获得了一个大奖，得奖的原因是它非常好地捕捉了海啸灾难的悲剧。

这一期的主要内容，是告诉你整个海啸的故事，多少人死了，谁死了，到底是怎么发生的。

紧接着出的第二个专刊，已经不再是讲海啸本身，我们把精力主要放在怎样去提供救援上。

我想，一年之后，我们作海啸周年回顾报道的时候，可能还会去拜访那些我们曾报道过的人，报道在一年当中他们身边发生了什么、他们现在情况怎么样以及他们的生活有了什么改变。

小黑纯：日本媒体对地震及海啸的报道

小黑纯：时任日本龙谷大学新闻学教授。

我现在为日本龙谷大学工作，这之前在共同社、《每日新闻》工作过很长时间。这次我并没有去海啸现场，但读了很多日本报纸关于海啸的报道。很多日本媒体并没有对这一事件进行深入报道。为什么这么说呢？首先给大家简单介绍一下日本的报纸：日本总共有120家日报，其中5家全国性报纸，如《读卖新闻》、《朝日新闻》和《每日新闻》等。除此之外还有一些地区性的报纸，以及一些专门报道体育新闻的报纸。它们总发行量为每天5300万份，这就意味着每个家庭订阅报纸的数量达到1.07份。其中90%的报纸通过送报入户的方式，而不是通过零售渠道进行发售。

“海啸”这两个字来自日语，用汉字写就是“津波”。日本是一个地震多发国，1923年东京附近关东大地震中有105000人死亡；不久前，也就是10年前，在大阪神户地区也有一次地震，造成了6000多人死亡。所以可以看出，日本这个国家非常容易受到地震和海啸的影响。因此，即使是很小的地震，日本媒体也会进行相关报道，同时电视里就会出现“叮当、叮当”的声音（提醒观众）；即使是一个非常小的海啸，日本媒体都会在这样的音乐声之后向你提醒一些关于海啸的情况。所以对日本人来说，海啸是司空见惯的东西，这是日本和其他国家不一样的地方。

我找了《朝日新闻》在12月27日至1月10日之间的报道，看一下了他们采访的主题、采访的信息来源和采访的场所。根据我的分析，我把内容分成五部分。

一、介绍关于海啸的受害整体情况。这些信息有的是电讯社报道，有的是根据当地电视台一系列新闻来源或者当地政府官方发布的信息来进行整合的。

二、介绍有多少日本游客在当地旅游。这些信息来自旅行社、日本大使馆、日本外务省以及受害者家属。

三、一些个案的详细访问。有很多记者到了海啸灾区如泰国普吉岛、斯里兰卡和印尼进行现场报道，采访个案。也有一些打电话到灾区进行采访。

四、进行科学分析。分析为什么会有地震，以及海啸是怎么发生的等等。这些信息有一些来自地震气象局，有一些来自专家所述。

五、关于救援以及重建工作。消息来自对受灾国家开展救援和重建工作的组织，如联合国、国际组织、非政府组织、红十字会、日本外务省和日本防御厅。

还有哪些内容没有进行报道？媒体有很多功能，其中一个重要的功能就是对政府进行监督，遏制政府的权力以及对企业进行监督。对这样的地震及海啸而言，日本的报纸必须做这样的工作。我看了一些文章，特别是1月9日的回顾性报道。在专访、特写以及社论当中，他们写到了一些科学分析，讲到了印度洋没有海啸预警机制，同时也没有好的通信网络来传播地震的信息。很多报纸也报道其他国家的援助，其中一份报纸的社论讲到日本政府做得不错，反应迅速。

但我也有一个疑问，有的报纸对一些关键点疏忽了。第一，记者没有报道日本是谁最先捕捉到海啸情报的，几乎没有一份日本报纸对这一情况进行深究。第二，日本报纸也没有讲到在知道地震发生之后、海啸发生之前，日本政府做了些什么。如果日本政府什么也没有做，那反映了什么样的问题？为什么会这样？日本是一个地震国，日本政府也需要全球预警机制和预警体系，日本是不是有义务建立这样一个全球预警机制？很多报纸也没有讲到这个问题——日本是不是有义务或者是否需要负责做这样的工作？

我发现日本媒体报道了很多方方面面的问题，但是在他们报道的当时疏忽了一些他们应该报道的东西。这是我的结论。

纳尼·阿弗雷德：受害者厌烦记者了吗？

纳尼·阿弗雷德（Nani Afrida）：《雅加达邮报》、EPA（Environmental Protection Agency），Acehkita. com 等媒体驻班达亚齐省记者及摄影师。

天空乌云密布，似乎要下雨。但这并没有破坏我和另外几位记者前往班达亚齐省提班附近的一所小学进行采访的兴致。

学校是在非常紧急的情况下，在一块没有被去年 10 月份的海啸破坏的陆地上建起来的。有三间课室的学校，如今仅有一间课室可以提供给孩子们用，其他的学生只能在户外使用任何可以使用的设备。

我们乘坐的车一停下来，学校的孩子们和老师们就直视着我们，我们毫不迟疑地走近他们。

我们礼貌地和他们打招呼，但一位男老师不友善地说："如果你们是来采访的，我们已经厌烦了。太多的新闻媒体来到这里，而我们得不到一点帮助。"他的话让我们很是纳闷。

帕克·谷鲁还在唠叨不休，可我们已无法再继续和他交谈了。尤其是当他说到我们这些媒体记者来到这里是为了利用他们这些海啸的受害者获取利益时，我们备受打击。

一位同事试图解释说，我们只是新闻记者，并没有能力强迫别人将援助提供给提班的这所小学。我们所能做的只是报道事实，以警醒和感动那些有能力的人来提供帮助。

不久，在孩子们诚挚的目光下，我们离开了这所小学，而我们的内心也充满了疑惑：究竟在新闻媒体和海啸受害者之间发生了什么？

我试图找出答案。媒体是否真的利用了海啸的受害者？海啸的受害者们是否已经厌烦了日复一日地接受采访却一无所获？又或者真的是有一些媒体记者利用了这些海啸的受害者，而我们这些亚齐省的记者则成了替罪羊？

亚齐省当时的情况没有什么明显的改善，这是不争的事实：在地震和海啸灾难过去了5个月后，依旧有近50万人生活在难民营的帐篷里；当局并没有兑现他们的承诺，很多海啸受害者依然生活贫困；数千所学校和公共设施尚未重建；更恐怖的是至今还有许多尸体没有被掩埋。

与此同时，数百个外国的非政府组织和政府下属机构源源不断地前来与灾民见面，数十个外国首脑来到这个地区，随之而来的还有许多闻名于世的外国艺术家和数百名国内外的记者。

他们都在问同样的问题——海啸发生时你在哪？你是否有家人遇难？你和亚齐的人们现在有什么希望？

一些来访者给他们提供了援助，有方便面和大米，还有一般急救援助物品及诸如供受灾者使用的临时住房之类的昂贵的援助物资。那些受害者有的获得了直接的援助，有的只是得到了援助的承诺。

媒体此时的任务是报道亚齐省海啸后的情况。在海啸灾难初期，只有外国和亚齐省外的国内记者前来报道，而亚齐省当地的记者当时正沉浸在失去亲人的悲恸中，无法正常工作。

美国《时代》杂志的自由摄影师凯默（Kemal Jufri）是早期来到亚齐省的记者之一。他在亚齐拍了许多照片。我曾有机会和他一起报道亚齐民间紧急事件。

据凯默说，在海啸发生早期，亚齐的民众很合作。他们愿意和记者谈话，允许记者拍照，甚至很热情地邀请记者走访他们住的帐篷。

海啸发生几个月后，凯默发觉，那些曾被记者采访过的海啸受难者的态度已经开始发生变化。确切来说，他所接触到的海啸受难者的态度开始转变。

凯默对我说："他们问我为什么不提供援助。"

凯默相信海啸受害者是由于厌烦了那些不负责任的人的空头承诺而改变了对待记者的态度的。

凯默说："很多自助的社会组织和非政府组织来到亚齐，从事着和新闻记者相似的收集资料的工作，其中的一些人或许作出了不能兑现的承诺，而真正的新闻记者却不得不承担这些空头承诺所带来的后果。"

我基本赞同凯默的观点，但我还认为：当地民众可能还不能区分职业记者的工作和非政府组织的工作之间的不同之处，因此，他们把任何提出问题的人都看成是来谈论援助的。

或者，如前所述，人们，特别是海啸受害者，已经厌烦了没能带来预期结果的反复提问。

这一现象不仅引人关注，而且令人遗憾。

这一现象也使得记者不太情愿去报道受害者的处境，毕竟，不是所有的记者都能在心理上承受被愚弄的压力。

事实上，当前确实需要记者发挥更大的作用，而这需要灾民团体的良好合作。众所周知，众人拾柴火焰高。

伴随着来自双方的压力，原来停滞的生活会得到改善提高，陈旧的设施会得到更新重建。或许，随时提供信息才是最重要的。

回想起提班小学，我至今也无法忘怀那些孩子热切注视的眼神。如果不留下只言片语就离开他们的话，我的内心会充满歉疚。误解酿成了这一切。

丹迪·拉克松诺：来自印尼震央的报道

丹迪·拉克松诺（Dandhy Dwi Laksono）：印尼 Aechkita.com 总编辑。

灾难发生时，我们正在亚齐前线进行采访。

我想先讲一讲亚齐地区 12 月 26 日以前发生的一些情况。

在亚齐有一个叫做“自由亚齐运动”的组织，和政府军间的内战已有 26 年之久。他们认为社会经济生活不公正，认为雅加达对亚齐本地进行石油资源剥削而没有分给他们应得的一份，所以他们开始叛乱。印尼派遣了 5 万人的军队到亚齐平息叛乱。这样整个形势就变得更为复杂了。

作为印尼本地的记者，在海难发生之前我一直在报道内战的一些情况，即便是在海难发生过程中我还是发回了一些关于内战的报道。在军事管制下我们不能自由出入亚齐，出入需要得到有关方面的批准。同时也不可以用真实的姓名，往往只能用化名把新闻发布在我们的网站上。

在海啸发生之前亚齐地区人口较稠密。12 月 26 日早上 9 点钟我到达了办公室。工作人员告诉我有地震，而且是迄今为止在亚齐发生的最大的一次地震，震级也很高。随后我看到了 CNN 的报道，他们在屏幕下面打出字幕说斯里兰卡发生了大规模的海啸。那时他们还没有报道亚齐的情况，所以我当时不知道亚齐在灾难中受创有多严重，情况糟糕到什么程度。我们只是告诉工作人员，如果他们有关于亚齐的报道马上发回来。有一位在雅加达为英国《卫报》工作的记者朋友，给我们发回报道说当地有9人在灾难中死亡。之后我们已作好准备，随时前往受灾地区进行报道。关键问题是我们无法和一线记者联系，因为当地通信已经中断，所以我们到第二天才发出和海啸相关的第一则消息。而这则消息还是一位平民从亚齐打电话到我的办公室说有2000多人已经死亡。我说："你在开玩笑吗？这不可能！"因为我们根本不知道2000多人死亡是一个怎样的概念，是多么严重的事情。

当时每分每秒都有新的滚动新闻说泰国普吉岛和斯里兰卡的海滩有很多旅游者被困当地，其中很多信息都是互相冲突的。但是当时我们没有看到有关亚齐省的图片，虽然西方媒体在亚齐省都有自己的记者，但由于该地区已经被水冲垮，记者们无法正常工作。比如说，我老板去亚齐省找他的太太，当他到亚齐后发现那里尸横遍野。我们无法想象当时水有多高，更无法假设和想象当时海水的颜色。当他告诉我时，我根本无法相信，我说老板你太虚伪了，根本不会有这么糟糕，你是故意夸大亚齐省的灾难。他说，这是他第一眼也是第一次知道海啸的概念。在这样一个人道主义灾难中，作为一名记者很难把自己想象成一名英雄，甚至无法想象哪些是自己反感或者厌恶的事情。那是我记者生涯中见到的最恐怖的局面。

那时对记者有一些物理上的限制，譬如说，我们汽车的油不够，购买东西都要排队。在亚齐，所有基础设施都已经被冲垮了，当时有很多信息本来可以报道，但由于当地通信设施无法正常工作，导致我们无法发送照片和文字，记者必须到离当地600公里远的地方才可以找到好的通信设施。你甚至无法找到酒店、饭店，连吃饭的地方都没有。很多人逃离他们的家园，局面非常非常混乱。

当时只有记者和从事通信行业的人才有卫星电话等通信设备。很多当地人向我们借用卫星电话和办公室电话，他们问："能不能借个电话给我，我想问问我的亲人和朋友在其他岛是不是平安？"

甚至有个记者说他们的正常工作都已无法进行。他们拍了很多照片，写了很多文字，但是这些太令人震惊了，使得他们很难进入工作状态。另外还有很多混乱局面。居民们因为没有食物，就想办法到商店里抢东西偷东西。有的男人为了遮体还穿女人的衣服，他们问我可不可以借男人的衣服给他们穿。其实我自己也没有带太多衣服，我的衣服也是在另外一个岛上买的。

我用卫星电话进行报道，在雅加达的同事进行听写，只有用这样的办法我们才能够把文字信息发送出去。

后来我们发现不光有饥饿，更多的还有腐烂的尸体所带来的疾病。我们问他们（政府救援者）有没有防霍乱、防疟疾的药品或者维他命和抗生素等药物。他们说，不能给你们，这些药是给一些受害者而不是给你们记者的。他们问，你们来的时候为什么不准备一些药物？由于以前没有遇到这样的情况，所以我们根本没有准备，也不知道该准备一些什么药，甚至连保险也没有买。

在海啸发生之前，亚齐省处于戒严状态，我们在进行报道的时候还被当地的军人拘留起来。在海啸过程中，我们看到激烈的内战还在进行。很多记者回到雅加达的时候，看到雅加达一系列的示威游行，主题是希望大家可以放弃在亚齐省的内战，团结起来，把精力用来救助那些受害的人。很多公众认为他们不应该把海啸作为加剧亚齐内战和冲突的理由，而是通过齐心抗灾救灾带来更多的和平。但还有一些人不是这么想的，他们希望利用海啸给军队一个可以重建军事基地的机会。

另外给大家介绍一下我们准备在海啸之后要做的事情，因为在海啸之后还面临着一系列问题。在海啸之后亚齐省还有八大问题：一、印尼军队和“自由亚齐运动”之间的抗争和军事冲突，二、难民安置，三、战后军事冲突，四、土地争端，五、国外军队以及国际组织是否还在亚齐存在，六、亚齐省灾后重建总体方案，七、关注受害者、幸存者的生活问题，八、救援资金使用透明度。

我们有很多证据可以证明在海啸期间以及处理海啸问题的过程中，内战还在进行。这对亚齐省来说是一个坏消息，因为亚齐人民不能终止战争，把精力用于帮助海啸幸存者。在政府军和“自由亚齐运动”之间总共有 86 场枪战，有 208 名“自由亚齐运动”成员在冲突中死亡，这是截止到 2005 年 1 月底统计的数字。人们为什么在没有东西吃的时候还想吃别人的“血”？为什么在饥饿和灾难的情况下还想去打仗？简直无法理解。

附录：中国灾难报道史略

钱钢：
中国灾难报道——
从昨天到今天的理念

钱钢：浙江省杭州人，著名报告文学作家及记者，报告文学《唐山大地震》一书作者，香港大学新闻及传媒研究中心中国媒体计划主任。

我现在香港大学新闻及传媒研究中心，主持中国传媒研究计划。这是香港大学设立的一项“为中国传媒而立”的研究计划。所以谈论灾害报道，我会很自然地从中国传媒发展、演变的角度来观察。灾难报道是一个侧面，反映的是中国传媒本身的变化。

你们往窗外水库的方向看，就在离汕头大学非常近的海边，有一座残破的石山。山下是一个著名的地方，叫牛田洋。经过文革的一代人，对这名字如雷贯耳。

当年有一部长篇小说叫做《牛田洋》。牛田洋是在海湾入海口处由解放军围垦造出的一片粮田。1969 年 7 月 28 日（这与 1976 年唐山地震发生的那个日子一模一样），汕头发生了特大台风。台风风暴潮也可以称之为海啸。这次特大台风引起的海啸非常巨大，几层楼高的海浪涌入海堤，全汕头死亡近 9000 人，毁房 10 多万间。为保护粮田和粮仓，军队牺牲了 400 多人，其中有 80 多名是正参加军训的外交学院大学生。在这批学生的幸存者里，有今天的外交部长李肇星。

就在离我们一公里的地方，他们遭遇了罕见的台风风暴潮。就在这座荒山里，今天还有石碑，刻着牺牲者的名字。他们是怎么遇难的？台风到来时，他们举着《毛主席语录》，手挽手去阻挡潮水。我曾到海边，在一个岩洞下面，看见有块石头，刻着6名士兵的名字。他们都是试图用人体阻挡巨浪，在这里丧生的。

这件事情，今天从报纸上是检索不到的。很多年以后，有人去追索这些资料，作了解密报道，《南方周末》发表了《牛田洋的“精神原子弹”》。我说这个发生在我们附近的往事，是想和大家探讨，在很多年里，面对灾害，我们是一种什么样的思维模式。

1959年在南黄海发生了一次特别大的春季风暴，这很少见。因为风暴通常发生在夏天和秋天。南黄海有一个著名的渔场，叫吕泗洋。当时数千渔船正在作业。因为气象部门没有能够及时预报这场风暴，导致100多条渔船沉没，1600多人丧生。

这件事情你从报纸上也是看不到的。从后来内部出版的《建国以来毛泽东文选》里，我看到了当时毛主席的批示。当时上海市委书记作了沉痛检讨，然后周总理告诉毛主席——现在我们正在恢复生产。毛主席批示说：“唐人有诗云：‘沉舟侧畔千帆过，病树前头万木春。’”说这些船沉了，还有千千万万的船开过，还说“与天奋斗，就要有这种大无畏的革命气派”。这个批示中显露的，就是那个时代的思维模式。

1966年，在距离北京很近的地方——河北邢台，短短一周之内发生两次强烈地震。在唐山地震和海城地震之前，这是中国非常严重的一次地震，死亡的人数许多年后公布是8000多人。发生在北京的旁边啊。周恩来总理飞到灾区。一张著名的照片，是他站在木头箱子上面发表讲话。这个灾害是我童年的记忆。但是你今天去检索报纸，这个灾害是怎么发生的？多少人伤亡？不知道。媒体报道的是另一些东西。当时给我留下印象的是一首流行于地震灾区的群众歌曲《天大地大》：“天大地大不如党的恩情大，爹亲娘亲不如毛主席亲，千好万好不如社会主义好，河深海深不如阶级友爱深……”那是1966年春天。几个月后文革开始，要打倒国家主席刘少奇了，那首歌在最后又被加上“毛泽东思想是革命的宝，谁要是反对他，谁就是我们的敌人！”当年在媒体上看到的灾害，就这样变成了政治，变成了政治斗争。

大家通常会说——尤其是西方的记者会说——自然灾害中国都是不报的，都是压制瞒报的。其实，在过去，不是什么灾害都不报，而是有很多灾害没有报，有很多灾害被夸大了报，甚至不存在的灾害被记录成历史。比如说所谓的“三年自然灾害”，就是一个被夸大了的概念。我对此作了详细的考证。这三年跟寻常的年份一样，发生过一般的自然灾害，但并不存在特别严重的“三年自然灾害”。造出这个概念，完全是为了掩盖1958年、1959年大跃进所造成的严重失误。所谓的“三年自然灾害”，其实是人祸，这是刘少奇主席讲的，他说“三分天灾，七分人祸”。卢跃刚老师的《大国寡民》，记录了民间思想家杨伟名的材料，也说得非常透彻。这个灾难，官方出版物显示的死亡数据是2700万人，学者考证的数据，可能达到4000万人，是用国家统计局的数据反推的。数据显示人口连年递减，要知道中国人口通常是稳步迅速增长而不是减少。说“三年自然灾害”，其实离事实何止十万八千里？自然灾害，是找出来的替罪羊。

就在唐山地震发生的前一年，中国还有一个特别大的自然灾害：1975年河南驻马店水库垮坝事件。这个水库垮坝事件是由台风引起的，非常奇特。那是1975年的3号台风，编号为7503号。这个台风先从台湾的东海岸登陆，然后穿过台湾进入台湾海峡，又在福建登陆。这个台风能量强大，穿过台湾以后不但力量没有减弱，还增强了。进入福建以后，一路杀到江西，到江西以后渡过长江，进入了一个特别的地区，就是伏牛山。伏牛山的地形像一个锅一样，这个能量强大的台风进了伏牛山就出不来了，在里面酿成了巨大的暴雨。这个暴雨，在中国的暴雨史上创造了两项单位时间降雨量的全国记录。当年老百姓说，外面下着暴雨，你拿出一个脸盆，伸出手拿回来的工夫，脸盆已装满了水。下完雨之后，森林里是一地的鸟雀——被雨点活活打死的。然后就是山洪暴发。这个大水导致了淮河上游的两座特大水库——板桥水库和石漫滩水库，以及十几座中型水库、几百座小型水库同时崩溃。

这个水灾有多大？死亡人数许多年后曾公布为8.9万人，不过公布不久官方又把这个数字更改，更改为2.6万人。2.6万人也是不得了的！我到过现场，到过受灾最严重的板桥水库下面的几个村庄和镇子详细调查。受灾最严重的县叫做遂平县，这个县当时40万人没有一个不是被淹没在水里的。京广铁路被冲断达100日，京广铁路上巨大的油罐车被冲出70公里远。这个场面是这次海啸后你们在斯里兰卡所看到的。

这么大的一个自然灾害，动用了无数的解放军去救援，连海军都去了。这个灾害今天在旧报纸上能查到什么呢？我们发生过世界历史上最惨烈的水库垮坝，可是报纸上没有记录。

唐山地震，传媒不能不说了，因为震动世界。唐山地震以后，我们有很多的记者到现场。我参加过唐山地震现场的救援，并且在灾区待过很长的时间。大家谈到南亚海啸的现场采访，这勾起了我的回忆，很多东西一模一样。看海啸摄影展时，有同学问我：“钱老师，听说你当年也背着一个喷雾器，在废墟上走，你跟这幅照片上的人有什么不同吗?”我说有三大不同：第一，这个人戴防护帽我没有；第二，他戴口罩我没有；第三，他穿防护服我没有。我穿着平常的衣服，背着一个双肩手压式的喷雾器在到处是尸体的废墟堆上洒药，因为我参加的是上海防疫队。

有很多印象深刻的事情，但当时没有想到写一本书。很多人问，唐山地震是1976年发生的，为什么你的书1986年才出版？问题就在这里。

唐山地震后，地震的实况、地震中的人民伤亡是秘密。地震的时候在现场，如果你带一台相机，你会被抓起来，相机会被没收。今天能看到的为数不多的地震现场照片，不是由当时的记者拍的，拍摄的人是后来去考察的科学工作者。

当时报纸说了什么呢？它只告诉你发生了地震，然后，很快变成了党中央、国务院和华国锋总理、陈永贵副总理的活动，变成了他们的慰问救灾。灾害是怎么发生的？灾害的形状是什么样的？多少人死亡？什么样的悲剧？报纸都没有说。在报纸上，人民的痛苦看不到。因为当年正处在政治斗争的紧张时刻。在此之前，天安门广场发生了悼念周总理的四五天安门事件，邓小平因为要实行变革的路线，结果被打成“反革命纳吉”（纳吉是匈牙利事件中的人物）。地震发生时，正在批判邓小平。这时候“四人帮”提出一个口号：“不管东震西震，不能干扰批邓。”当年工业要学大庆，农业要学大寨。我们到唐山看到，墙上的标语是“不管唐山遭了灾，大庆红花照样开”。

新中国成立以来许多年里，在我们的报道里，要么看不到灾害，要么你看到的是利用灾害作为一种宣传。灾害里面只有一个主角，但不是灾害本身。灾害，它是法庭上的一个证人，可以被随意传唤。传唤来以后，它的证词是规定好的，一定要念这个证词。什么什么好，什么什么亲。

1986年是唐山地震10周年。唐山要建一座纪念碑，征集民间的纪念碑方案。最后入选的头三名的方案我看过。有一个方案，是用巨石凿出了一只手，这只手托着将要垮下来的更大的一块岩石；第二个设计是一个金属结构的，一个巨大的金属框架，这个金属框架上有很多残破的水泥预制板，悬挂在扭曲的钢筋上，让你感觉是一幢大楼，它已经被地震震碎了，却没有倒。这个创意在我看来，是要投票做第一的。如果有这样一座纪念碑立在唐山，非常新颖。可最后这两个都没有入选，入选的是第三个。如果你们去过唐山，你们看到今天的纪念碑是4块高高的碑石，像4面旗帜一样地靠在一起，向着一个中心，中间是空的。我问一些唐山人，这个唐山纪念碑意味着什么？有人告诉我，它意味着中国人民从四面八方赶来支援唐山。所以说，灾害完了，留下来的不是灾害，是救灾；不是灾民的记忆，是救援队的记忆；不是老百姓的痛苦，而是赐予老百姓的恩情。这就是这座纪念碑所象征的意义。我想如果我们了解这个纪念碑的意义，我们就能了解，许多年里，我们的新闻媒体，我们的灾难报道，它的哲学是什么。

对灾难报道来说，公众的生命安危，是最根本的出发点。记者的眼睛应该紧盯着灾难的本体——你的首要责任是报道灾难的真相。

和自然灾害的危害性同样严重的还有疫症。从1966年底到1967年初，中国几百万像我这样大小的、当年十三四岁的学生，不花钱坐火车，满世界大串联、闹革命。很多的学生怀着圣洁的心情，去井冈山瞻仰革命圣地。结果井冈山爆发了流行脑炎。这个脑炎史称“红卫兵流脑”。有很多人死亡，中央发了紧急的文件，立刻停止红卫兵到井冈山串联，全部回来。这个事情在报纸上当然也是看不到的。

对于疫症的报道，教训沉痛，大家记忆犹新。为什么会一次次轮回？——先是鸦雀无声，一些灾难成了千古之谜。有时又突然获准报道，典型呀，反思呀，都来了。

1988年，上海甲肝爆发流行。这是20世纪中国一次重大的公共卫生事件。灾祸突如其来，凶猛异常。疾病爆发流行的最高峰，上海每天新增病例超过1万例。染病的人数，上海31万多人，浙江7万多人，江苏3万多人，福建也有近万人，总计病例在42万人以上。上海直接死于该病的有32人。

非典期间，我重新查阅1988年中国媒体有关甲肝的报道。发现甲肝和非典的爆发流行有许多相似，媒体的表现，相似的地方就更多了。

从1988年1月1日到3月31日，是上海甲肝爆发流行的最主要的时间段。在这3个月里，上海《文汇报》共刊登有关甲肝的报道19条，平均每3天1条。其中绝大多数是被新闻圈称为“豆腐块”的短消息和简讯，半数被处理在2版不显著的位置。《人民日报》在那段时间有关上海甲肝的消息出现过4条，也都很短小。

非典发生初期，大家不知道非典这个词儿。甲肝流行初期，也没有明确地说是甲型肝炎。1988年1月5日，《文汇报》2版一条题为“二千居民食用毛蚶中毒”的消息说，据20多家医院3天的统计，有2000名居民食用毛蚶中毒，症状为发烧、腹泻。仅仅一天后，《文汇报》又在2版报道上海已有1万人患上急性细菌性肠道炎。这天《文汇报》1版的《虚实谈》栏目发表短评《“毛蚶病”的两面观》。文章的主旨是批评公众生食毛蚶的“不文明饮食习惯”。这篇文章竟然提到，多年前，上海曾因毛蚶发生流行甲肝。

如果让媒体这样很自然地关注下去、跟踪下去，真相很快就会被弄清，全社会很快就能进入防范状态。可事实正好相反。

1月6日之后的13天里，《文汇报》对“毛蚶事件”没有进一步地追踪报道。17日，上海医科大学附属中山医院因突然收治大批甲肝病人而向市卫生局报警，但未被卫生局认定。相反，1月19日，《文汇报》2版刊登《食毛蚶是否会患甲型肝炎》的报道，试图消除公众的疑虑。报道称，1月上半月市区甲肝发病率比去年同期未见上升，毛蚶是否受污染，目前正在病毒分离之中。总的倾向是“控制传闻”，避免所谓“社会不稳定”。

1月19日，大批甲肝病人出现，医院已经报警，但媒体没有行动。1月20日，上海各医院的病床就告爆满，病例激增。28日，每日新增1万例。

这段时间，媒体报道大都相当简略。一方面疫情迟迟没有被公开，病因迟迟没有被公布（连“甲肝”一词在报道中都被谨慎地回避），一方面着力进行社会控制，视“消除恐慌”为急务。《文汇报》为报道所加的编者按称：“近来，本市急性肝炎流行。为了及时控制这一突发事件，有关部门已经采取积极措施进行防治。按现在的医疗条件，肝炎是完全可以预防和治疗的。患者不必紧张，其他人员更应消除恐慌心理。”

事实上，社会恐慌丝毫未因媒体的低调而稍减。有人用“谈肝色变”形容当时的巨大恐慌，抢购丙种球蛋白，抢购板蓝根，狂潮汹涌，十包一袋的板蓝根的黑市价已经相当于一台18英寸彩电。

2月初的第一个星期，甲肝爆发流行的势头更猛，仅2月1日一天的新增病例，就相当于上年全年发病人数的总和。而媒体完全沉默，看不到一篇报道。直到2月15日，国务院召开会议，提出：“动员全社会的力量，采取一切可以采取的措施，尽快控制疫情。”这时上海甲肝的大范围爆发已持续25天。

传媒的这种反应模式，我们太熟悉了，特别在经历了非典事件之后。

传媒的责任，传媒和人的关系，这是永恒的命题。无论时代如何变迁，传媒如何发展，这个命题是无法回避也无法改变的。

卢跃刚：
20世纪80年代后的中国灾难报道

卢跃刚：著名调查报道记者，曾长期供职于《中国青年报》冰点周刊。

我来讲一讲改革开放以来的灾难报道。1987年以来，到2003年的SARS。

1987年的大兴安岭大火我没有参加策划和写作，我当时只是后期夜班编辑，之后的1991年华东水灾、1998年大兴安岭火灾、1998年长江和松花江水灾、2003年的SARS，我是直接的参与者，既在编辑部组织、指挥、编辑，又去灾区采访报道，对灾难报道有一些个人的经验，也进行过梳理。

对改革开放以来的灾难报道，我有一个基本判断，就是中国新闻界在特定的政治文化背景下，虽然有一些突破，但对灾难的反应和观念实际上并没有因为时间的延续而发生本质的变化。今天时间有限，我只能就中国新闻界灾难报道的几个标志性事件理一个大概的轮廓。我以一些标志性的事件为线索，把改革开放之后的灾难报道分为五个阶段：第一阶段，1987年；第二阶段，1991年；第三阶段，1998年；第四阶段，2003年；第五阶段，2004～2005年。1987年以前，还有一次比较有影响的灾难报道——“渤海二号”事件的报道，由于只是一起与自然灾害有关的偶发事故，不是全局性的灾害，报道本身也是打落水狗式的宣传，有一些重要的事实后来被证明还没有搞清楚，所以没有被列为标志性的事件。

第一阶段，1987 年有两件标志性的作品：一件是钱钢的长篇报告文学《唐山大地震》；一件是《中国青年报》关于大兴安岭火灾的三篇长篇通讯《红色的警告》、《黑色的咏叹》、《绿色的悲哀》，我们习惯上称之为"红、黑、绿"或"三色"。钱钢于 1986 年唐山大地震 10 周年之际回访唐山，在当时文化反思的知识背景下，以人道主义、人文关怀眼光观照唐山大地震——中国历史上巨大的谜一样的灾难，发表了长篇报告文学《唐山大地震》，开了中国 1949 年以来近半个世纪灾难报道的先河。这篇报告文学惊心动魄，很多细节是令人难忘的。这是一个标志性的事件。钱钢当时的身份是记者兼作家，我记得钱钢写《唐山大地震》时，还在解放军艺术学院文学系第一期作家班学习。再就是《中国青年报》1987 年大兴安岭火灾的报道《红色的警告》、《黑色的咏叹》、《绿色的悲哀》。《中国青年报》的"红、黑、绿"，产生了极其强烈的社会影响，它的文风、主题、角度对中国新闻界也震动很大。"红、黑、绿"三篇火灾报道，实际上是三篇特稿，一个连续三天发表的系列。这三篇特稿，按照我们现在的观点来看，实际上是一个非常滞后的报道，由于灾区和边远山区通信交通的限制，前方和后方脱节，我们派到灾区的有叶研、李伟中，还有一个南京政治学院新闻系的实习生——后来到了新华社解放军分社的贾勇。记者组突进灾区后，通信隔绝，我们一二十天都没有前方记者的消息。没辙，我们先发了《光明日报》记者李树喜写的报告文学，连载。在这之前，我们的现场报道非常少。20 世纪 80 年代总的情况是，新闻媒体基本上没有竞争，各家报纸对灾难报道的投入的情况不一样，观点不一样，角度也不一样，因此报什么、怎么报，有很大差异。前提是在信息不足的情况下，后期来找补，形成了一个新的报道类型：反思式的灾难报道。这个反思式的灾难报道突破了以往新闻报道的模式，就是把灾难本身作为了主体，把构成灾难并对灾难不仅没有减灾反而加重灾难的人和社会的关系通过灾难揭示出来，明确提出了人与人、人与社会、人与自然的认识灾难的理念，这在当时的新闻界是具有革命性的。在此之前，灾难报道基本上是报道怎么救灾而不报道、少报道灾难本身的。

第二阶段是 1991 年华东水灾。1976 年唐山大地震，国际社会要求救助，被中国政府拒绝。中国政府拒绝的理由细节我不知道，说出来的理由是自力更生、生产自救，实际上是封闭社会的自我防范，害怕外国人进来，刺探情报什么的。1991年华东水灾不同，中国政府第一次公开以减灾的名义向全世界请求救援。1991年的华东水灾有一个特点，就是梅雨季节淮河流域局部地区降水量极大，而且又集中在了“二度梅”，梅雨一般有一度、二度，后来又来了“三度梅”。“一度梅”是常规的汛期降雨，没想到“二度梅”的强度远超“一度梅”，整个淮河流域出现了仅次于1954年的大洪水，长江三角洲地区也严重受灾，因为洪水灾害发生在中国腹地人口最稠密、经济最发达的地区，一个局部性的水灾变成了影响全局的水灾。这是早期没有料到的。在国际社会和媒体的压力下，民政部减灾十年委员会召开了新闻发布会，宣布开放报道，向世界呼吁救援。华东水灾是中国政府面对灾难，由封闭走向开放的标志性事件。但是，主流媒体的报道基本上延续着“丧事当喜事办”、“白事当红事办”的宣传模式。

我参加了这次水灾报道。我们报社当时是以梯队的方式进入灾区的。编辑部有一个编辑队伍，还有记者后备队，视事态的发展，时刻准备向灾区加派记者。我被报社派出负责对长江流域和淮河流域的报道进行中观协调，协调安徽、江苏两个省的报道。我们刚飞到南京，就接到上面的8条禁令，非常明确地规定什么能报道，什么不能报道。不准报灾情，不准报疫情，不准报为什么。不知道发生了什么，不知道为什么，不知道灾区可能带来的疫情，那么怎么防范？最逗的是在哪儿呢？如果这么报以后，那么请问你向全世界申请救援什么？你挺好的呀，那么多英雄好汉，那么卓有成效的“团结战斗抗大灾”，还需要什么国际救援？上面陈旧的新闻政策模式与国际救援的减灾观念发生了激烈的冲突。

1991年华东水灾，使我们对水灾有了新的认识，原来以为水灾就是洪水，灭顶之灾，洪水过去一切荡然无存。中国的水系跟其他国家的水系比较，大不相同，中国有长江、黄河、淮河、松花江、辽河、海河、珠江七大水系，历史上经常发生水灾并影响全局的是长江流域、淮河和黄河三大水系。各大水系情况有天壤之别。比如淮河流域的水灾，它的危害强度，起码在1991年，不是洪灾而是涝灾，而“涝”的概念，我们原来是没有的。我们知道洪水猛兽，但其实洪水沉静的影响力远不亚于洪水忽然而来忽然而去。这跟淮河的水情有关，跟过去治水的遗留问题有关。淮河的问题可以用一个字来概括：潴，即洪水没有出路。洪水长期潴滞，把大堤泡酥了，所谓“涨水不溃退水溃”。洪水长期潴滞，还带来了严重的疫情。通报并允许新闻媒体到灾区时，雨早就停了，没有了波澜壮阔抗大灾的情景，一些新闻媒体便打道回府，好像雨一停，水灾就没了。我在灾区20多天，都是烈日酷晒。但有个情况，上游下来的洪水在淮河中下游地区走不动，洪水面高于地面，最高的高出四五米。这是1991年水灾的一个基本特点，也是淮河水灾的一个基本的特点，也是“潴”的问题。说得通俗一点，就是洪水没有出路。什么原因？起码有两个。一是治水思想出了问题。中游地区的尾部洪泽湖海拔高于中游的其他地区。二是以邻为壑。古人说有“水、旱、风雾雹霜、疠、火”五害，“五害之属水为大”。这次水灾告诉我们，中国治水没那么简单，各个地方水情不同，灾情不同，抗灾方式不同。水灾越来越严重，很多时候是人为的，与人类的生活方式、生产方式和应对自然的观念有关。地图一展开你就知道，河水流动的自然状态和人类社会聚居的状态是冲突的，河水流动的自然规律和人类聚集结成社区、社会的规律是冲突的。那边是自然的结果，这边是一个强力的结果，或者是某些非自然的状态而形成的这种利益区域，实际上，这种利益区域的划分导致了灾难的加重。“水”这个问题开始被抽象了，被抽象为某种社会关系了。一个基本的事实是，人类社会的存在不仅没有减灾，反而制造和加重了灾害。比如围垦；比如说华东地区、华南地区形成的治水制度：“圩”、“垸”——这种封闭、自保和排他的治水制度的特性，都在水灾面前被强化了，包括损人利己的以邻为壑。

第三阶段，1998年大洪水。我们在水灾的报道过程中发现，围绕治水问题，形成大禹以来特别具有象征意味的治国观念，比如“堵”、“疏”问题。这促使我们在1991年水灾后，持续地关注历史上各个时期的治水问题，比较系统地积累资料，研究中国古代、近代、现代水灾史和演变规律。对某些灾难现象的综合、归纳和持续地关注，我觉得非常重要。中国跟欧洲比，欧洲降雨比较均匀，很少出现洪水灾害。中国正好相反，西高东低，受副热带高压影响，降雨集中，来得快，走得快，东西南北降雨区域和降雨时间分布严重不均匀，说明中国注定是一个多水灾的国家。而且，水灾可能诱发严重的社会问题，围绕着治水，甚至形成了中国独特的社会结构和意识形态。这种持续的关注和研究，在1998年大洪水的判断和报道中派上了用场。1998年大洪水，新闻媒体有一个失误，就是对长江的水性缺乏应有的概念，早期反应迟缓。前面说过，长江、黄河出问题，一定是全局性的问题。1991年淮河水灾，我们的真正关注点不在淮河，而是在长江，《中国青年报》的第二梯队人员，就是为可能发生的长江水灾准备的。因为天气预报说，长江中上游地区可能有强降雨。

我们对长江洪水始终有全局性的概念，长江洪水一旦爆发，一定是全局性的影响。长江之险险在荆州，荆州之险险在荆江大堤。荆江大堤是很酥很酥的。宋朝以后，历年都在建，但是从来没有运行过。1998年长江洪水第四次洪峰形成的时候，大家还以为它是一个很常规的洪水。之后发生了两件标志性的事件：第一件是洪水进了武汉，第二件是我们注意到柳州铁路局正在紧急运送解放军北上。武汉进大洪水非同小可。1949年以后，只有1954年的大洪水进过武汉。此外动用解放军抗灾，说明洪水的规模和危害已经发生了本质的变化。我们关注气象预报——在未来的时间里，长江上游地区还有强降雨。所有的信息汇总起来，我们判断，长江出了大事。我们报社有一个传统——对军事报道比较熟悉，我们把这种大型的灾难报道叫做“战役性报道”，就是按照战役的观念来进行资源调配，后方编辑的临时指挥系统和保障系统，包括编辑、后勤、记者的组织派遣、通信保障、报道预案的制定……我们对军队有特殊的敏感。长江发大水，南边在调兵，之间有没有联系？调兵调了多少？具体干什么？和平时期大规模调兵，没有重大的事件发生绝无可能。我们到总参、总政核实，都吃了闭门羹。我们想了一招，通过铁道部去核实柳州铁路局开出多少运兵列车、车厢运载人数，算出了北上军队人数，发了一个头条消息，说有数万解放军北上，方向应该是长江流域。动用国防军来抗洪救灾，这意味着长江流域的洪灾发生了性质的变化。这是一个猜测性的消息，担了很大的风险。这个消息促使我们下决心加大了派记者的力度，编辑部也进入了临战状态。1998年水灾，《中国青年报》一共派了43名记者，前一个星期，头版发的消息基本独家。由于我们对水的研究一直持续和我们对长江洪水可能性的预测，这样一开始派人的时候就作了全线控制，上至重庆，下到九江，侧重两湖，进行了所谓的“两点一线控制”，结果之后发生的许多重大事情全部独家，如九江洪水破长江干堤，公安县52万人大转移等。和以往一样，报道有很多禁区，很多事情不让报。新闻界真正开始进行水灾的报道，应该是在《中国青年报》报道九江决堤之后。所以，当时有一个说法：“洪水冲破了九江大堤，《中国青年报》冲破了新闻禁锢大堤。”《中国青年报》报道九江决堤两天以后，在朱镕基的督促下，新闻报道开禁，新闻界才开始了对“九八洪水”的全方位新闻报道。当然，仍然有禁区，决堤、大管涌等，不能具体说是什么险情，只能笼统地说“重大险情”。新闻管制是灾难报道的大敌。九江决堤，而且是长江干堤决堤，是天大的事，九江、江西当地新闻媒体全部都是瞎子和哑巴，若无其事。当然，《中国青年报》付出了代价，检讨写得屁滚尿流。不过没多久，贺延光的九江决堤报道就获得了“九八洪水”报道的“特别报道奖”。那个时候都市报纸的竞争还不算成熟，对“九八洪水”这样全局性的大报道还缺乏经验，还控制不住，不像今天报道南亚海啸，2003 年报道 SARS，取代所谓的主流大报，充当了主力军的角色。

第四阶段：SARS 报道。SARS 报道有一个特点，就是由都市报全线突破，市场化新闻媒体在这场世界性的重大灾难面前，成了重大消息的主要来源，主流党报毫无作为或者说作为很小，被彻底边缘化。当时我们有一个庞大的计划，是全球覆盖追踪 SARS，调动了一二十个编辑记者。这个方案是我做的。如果我们实现了报道计划，后面的报道内容基本上被我们一网打尽，而且会比《财经》、《三联生活周刊》等新闻媒体早 10 天到一个月。我们准备用 16 个整版在 5 月 15 日左右推出。4 月 20 日 SARS 报道开禁，真正的报道是 5 月中旬以后才陆续开始的。我们的计划在最后一刻被颠覆了！非常遗憾。这是我从事新闻以来最大的遗憾。原因很多，我曾经发过很长的文章讲它的内幕。

第五个阶段，就是这次海啸。这次中国新闻媒体参与南亚海啸报道，我认为它的意义不在于你们报道了什么。因为报道了什么，在世界范围内是有比较的，我相信各位心里有底，不多说。最重要的是，我们中国媒体已经有了全球的眼光和人类的情怀。

后记

《灾难如何报道》一书从构思到完稿，前后经历了3年时间。

从2004年年底的南亚海啸以来，我们就深感中国媒体在灾难报道上所作的专门研究有待加强。一方面媒体在不断发展，各种形式的媒体竞争日益激烈，受众的要求越来越高；另一方面，中国是一个自然灾难频繁多发的国家，灾难是媒体报道的重大题材，灾难报道是媒体承担社会责任的重要体现。这两个因素使得对灾难报道的研究和探讨越来越迫切。

汕头大学长江新闻与传播学院早在2005年4月就举办了南亚海啸媒体研讨会，邀请了参加海啸报道的国内外媒体记者齐聚汕头，探讨海啸报道的心得体会。南亚海啸是中国媒体第一次大规模走出国门报道的灾难。会议留下的一些宝贵材料，也是本书的构成部分之一。

而进入2008年以来，灾难似乎就和中国紧密联结在一起。从年初的雪灾，到4月的火车相撞，再到5月12日举世震动的汶川大地震，所有媒体都进行了史无前例的重大报道，创造了多项媒体报道史上的纪录。其中中央电视台连续数百小时滚动直播为标志的媒体创新，以及它体现的重视人性的报道定位尤为令世人瞩目。长江新闻与传播学院同样投入地关注着这场重大灾难，也从专业角度关注着媒体在灾难报道上的新发展。陈婉莹院长决定，将我们筹备中的《灾难如何报道》一书的构架，调整为以汶川地震中的媒体报道为主干，并派我到灾区实地调研。

我在2008年5月23日，地震发生后的第11天飞抵成都，和《中国新闻周刊》的记者一起工作、生活。后又随《21世纪经济报道》的记者到绵阳、北川实地考察，充分体会到残酷灾害面前媒体的重大责任，也感同身受地体会到媒体同行在地震报道中艰辛的心路历程，这些都为我之后对各家媒体的单独采访提供了不可或缺的基础背景。

从灾区回来之后，我便开始约谈各家媒体，采访地震的相关人士。采访进行得比较顺利，在一个月里，我在北京、广州、香港等地完成了10余家中外媒体的采访，包括第一线的尖刀记者、坐镇成都的前线总指挥，还有在大后方运筹帷幄的媒体老总。他们在灾难报道面前，都是一条战壕里的战友，是不同角色的分工。我的顺利采访一方面是由于平时和媒体朋友的关系较好，他们对我们的工作常多加支持。另一方面，也是大家觉得在这么大的一个国难，以及这么大的一个媒体战役之后，需要回头总结一下，吐露一下心声，为以后的灾难报道留下经验。

在此，我要衷心向接受了本书采访的各家媒体、各位朋友表示感谢。谢谢你们无私地与我们分享宝贵的经验、心得。这些经验、心得都是你们辛劳的血汗换来的，有很多还是在特殊状况下的心理极端体验。

他山之石，可以攻玉。除了我们自己总结经验，还需要借鉴外国同行在这方面先进的研究成果。美国专门研究媒体灾难报道的德特研究中心（Dart Center）给予了我们内容翻译授权。我们从中挑选了针对媒体报道不同类型的灾难的理论指导，包括记者现场应变技巧、心理调整方法、如何和受难者对话等，这些都是国内媒体同行迫切需要的报道知识和采访技巧。

这本书便是这样三部分内容的结合。它是国内第一本专门以灾难报道为主题的新闻专业书籍。这是一个新的领域，还有赖媒体同行一起探讨，不断取得新的研究成果，以更好的积累来面对随时可能发生的下一次灾难报道任务。

本书在选题策划之初，得到南方日报出版社副总编辑谭庭浩、编审梁建华两位先生的大力协助，并提供不少宝贵意见。梁先生更为本书的出版及后期处理做了大量辛苦的工作，特此表示衷心感谢。

同时我还要感谢汕头大学长江新闻与传播学院师生对本书的支持。特别是陈婉莹院长，她对本书给予了方向上的定位和总体指导，并为本书撰写了序言。灾难报道领域的前辈、香港大学新闻及传媒研究中心中国媒体计划主任钱钢教授，也不吝对此书进行关怀和指导。

本书的文稿整理和翻译工作，得到了香港大学程金福先生、武曦小姐，汕头大学于森、李胤茜、刘雁、林子璇，北京大学张欣悦等同学的大力协助。在此特对他们表示真切的谢意。

这也是我个人出版的第一本书。感谢我的家人。我的父母总是一如既往地支持我所热爱的新闻工作，我的太太总是一个人在后方照顾家庭，同时她也为本书提供了不少意见。此外还要感谢我3岁的儿子。本书的受访者之一、《南方都市报》地震前线报道总指挥魏海波的一句话让我印象深刻，他说：“在国悼日的时候，我突然想起了我的儿子，我出发时他还在生病，我希望他平安。”天下父亲的心情都是一样的，当我戴着消毒口罩走在北川中学的废墟上时，我同样想起了我的儿子。

北京奥运会已经成功举办了。在光荣过后，中国人还会重新想起几个月前的那一场灾难。希望这本书，能够为中国媒体的灾难报道提供一些帮助，媒体的力量是救灾的重要武器之一。相信中国的媒体能够不断地提高水平，在灾难来临的时候，第一时间帮助到苦难的人们。

李梓新

2008年9月20日于美国首都华盛顿定稿